Das Buch

Den Angelpunkt des eigenen Lebens in sich selbst zu finden und dabei nicht das Bewußtsein zu verlieren, daß jeder Mensch eingebunden ist in seine soziale und natürliche Umwelt – zu diesem Entwicklungsziel möchte der Psychotherapeut Rollo May seinen Lesern den Weg weisen. Im Hinblick auf seine Patienten bedeutet »Neurose« nicht »mißlungene Anpassung«; vielmehr sieht er gerade in Konformismus und Resignation die eigentlichen Krankheiten unserer Zeit. Die Alternative zu existentiellem Unbehagen, zu Krisenängstlichkeit und dem dumpfen Gefühl ungenutzter Entwicklungsmöglichkeiten besteht für ihn jedoch nicht darin, selbstbezogen auf die Befriedigung ungestillter Bedürfnisse zu drängen. Dauerhafte Daseinsfreude, so May, kann nur erlangen, wer zugleich die Schattenseiten der menschlichen Existenz nicht leugnet, wer sich der Bedrohung des »Nicht-Seins« stellt und in der Erfahrung von Angst und Schuld die Grundlage menschlicher Freiheit erkennt. Hier besinnt sich ein amerikanischer Psychologe und Philosoph zurück auf die europäischen Wurzeln der heutigen Vorstellungen vom Selbst, vor allem auf Sören Kierkegaard und Friedrich Nietzsche. Er zeigt, daß diese beiden Vordenker des späteren Existentialismus letztlich auch die Ahnen heutiger Therapie und Selbsterfahrung sind. Dabei präsentiert der Autor seine tiefreichenden Überlegungen in einer außergewöhnlich lebendigen und lebensnahen Darstellung, die jeden Leser unmittelbar berührt.

Der Autor

Rollo May, am 21. April 1909 in Ada/Ohio geboren, ist Existentialphilosoph, Psychoanalytiker, Mitbegründer der Humanistischen Psychologie und Begründer der existentiellen Psychologie in Amerika. Er praktiziert heute als Therapeut in Tiburon/Kalifornien. Weitere Veröffentlichungen in deutscher Übersetzung u. a.: ›Antwort auf die Angst‹ (1982), ›Freiheit und Schicksal‹ (1983), ›Der Mut zur Kreativität‹ (1987).

Rollo May:
Sich selbst entdecken
Seinserfahrung in den Grenzen der Welt

Aus dem Amerikanischen von
Brigitte Stein

Deutscher
Taschenbuch
Verlag

dtv

Ungekürzte Ausgabe
Juli 1990
Deutscher Taschenbuch Verlag GmbH & Co. KG, München

Titel der amerikanischen Originalausgabe:
Discovery of Being
W. W. Norton & Company, New York

unter dem Titel: Die Erfahrung »Ich bin«. Sich selbst entdecken in den Grenzen der Welt
ISBN 3-87387-257-9
Umschlaggestaltung: Boris Sokolow
Gesamtherstellung: C.H. Beck'sche Buchdruckerei, Nördlingen
Printed in Germany · ISBN 3-423-15080-7

Inhalt

Für Laura, Gefährtin auf der Suche

Vorwort

Wir sind in unserer Zeit mit einem seltsamen Paradox konfrontiert: Niemals zuvor wurden wir mit so vielen einzelnen Informationen überflutet; gleichzeitig hatten wir niemals zuvor so wenig innere Sicherheit über unser eigenes Sein. Je mehr die objektive Erkenntnis anwächst, desto mehr sinkt unsere innere Gewißheit. Unsere ins Unglaubliche gewachsene technische Macht hat uns keinerlei Mittel an die Hand gegeben, diese Macht zu kontrollieren, und jeder Schritt vorwärts in der Technik wird von vielen als ein weiterer Schritt in Richtung auf unsere mögliche Vernichtung erlebt. Nietzsche war überraschend prophetisch, als er schrieb: »Wir leben die Periode der Atome, des atomistischen Chaos ... Es kann jeden Augenblick zucken und blitzen, schreckliche Erscheinungen anzukündigen ... Auch (der Nationalstaat ist) nur eine Vermehrung der allgemeinen Unsicherheit und Bedrohlichkeit ... und die Jagd nach Glück wird nie größer sein, als wenn es zwischen heute und morgen erhascht werden muß: weil übermorgen vielleicht alle Jagdzeit zu Ende ist.«[1]

Weil die Menschen unserer Tage dies spüren und die Hoffnung aufgegeben haben, jemals einen Sinn im Leben zu finden, machen sie von den vielfältigen Möglichkeiten Gebrauch, das Gefühl für ihre Existenz abzuschwächen, sei es durch Apathie, durch Betäubung ihrer Psyche oder durch Genußsucht. Andere, besonders junge Leute, entscheiden sich in wachsender und erschreckender Zahl dafür, ihrem Dasein durch Selbstmord zu entfliehen.

So ist es kein Wunder, daß die Menschen, von der Frage gequält, ob das Leben überhaupt einen Sinn hat, zu den Psychotherapeuten strömen. Aber Therapie ist häufig selbst eher ein Ausdruck der Zerrissenheit unserer Zeit als ein Unterfangen zu ihrer Überwindung. Denn oft liefern sich diese Menschen, die auf der Couch oder im Klientensessel Erlösung von ihren Gefühlen der Leere suchen, völlig dem Therapeuten aus – was nur zu untergründiger Verzweiflung führen kann, zu einem verdeckten Ressentiment, das später als Selbstzerstörung hervorbricht. Denn die Geschichte zeigt uns immer wieder, daß das menschliche Bedürfnis nach Freiheit über kurz oder lang doch zum Ausdruck kommt.

Ich glaube, daß wir durch das Entdecken und Bejahen unseres

inneren Seins auch eine gewisse innere Sicherheit erlangen können. Im Gegensatz zu Richtungen in der Psychologie, die in Theorien über Konditionierung, Verhaltensmechanismen oder instinktive Antriebe münden, behaupte ich, daß wir tiefer als diese Theorien gehen müssen und die Person, *das menschliche Wesen* entdecken müssen, *mit dem all diese Dinge geschehen.*

Tatsächlich scheinen wir in unserer Kultur Hemmungen zu haben, über das Sein zu sprechen. Ist es zu entlarvend, zu intim, zu tiefgehend? Indem wir das Sein verdrängen, verlieren wir gerade jene Dinge, die wir am meisten im Leben schätzen. Denn das Gefühl für das eigene Sein ist mit den tiefsten und grundlegendsten Fragen verbunden – den Fragen von Liebe, Tod, Angst, Anteilnahme.

Der Inhalt dieses Buches ist aus meiner Leidenschaft entstanden, mein eigenes Sein und das meiner Mitmenschen zu ergründen. Das hat immer etwas mit der Suche nach Werten und Zielen zu tun. Nehmen wir die Erfahrung der alltäglichen Angst: Wenn jemand keine Angst hätte, hätte er auch keine Freiheit. Das Vorhandensein von Angst zeigt stets, daß Werte, wie verhüllt auch immer, in dieser Person existieren. Ohne Werte wäre da nur nackte Verzweiflung.

Während wir der schwerwiegendsten Bedrohung des menschlichen Überlebens ausgesetzt sind, die es jemals gegeben hat, finde ich, daß die Möglichkeiten des Seins durch den Kontrast zu unserer möglichen Auslöschung um so deutlicher hervortreten. Der einzelne Mensch ist immer noch die Kreatur, die staunen kann, die sich von einer Sonate bezaubern läßt, die Worte zu bewegender Poesie zusammensetzt, die einen Sonnenaufgang mit Ehrfurcht und Ergriffenheit betrachten kann. All dies sind Merkmale unserer Existenz, und sie umreißen die Herausforderung, die sich auf den folgenden Seiten stellen wird.

Teil I
Die Prinzipien

Obwohl der existentielle Ansatz in der europäischen Psychiatrie und Psychoanalyse schon seit einigen Jahrzehnten eine herausragende Position einnimmt, war er doch in Amerika bis 1960 so gut wie unbekannt. Später haben sich manche schon Sorgen gemacht, er könne in einigen Bereichen *zu* populär werden, besonders in den Lebenshilfespalten von Illustrierten. Aber uns tröstete die Weisheit, daß die ersten Anhänger einer Bewegung nicht unbedingt ein Argument gegen diese sind.

Paradoxerweise gibt es in den Vereinigten Staaten, dem Geburtsland der meisten »neuen Therapien«, sowohl eine Affinität wie auch eine Abneigung gegenüber existentieller Therapie. Einerseits hat dieser Ansatz eine starke innere Verwandtschaft zum amerikanischen Charakter und Denken. So kommt er zum Beispiel William James sehr nahe in seiner Betonung der Unmittelbarkeit von Erfahrung, der Einheit von Denken und Handeln, der Wichtigkeit von Entscheidung und Engagement. Andererseits herrscht bei manchen Psychologen und Psychoanalytikern in unserem Land große Feindseligkeit, ja regelrechte Wut gegen diese Denkweise. Ich werde die Gründe für dieses Paradox später erörtern.

Ich möchte in diesem Buch lieber existentiell *sein* und direkt auf meiner eigenen Erfahrung als Mensch und praktizierender Psychoanalytiker aufbauen. Als ich an meinem Buch ›The Meaning of Anxiety‹ (deutsch: Antwort auf die Angst) arbeitete, verbrachte ich eineinhalb Jahre im Bett, in einem Tuberkulose-Sanatorium. Ich hatte viel Zeit, über die Bedeutung der Angst nachzudenken – und eine Menge Anschauungsmaterial aus erster Hand, von mir selbst und meinen Mitpatienten. In dieser Zeit las ich *die* beiden Bücher, die bis heute zum Thema Angst geschrieben wurden: ›The Problem of Anxiety‹ von Freud[1] und ›Der Begriff der Angst‹ von Kierkegaard. Ich fand Freuds Darlegungen sehr wertvoll – zum Beispiel seine erste Theorie, daß Angst das Wiederauftauchen von unterdrückter Libido sei, und seine zweite, die Angst als die Reaktion des Ich auf den drohenden Verlust des geliebten Objekts auffaßte. Aber dies waren immer noch Theorien. Kierkegaard hingegen beschrieb Angst als den Kampf des lebendigen Seins gegen das Nichtsein, und genau das konnte ich in meinem eigenen

Kampf gegen den Tod oder die Aussicht auf lebenslange Invalidität unmittelbar erfahren. Kierkegaard schrieb weiter, daß der wirkliche Schrecken der Angst nicht im Tod selbst liege, sondern darin, daß jeder von uns innerlich auf beiden Seiten des Kampfes steht, denn »Angst ist eine Sehnsucht nach dem, was man fürchtet«; deswegen ergreife sie den Menschen wie eine fremde Macht, und doch könne man sich ihr nicht entziehen.

Was mich beeindruckte, war, daß Kierkegaard über *genau das* schrieb, *was meine Mitpatienten und ich erlebten.* Freud tat das nicht; er schrieb auf einer ganz anderen Ebene, beschrieb psychische Mechanismen, durch die Angst entsteht. Kierkegaard schilderte, was Menschen in einer Krise unmittelbar erfahren – in diesem Fall in der Krise des Kampfes gegen den Tod, die für uns Patienten Wirklichkeit war, die sich aber, wie ich glaube, nicht grundsätzlich von den verschiedenen Krisen unterscheidet, deretwegen sich Menschen in Therapie begeben, oder von den Krisen, die wir alle in abgeschwächter Form Dutzende Male am Tag erleben, auch wenn wir den Gedanken an unseren endgültigen Tod weit von uns schieben.

Freud schrieb auf der Ebene der Theorie, auf der er ein Genie war; wahrscheinlich *wußte* er mehr als jeder andere Mensch seiner Zeit *über* Angst. Kierkegaard, ein Genie ganz anderer Art, schrieb auf der existentiellen, ontologischen Ebene; er *kannte* die Angst.

Das ist kein Werturteil. Offensichtlich sind beide Ebenen notwendig. Unser tatsächliches Problem ist uns aber durch unsere kulturhistorische Situation vorgegeben. Wir in der westlichen Welt sind die Erben von vier Jahrhunderten technischer Leistungen in der Beherrschung der Natur und nun auch unserer selbst; das macht unsere Größe aus, ist aber gleichzeitig auch unsere größte Bedrohung. Wir laufen kaum Gefahr, die theoretischen und technischen Gesichtspunkte zu verdrängen. Viel eher verdrängen wir das Gegenteil. Um einen Begriff zu gebrauchen, den ich im folgenden noch ausführlicher erörtern werde: Wir unterdrücken unser *Daseinsgefühl.* Eine Folge dieser Unterdrückung ist, daß das Selbstbild des modernen Menschen, die Erfahrung seiner selbst als ein verantwortliches Individuum, die Erfahrung seiner eigenen Menschlichkeit Schaden genommen hat.

Der existentielle Ansatz hat nicht das Ziel, die theoretischen Entdeckungen Freuds oder die irgendeiner anderen Schule der Psychologie, oder der Wissenschaft allgemein, zurückzuweisen.

Vielmehr versucht er, diese Entdeckungen auf eine neue Basis zu stellen, auf das Fundament einer neuen – oder wiederentdeckten – Sicht von der Natur des Menschen.

Ich entschuldige mich nicht dafür, daß ich die Gefahren der Entmenschlichung sehr ernst nehme, die mit der Neigung der modernen Wissenschaft verbunden sind, den Menschen als Maschine zu sehen und ihn nach dem Bild der Techniken zu formen, mit denen wir ihn untersuchen. Diese Tendenz ist nicht der Fehler irgendeiner »gefährlichen« Person oder einer »bösen« Schule. Sie ist der Ausdruck einer Krise, die durch eine bestimmte historische Situation entstanden ist. Karl Jaspers, Psychiater und Existentialphilosoph, meinte schon vor Jahren, daß wir in der westlichen Welt dabei seien, das Bewußtsein unserer selbst zu verlieren und daß wir uns durchaus im letzten Abschnitt der Menschheitsgeschichte befinden könnten. Und William Whyte gab in seinem Buch ›Organization Man‹ zu bedenken, daß die Feinde des modernen Menschen sich als »eine Gruppe von milde dreinblickenden Therapeuten« erweisen könnten, »die mit dem, was sie tun, nur unser Bestes wollen«. Er sprach damit die Entwicklung an, die Sozialwissenschaften zur Unterstützung der herrschenden moralischen Vorstellungen heranzuziehen; auf diese Weise kann der Vorgang des Helfens Menschen zu Konformisten machen und ihre Individualität zerstören. Diese Tendenz, so glaube ich, steigt mit wachsender Verbreitung der »Verhaltensmodifikation«, einer Form der Psychotherapie, die ausdrücklich jedes Menschenbild für entbehrlich hält, das über die Annahme hinausgeht, die Ziele, die der Therapeut und seine Gruppe festgelegt haben, seien eindeutig die besten für alle nur denkbaren Menschen. Wir können die Bedenken von Männern wie Jaspers oder Whyte nicht einfach als unintelligent oder wissenschaftsfeindlich abtun; damit würden *wir* uns der Verdummung schuldig machen.

Viele Psychologen teilen meine Gefühle, stoßen sich aber an den Ausdrücken »Sein« und »Nichtsein« und schließen daraus, daß der existentielle Ansatz hoffnungslos vage und verwaschen sei. Ich halte jedoch dagegen, daß wir *ohne* einen Begriff von »Sein« und »Nichtsein« nicht einmal die uns geläufigsten psychischen Mechanismen verstehen können. Nehmen wir zum Beispiel *Verdrängung* und *Übertragung*. Die üblichen Auseinandersetzungen mit diesen Konzepten hängen gleichsam in der Luft, ohne Überzeugungskraft oder psychologische Realität, gerade weil wir keine Struktur haben, die wir ihnen zugrundelegen könnten. Der Begriff *Verdrängung* benennt offensichtlich ein Phänomen, das wir ständig beobachten können, eine Dynamik, die Freud in vielen Formen klar beschrieben hat. Wir erklären den Mechanismus für gewöhnlich so, daß wir sagen, ein Kind verdränge bestimmte Impulse, wie etwa Sexualität und Aggression, ins Unbewußte, weil die Kultur, verkörpert durch die Elternfiguren, diese Impulse ablehnt und das Kind seine Beziehung zu diesen Personen nicht gefährden darf. Aber die Kultur, die demnach eine ablehnende Haltung einnimmt, besteht aus eben den Personen, die die Verdrängung vornehmen. Ist es daher nicht eine Illusion und viel zu vereinfacht, von einem Konflikt »Kultur gegen Individuum« zu sprechen und die Kultur auf diese Weise zum Sündenbock zu machen? Außerdem, wie kommen wir eigentlich zur Annahme, Kind wie Erwachsener seien so stark auf Sicherheit und libidinöse Befriedigung ausgerichtet? Ist diese Sicht nicht eher eine Auswirkung der therapeutischen Arbeit mit dem *neurotischen, über-ängstlichen* Kind oder Erwachsenen?

Gewiß beschäftigt sich das neurotische, über-ängstliche Kind zwanghaft mit dem Aspekt der Sicherheit; und der neurotische Erwachsene, oder wir Therapeuten, die wir ihn untersuchen, lesen ebenso gewiß unsere eigenen Gedanken in die unschuldige Seele des Kindes hinein. Ist ein normales Kind denn nicht genauso ernsthaft daran interessiert, in die Welt hinauszugehen, sie zu erkunden, seiner Neugier und Abenteuerlust zu folgen – »auszuziehen, um das Fürchten zu lernen«, wie es im Märchen heißt? Und wenn man diese Bedürfnisse des Kindes blockiert, erhält man gleichermaßen eine traumatische Reaktion von ihm, als nähme man ihm seine Sicherheit. Ich für meinen Teil glaube, daß wir die Sorge des Menschen um Sicherheit und Befriedigung seiner überlebensnotwendigen Bedürfnisse stark übertreiben, weil dies so gut in unser Ursache-und-Wirkung-Denken paßt. Ich glaube, Nietzsche und Kierkegaard hatten eher recht, indem sie den Menschen als das Lebewesen beschrieben, das bestimmten Werten – Prestige, Macht, Zärtlichkeit – größere Wichtigkeit beimißt als dem Vergnügen oder sogar dem Überleben selbst.

Meine These ist, daß wir zum Beispiel Verdrängung nur auf der tiefergehenden Bedeutungsebene der Entwicklungsmöglichkeiten des Menschen verstehen können. Im Blick darauf ist das »Sein« zu definieren als das individuelle »Muster von Möglichkeiten«. Dieses

Potential, diese Möglichkeiten hat der Mensch zwar mit anderen teilweise gemeinsam, aber in jedem bilden sie eine individuelle Konfiguration. Wir müssen also die Frage stellen: In welcher Beziehung steht dieser Mensch zu seinem eigenen Potential? Was ist geschehen, wenn er sich dafür entscheidet, oder zur Entscheidung gezwungen wird, etwas nicht wahrzunehmen, was er erkennt, und von dem er auf einer anderen Ebene *weiß, daß er es erkennt?* In meiner Arbeit als Psychotherapeut zeigt sich mehr und mehr, daß Angst heutzutage nicht so sehr durch Furcht vor einem Mangel an libidinöser Befriedigung oder Sicherheit entsteht, sondern durch die Furcht des Patienten vor seinen eigenen Kräften – und den Konflikten, die sich aus dieser Furcht ergeben. Vielleicht ist dies die spezifische, »neurotische Persönlichkeit unserer Zeit«, das neurotische Muster des heutigen »außengeleiteten« Massenmenschen.

Das »Unbewußte« ist dann nicht als ein verborgenes Reservoir von Impulsen, Gedanken, Wünschen zu betrachten, die von der Kultur abgelehnt werden. Ich definiere es vielmehr als *das Potential für Erkennen und Erleben, das ein Mensch nicht verwirklichen kann oder nicht verwirklicht.* So betrachtet stellen wir fest, daß sich der einfache Mechanismus der Verdrängung viel weniger einfach ausnimmt, als es zunächst den Anschein hatte; daß er mit einem komplizierten Kampf des individuellen *Seins* gegen die Möglichkeit des *Nichtseins* zu tun hat; daß er nicht angemessen in Begriffen wie »Ich« und »Nicht-Ich« oder auch »Selbst« und »Nicht-Selbst« verstanden werden kann; daß er unweigerlich die Frage nach der Freiheit des Menschen gegenüber seinem eigenen Potential aufwirft, eine Freiheit, aus der seine Verantwortung für sich selbst erwächst, die ihm nicht einmal sein Therapeut nehmen kann.

Neben der Verdrängung muß auch zu einem anderen Begriff der klassischen Analyse etwas angemerkt werden. Ich meine die »Übertragung«, die Beziehung zwischen zwei Menschen, Patient und Therapeut, in der Behandlung. Die Idee und die Beschreibung der Übertragung war eine von Freuds großen Leistungen, sowohl nach seinem eigenen Urteil wie nach dem vieler anderer. Und vielfältig sind die therapeutischen Implikationen des Phänomens, daß der Patient seine früheren oder gegenwärtigen Beziehungen zu Vater, Mutter, Liebespartner oder Kind in die Behandlung einbringt, daß er den Therapeuten in ähnlicher Weise wahrnimmt wie diese Personen und mit ihm seine Welt ähnlich gestaltet, wie er es mit diesen getan hat. Ebenso wie andere Konzepte Freuds erweitert auch das der Übertragung die Sphäre und den Einfluß der Persönlichkeit sehr; wir leben in anderen und diese in uns. Bemerkenswert ist Freuds Gedanke, daß bei jedem Liebesakt vier Personen anwesend sind – man selbst, der Liebespartner und die eigenen Eltern. Ich habe diesem Gedanken persönlich immer zwiespältig gegenübergestanden, weil ich meine, daß wenigstens der Liebesakt privat bleiben sollte. Aber die weitergehenden Konsequenzen des Gedankens beziehen sich auf das schicksalhafte Verwobensein im »menschlichen Netz«: Die eigenen Vorfahren erscheinen, wie Hamlets Vater, immer am Rand der Bühne mit den verschiedensten Herausforderungen und gespenstischen Verwünschungen. Freuds nachdrücklicher Hinweis darauf, wie sehr wir alle aneinander gebunden sind, entzieht vielen modernen Illusionen über Liebe und zwischenmenschliche Beziehungen den Boden.

Dennoch bereitet der Begriff der Übertragung uns endlose Schwierigkeiten, wenn wir ihn nur für sich selbst nehmen, das heißt, ohne eine Wertvorstellung von Beziehung, die in der Natur des Menschen begründet ist. Denn erstens kann Übertragung zu einer bequemen und beliebig einsetzbaren Abwehr für den Therapeuten werden, wie Thomas Szasz gesagt hat; der Therapeut kann sich dahinter verstecken, um seiner eigenen Angst vor der direkten Begegnung aus dem Weg zu gehen. Und zweitens kann dieses Konzept die gesamte Erfahrung in der Therapie unterminieren und sie unwirklich werden lassen; die beiden Personen in der Behandlung werden zu »Schatten« und jeder andere Mensch in der Welt ebenso. Der Begriff »Übertragung« kann das Gefühl der Verantwortlichkeit beim Patienten aushöhlen und die Therapie weitgehend der Dynamik berauben, die für die Veränderung des Patienten notwendig ist.

Was gefehlt hat, ist ein Konzept der *Begegnung*, innerhalb dessen, und nur innerhalb dessen, der Begriff »Übertragung« echte Bedeutung hat. *Übertragung muß als verzerrte Form der Begegnung verstanden werden.* Da es keine normative Vorstellung von Begegnung in der Psychoanalyse gab und sie der Ich-Du-Beziehung keinen adäquaten Platz einräumte, mußte sie Liebesbeziehungen übersimplifizieren und verwässern. Freud hat unser Verständnis der vielfältigen, machtvollen und allgegenwärtigen Formen, in denen unsere erotischen Antriebe sich ausdrücken, außerordentlich vertieft. Aber anstatt wieder (wie Freud gehofft hatte) den ihm gebührenden Platz zu erhalten, ist der Eros nun entweder ein absurder chemischer Vorgang, der nach Entladung verlangt, oder ein relativ unwichtiger Zeitvertreib für Mann und Frau, an Abenden, wo sie keine Lust mehr haben fernzusehen.

Außerdem hatten wir keine Richtschnur für *agape* (die selbstlose Form der Liebe, die Anteilnahme am Wohlergehen des anderen), die sich aus sich selbst ergibt. Agape kann nicht als Ableitung aus etwas anderem verstanden werden oder als das, was übrigbleibt, wenn man selbstsüchtige, »kannibalistische« Tendenzen weganalysiert hat. Agape ist keine Sublimation, kein Ersetzen, sondern ein Transzendieren des Eros, in ihrer ausdauernden Zärtlichkeit, ihrer beständigen Sorge für den anderen. Und genau dieses Transzendieren gibt dem Eros eine tiefere und dauerhaftere Bedeutung.

Das existentielle Denken hilft uns, die Frage aufzuwerfen: Wie ist es möglich, daß ein menschliches Wesen mit einem anderen in Beziehung tritt? Was an der menschlichen Natur bewirkt, daß zwei Personen miteinander kommunizieren und einander erfassen können, aufrichtig Anteil am Wohlergehen und der Erfüllung des anderen nehmen und sich gegenseitig wirklich vertrauen können? Die Antwort auf diese Fragen wird uns sagen, *was* durch Übertragung verzerrt wird.

Sitze ich nun einem Patienten erstmals gegenüber, so nehme ich an, daß zum Beispiel dieser Mann als Zeichen seiner Existenz das Bedürfnis hat, aus der Zentriertheit in sich selbst heraus- und mit anderen in Beziehung zu treten. Noch bevor er, vorsichtig tastend und immer wieder zögernd, den ersten Schritt getan hat und mich wegen eines Termins anrief, hat er in der Phantasie bereits in einer Beziehung zu mir gestanden. Dann saß er nervös rauchend im Wartezimmer, und jetzt blickt er mich mit einer Mischung aus Mißtrauen und Hoffnung an; ein Impuls zur Offenheit kämpft in ihm gegen die zeitlebens empfundene Neigung, sich hinter eine Barriere zurückzuziehen und die Stellung gegen mich zu halten. Dieser Kampf ist verständlich, denn *Gemeinsamkeit birgt immer ein Risiko.* Wenn man dabei zu weit geht, verliert man seine Identität. Aber wenn die Angst des Patienten, sein eigenes, konflikterfülltes Zentrum zu verlieren – das immerhin eine teilweise Integration und einen gewissen Sinn seiner Erfahrung ermöglicht hat –, so groß wird, daß er sich weigert, überhaupt noch aus sich herauszugehen, und er deshalb in einer rigiden, eingeengten und reduzierten Welt lebt, dann ist sein Wachstum, seine Entwicklung blokkiert. Das hat Freud gemeint, wenn er von Verdrängung und Hemmung sprach. Hemmung ist jenes Verhältnis zur Welt, bei dem ein Mensch die Möglichkeit hat, aus sich herauszutreten, aber zu eingeschüchtert ist, um es zu tun; und seine Angst, er könne dabei zuviel verlieren, mag tatsächlich zutreffend sein. Patienten sagen manchmal: »Wenn ich jemanden liebe, dann ist das, als ob ich wegfließe wie Wasser in einem Fluß und nichts bleibt mehr von mir übrig.« Ich denke, dies ist eine sehr genaue Beschreibung von *Übertragung.* Wenn die Liebe dort, wo sie hingeht, eigentlich nicht hingehört, wird man sich natürlich von ihr entleert fühlen. Dies ist eine Sache des ökonomischen Ausgleichs, wie Freud gesagt hat.

In unserer Zeit des Konformismus und des außengeleiteten Menschen nimmt die am weitesten verbreitete Neurose jedoch die entgegengesetzte Form an – daß man nämlich *zu sehr* aus sich herausgeht, sich in Gemeinsamkeit und Identifikation mit anderen verliert, bis das eigene Sein ausgelaugt ist. Dies ist das psychokulturelle Erscheinungsbild des Massenmenschen. Hier liegt einer der Gründe, warum nicht mehr »Kastration« die Ängste von Männern und Frauen unserer Tage beherrscht, sondern soziale Isolierung. Immer wieder haben Patienten, die ich behandelt habe (besonders die aus der Werbebranche), es vorgezogen, »kastriert« – das heißt, ihrer Kraft beraubt – zu werden, um bloß nicht in Isolation zu geraten. Die schlimmste Bedrohung ist, nicht akzeptiert, aus der Gruppe ausgeschlossen zu werden, allein und einsam zu bleiben. In dieser übertriebenen Partizipation wird man sich selbst untreu, weil man den eigenen Stil am Geschmack der anderen ausrichtet. Der Sinn des eigenen Lebens wird bedeutungslos, weil er aus den Vorstellungen anderer geborgt wurde.

Um nun konkreter auf den Begriff der Begegnung zu kommen: Ich bezeichne damit die Tatsache, daß in der therapeutischen Sitzung eine ganzheitliche Beziehung zwischen zwei Menschen stattfindet, die etliche Ebenen umfaßt. Eine Ebene ist die der *realen Personen:* Ich freue mich, meinen Patienten zu sehen (das variiert an verschiedenen Tagen und hängt hauptsächlich davon ab, wieviel ich in der vorhergehenden Nacht geschlafen habe). Daß wir einander sehen, mildert die physische Einsamkeit, die zum naturgeschichtlichen Erbe der Menschheit gehört. Eine andere Ebene ist die von *Freunden:* Wir vertrauen darauf – schließlich kennen wir einander schon gut –, daß der andere ehrlich daran interessiert ist, zuzuhören und zu verstehen. Eine weitere Ebene ist die der *Wertschätzung* oder *Agape*, der Fähigkeit zu selbstüberschreitender Anteilnahme am Wohlergehen des anderen, die der »Mitwelt« eigen ist. (Diesen Begriff erläutere ich, zusammen mit »Umwelt« und »Eigenwelt«, genauer in Kapitel 9.) Eine andere Ebene wird eindeutig *erotisch* sein. Als ich einmal bei Clara Thompson Supervision machte, sagte sie etwas, worüber ich oft nachgedacht habe: Wenn in einer therapeutischen Situation einer der Beteiligten erotische Anziehung spürt, wird der andere genauso empfinden. Eigenen erotischen Gefühlen muß der Therapeut offen ins Auge sehen; andernfalls wird er seine eigenen Bedürfnisse zumindest in der Phantasie an seinen Patienten ausagieren. Aber noch wichtiger ist: Der Therapeut muß das erotische Element als eine Möglichkeit der Kommunikation akzeptieren, oder er wird die Signale des Patienten nicht hören und damit eine der dynamischsten Ressourcen für therapeutische Veränderung verlieren.

Die ganzheitliche Begegnung ist das nützlichste Medium, um den Patienten zu verstehen, und das wirkungsvollste Instrument, um ihm zu helfen, sich der Möglichkeit des Wandels zu öffnen; sie scheint mir vergleichbar mit der Resonanz zweier Musikinstrumente. Wenn man eine Geigensaite zupft, wird die entsprechende Saite einer anderen Violine im Raum ebenfalls in Schwingung geraten. Dies ist natürlich nur eine Analogie: Was in einem menschlichen Wesen vorgeht, ist viel komplexer. Begegnung löst in Menschen, zu wechselnden Teilen, immer sowohl Angst wie auch Freude aus. Ich glaube, dieser Effekt entsteht dadurch, daß jede echte Begegnung mit einer anderen Person unsere Beziehung zur Welt erschüttert. Unsere vorherige zeitweilige Sicherheit wird in Frage gestellt, wir werden offen, für Neues empfänglich: Sollen wir das Risiko eingehen, die Gelegenheit ergreifen, durch diese neue Beziehung bereichert zu werden (selbst wenn es sich um einen Freund handelt oder um jemanden, den wir schon seit langem lieben, dieser eine Augenblick der Beziehung ist dennoch neu), oder sollen wir den Sicherheitsgurt anlegen, eine Barrikade errichten, den anderen nicht an uns heranlassen und so die Nuancen seiner Eindrücke, Gefühle, Intentionen nicht wahrnehmen? Die Begegnung kann immer eine kreative Erfahrung sein; eigentlich sollte sie zu einer Erweiterung des Bewußtseins, zur Bereicherung des Selbst führen. Durch eine echte Begegnung werden beide Menschen verändert, wie wenig auch immer. C. G. Jung hat zu Recht darauf hingewiesen, daß sich in einer erfolgreichen Therapie *sowohl* der Therapeut wie der Patient verändert; ist der Therapeut nicht offen für die Veränderung, so wird es auch der Patient nicht sein.

Das Phänomen der Begegnung muß dringend tiefer erforscht werden, denn es scheint klar, daß dabei sehr viel mehr vor sich geht, als wir bisher bemerkt haben. Ich stelle die Hypothese auf, daß es in der Therapie, hinreichende Klarheit des Therapeuten über sich selbst vorausgesetzt, *nicht möglich ist, daß eine Person ein Gefühl hat, ohne daß die andere bis zu einem gewissen Grad ebenso fühlt.* Ich weiß, daß es dabei viele Ausnahmen geben wird, aber ich möchte dennoch die Hypothese vorbringen und zu bedenken geben. Eine Randbedingung und Konsequenz meiner Hypothese ist, daß in der Mitwelt notwendigerweise eine gewisse Resonanz besteht und daß es nur an unserem Widerstand liegt, wenn wir sie nicht fühlen. Frieda Fromm-Reichmann meinte oft, sie könne am besten sagen, was der Patient fühlt – zum Beispiel Angst oder Furcht oder Liebe oder Wut, die der Patient nicht auszudrücken wagt –, *indem sie darauf achtet, was sie selbst in diesem Moment fühlt.* Sich selbst in dieser Weise als Instrument zu verwenden, erfordert natürlich eine enorme innere Disziplin vom Therapeuten. Ich meine damit keineswegs, daß er sich einfach öffnen und dem Patienten sagen sollte, was er gerade empfindet. Seine Gefühle können auf vielfältige Weise neurotisch sein, und der Patient hat schon genug Probleme, als daß er auch dadurch noch belastet werden sollte. Ich meine vielmehr, daß die Selbstdisziplin, die Selbst-Läuterung, wenn man so will, die Kontrolle über die eigenen Widerstände und neurotischen Tendenzen, zu der ein Therapeut imstande ist, davon abhängig sein wird, inwieweit er die Begegnung als ein Teilhaben an den Gefühlen und der Welt des Patienten erleben kann. All dies muß untersucht werden, und ich glaube, daß es ungleich vielfältiger untersucht werden kann, als uns bisher klar war. Wie gesagt: Wenn ein Mensch mit einem anderen in Beziehung tritt, geht etwas in ihrer gemeinsamen Welt vor, das unendlich komplexer, subtiler, reichhaltiger und intensiver ist, als wir es bislang wahrgenommen haben.

Der Hauptgrund dafür, daß dies nicht untersucht worden ist, scheint mir darin zu liegen, daß wir keinen Begriff der Begegnung hatten, weil er durch Freuds Begriff der Übertragung überdeckt war. Infolgedessen haben wir alle Arten von Untersuchungen zur Übertragung, die alles mögliche aussagen, nur nicht, was wirklich zwischen zwei Menschen vor sich geht. Mit Recht erwarten wir von der Phänomenologie Hilfe bei der Suche nach einem Begriff, der uns in die Lage versetzt, *die Begegnung selbst wahrzunehmen, während wir bisher nur ihre Verzerrung, die Übertragung, wahrgenommen haben.* Es ist besonders wichtig, daß wir nicht dem Hang nachgeben, Begegnung zu vermeiden oder zu verwässern, indem wir sie von der Übertragung oder Gegenübertragung ableiten.

Als praktizierendem Therapeuten und Ausbilder von Therapeuten ist mir immer wieder aufgefallen, wie oft durch unser Bemühen, die Mechanismen zu begreifen, nach denen das Verhalten des Patienten funktioniert, unser Verständnis dessen blockiert wird, was er oder sie persönlich erlebt. Eine Patientin, Mrs. Hutchens (an der ich einige meiner Bemerkungen festmachen möchte), kommt zum ersten Mal in meine Praxis, eine Frau aus der gehobenen Mittelschicht, Mitte 30, bemüht, gelassen und souverän zu wirken. Doch niemand hätte den Ausdruck der Angst eines erschreckten Tieres oder eines verirrten Kindes in ihren Augen übersehen können. Nach Auskünften von ihren neurologischen Fachärzten weiß ich, daß ihr präsentiertes Problem eine hysterische Verkrampfung des Kehlkopfes ist, die zur Folge hat, daß ihre Stimme dauernd heiser klingt. Ihr Rorschach-Test ergab die Hypothese, daß sie ihr ganzes Leben lang das Gefühl hatte: »Wenn ich sage, was ich wirklich empfinde, wird man mich ablehnen; unter diesen Umständen ist es besser, gar nichts zu sagen.«

Während dieser ersten Stunde erhalte ich auch einige Hinweise auf die Entstehungsursache ihres Problems, als sie mir über ihre Beziehung zu ihrer autoritären Mutter und ihrer ebenso herrischen Großmutter erzählt und wie sie gelernt habe, sich entschieden davor zu hüten, überhaupt irgendwelche Geheimnisse zu verraten. Aber wenn ich, während ich da sitze, hauptsächlich über das Warum und Wie der Entwicklung ihres Problems nachdenke, dann werde ich alles mögliche verstehen, nur das Allerwichtigste nicht (in der Tat die einzige Informationsquelle, die ich wirklich habe) – nämlich diesen Menschen, so wie er jetzt existiert, sich entwickelt, verändert – das Erleben dieser Person, die mir unmittelbar im Zimmer gegenübersitzt.

Es sind verschiedene Versuche unternommen worden, die psychoanalytische Theorie in Kategorien von Kräften, Psychodynamiken und Energien zu systematisieren. Der Ansatz, für den ich eintrete, ist das genaue Gegenteil davon. Ich bin der Auffassung, daß sich unsere Wissenschaft auf die jeweils besonderen, eigentümlichen Merkmale ihres Untersuchungsgegenstandes beziehen sollte, in diesem Fall des menschlichen Individuums. Ich leugne nicht Dynamiken und Kräfte – das wäre Unsinn –, aber ich meine, daß sie nur im Kontext der existierenden, lebenden Person Bedeutung haben, das heißt im *ontologischen* Kontext.

Ich schlage daher vor, von der einzig wirklichen Größe auszugehen, die wir in der therapeutischen Situation haben, nämlich der *existierenden Person,* die mit einem Therapeuten im Beratungszimmer sitzt. Man beachte, daß ich nicht einfach »Individuum« oder »Person« sage; wenn man Individuen zum Zweck statistischer Voraussagen als Mitglieder einer Gruppe auffaßt – sicher ein legitimer Gebrauch der psychologischen Wissenschaft –, eliminiert man genau die Merkmale, die dieses Individuum zu einer *existierenden Person* machen. Oder wenn man ihn oder sie als ein Wirkgefüge von Trieben und determinierenden Kräften ansieht, dann hat man alles forschungsgerecht definiert – außer *demjenigen, dem diese Erfahrungen zustoßen,* alles außer der existierenden Person selbst. Therapie ist ein Vorgang, bei dem wir uns der Notwendigkeit nicht entziehen können, das Forschungsobjekt als eine existierende Person zu sehen.

Stellen wir uns deshalb die Frage: Welches sind die wesentlichen Merkmale, die diese Patientin als eine existierende Person im Beratungszimmer ausmachen? Ich möchte sechs Charakteristika herausarbeiten, die ich als »ontologische Prinzipien« bezeichne, denen ich in meiner Arbeit als Psychotherapeut immer wieder begegne. Obwohl diese Prinzipien das Produkt vielfältiger Überlegungen und Erfahrungen aus zahlreichen Fällen sind, werde ich sie mit Episoden aus dem Fall von Mrs. Hutchens illustrieren.

Erstens, Mrs. Hutchens ist, wie jede existierende Person, *in sich zentriert,* und ein Angriff auf dieses Zentrum ist ein Angriff auf ihre Existenz schlechthin. Dies ist ein Merkmal, das wir mit allen Lebewesen teilen; bei Tieren und Pflanzen ist es offenkundig. Ich komme nie aus dem Staunen darüber, wie eine Kiefer, deren Wipfel wir auf unserer Farm in New Hampshire abschneiden, von Gott-weiß-woher einen neuen Zweig emporwachsen läßt, der zu einem neuen Zentrum wird. Beim Menschen aber ist dieses Prinzip von besonderer Relevanz und bildet die Grundlage für das Verständnis von Krankheit und Gesundheit, Neurose und psychischem Wohlbefinden. Die Neurose ist nicht zu verstehen als ein Abweichen von unseren speziellen Ansichten darüber, wie und was ein Mensch sein sollte. *Ist nicht die Neurose vielmehr genau die Methode, die das Individuum benutzt, um sein eigenes Zen-*

trum, seine eigene Existenz zu bewahren? Die individuellen Symptome sind Mittel zur Verkleinerung der persönlichen Welt (wie sich in Mrs. Hutchens' Unfähigkeit, sich selbst sprechen zu lassen, so anschaulich zeigt), um das Zentrum der eigenen Existenz vor Gefahren zu schützen; ein Mittel, Aspekte der Umwelt auszublenden, um dem Rest dann gewachsen zu sein. Mrs. Hutchens hatte einen Monat, bevor sie zu mir kam, sechs Sitzungen bei einem anderen Therapeuten gehabt. Er hatte ihr in dem offenbar unangebrachten Bestreben, sie zu beschwichtigen, erklärt, daß sie zu korrekt und zu beherrscht sei. Sie reagierte mit großer Verärgerung und brach sofort die Behandlung ab. Technisch hatte er völlig recht; existentiell hatte er ganz und gar unrecht. Was er nach meinem Dafürhalten nicht erkannte, war, daß gerade diese Korrektheit, diese übermäßige Beherrschtheit Dinge waren, die Mrs. Hutchens gar nicht abzulegen wünschte, sondern die einen Teil ihres verzweifelten Bemühens bildeten, sich das ohnehin gefährdete Zentrum, das sie hatte, zu erhalten. Es war, als ob sie sage: »Wenn ich mich öffnen, wenn ich kommunizieren würde, dann würde ich auch noch den geringen Spielraum verlieren, den ich im Leben habe.«

Hier sieht man übrigens, wie unzulänglich die Definition der Neurose als ein Mißlingen der Anpassung ist. *Die Neurose ist nichts anderes als eine Anpassung; und genau das ist ihr Problem.* Sie ist eine notwendige Anpassung, durch die Zentriertheit gewahrt werden kann; ein Hinnehmen des *Nichtseins,* um ein kleines bißchen *Sein* zu retten. Und in den meisten Fällen ist es ein Segen, wenn diese Anpassung zusammenbricht.

Dies ist das einzige, was wir von Mrs. Hutchens oder jedem anderen Patienten annehmen können, wenn sie in unsere Praxis kommen: daß sie wie alle Lebewesen Zentrierung brauchen und daß diese zusammengebrochen ist. Um den Preis eines beträchtlichen inneren Aufruhrs hat sie Schritte unternommen – nämlich therapeutische Hilfe gesucht. Unser zweites Prinzip lautet somit: *Jede existierende Person hat die Tendenz zur Selbstbehauptung, das Bedürfnis, ihre Zentrierung zu erhalten.* Den speziellen Namen, den wir dieser Selbstbehauptung beim Menschen geben, ist »Mut«. Paul Tillichs Ausführungen über den »Mut zum Sein« sind in diesem Zusammenhang sehr treffend und fruchtbar für die Psychotherapie. Er betont, daß das Sein beim Menschen nie automatisch gegeben sei, sondern vom Lebensmut des Individuums abhänge, und daß man ohne Mut das Sein verliere. Dadurch wird der Mut als solcher zu einer notwendigen ontologischen Dimension. Aus diesem Grund lege ich als Therapeut großes Gewicht auf Äußerungen der Patienten, die mit ihrem Willen, mit Entscheidungen und Wahl zu tun haben. Ich lasse scheinbar nebensächliche Bemerkungen des Patienten wie »Vielleicht kann ich« oder »Vielleicht kann ich versuchen« nicht vorübergehen, ohne ihm deutlich zu signalisieren, daß ich ihn gehört habe. Es ist nur eine Halbwahrheit, daß der Wille das Produkt des Wunsches sei; mir scheint die Erkenntnis wichtiger, daß der Wunsch seine wirkliche Kraft nicht anders entfalten kann als durch den Willen.

Während Mrs. Hutchens mit heiserer Stimme spricht, sieht sie mich mit einem Ausdruck an, in dem sich Furcht und Hoffnung mischen. Offensichtlich besteht eine Beziehung zwischen uns, nicht erst hier, sondern bereits, innerlich vorweggenommen, im Warteraum, ja seit sie daran dachte, hierher zu kommen. Sie ringt mit der Möglichkeit, sich auf den Kontakt zu mir einzulassen. Unser drittes Prinzip lautet somit: *Alle existierenden Personen haben das Bedürfnis und die Möglichkeit, aus ihrer Zentriertheit herauszutreten, um sich mit anderen Menschen einzulassen.* Dies bedeutet immer, ein Risiko einzugehen. Wenn der Organismus zu weit aus sich herausgeht, verliert er seine eigene Zentrierung – seine Identität –, ein Phänomen, das in der biologischen Welt allgegenwärtig ist. Der Große Schwammspinner, eine Mottenart, zum Beispiel vermehrt sich mehrere Jahre lang in enormem Umfang und frißt zusehends alle Bäume kahl, bis schließlich keine Nahrung mehr vorhanden ist und er wieder ausstirbt.

Wenn sich der Neurotiker jedoch vor dem Verlust seines eigenen Zentrums, so konfliktbeladen es auch sein mag, derart fürchtet, daß er sich weigert, aus sich herauszugehen, wenn er sich stattdessen starr zurückhält und in eingeengten Reaktionen und einer geschrumpften Welt lebt, dann sind sein Wachstum und seine Entwicklung blockiert, wie wir im ersten Kapitel festgestellt haben. Dieses Muster begegnet uns bei neurotischen Verdrängungen und Hemmungen, den verbreiteten Störungsformen zur Zeit Freuds. Aber möglicherweise nimmt in unserer heutigen Zeit des Konformismus und des außengeleiteten Menschen das häufigste neurotische Verhaltensmuster die entgegengesetzte Form an – nämlich die Auflösung des eigenen Selbst im Aufgehen und der Identifizierung mit anderen, bis das eigene Sein leer wird. Ähnlich wie der

Schwammspinner zerstören wir unser eigenes Sein. An diesem Punkt sehen wir, mit welcher Berechtigung Martin Buber in der einen und Harry Stack Sullivan in anderer Weise hervorhoben, daß der Mensch nicht als ein Selbst verstanden werden kann, wenn die Teilhabe an anderen außer acht gelassen wird. Sofern unsere Suche nach ontologischen Prinzipien der existierenden Person erfolgreich ist, würde das Fehlen von einem dieser sechs Merkmale in der Tat bedeuten, daß wir es nicht mit einem »ganzen Menschen« zu tun haben.

Unser viertes Prinzip lautet: *Die subjektive Seite der Zentrierung ist die Bewußtheit.* Der Theologe und Paläontologe Pierre Teilhard de Chardin beschreibt brillant, wie diese Bewußtheit bei allen Formen des Lebens von der Amöbe bis zum Menschen in steigendem Maße vorhanden ist. Sie ist zweifellos bei Tieren anzutreffen. Howard Liddell hat darauf hingewiesen, daß der Seehund in seinem natürlichen Lebensraum selbst im Schlaf alle zehn Sekunden den Kopf hebt, um den Horizont zu überprüfen, ob sich vielleicht ein Eskimo-Jäger mit gespanntem Pfeil und Bogen an ihn heranschleicht. Dieses Bewußtsein der existenzbedrohenden Gefahren bezeichnet Liddell bei den Tieren als *Wachsamkeit,* und er kategorisiert sie als das primitive, animalische Gegenstück dessen, was beim Menschen zur Angst wird.

Unsere ersten vier Merkmale werden von der existierenden Person mit allen Lebewesen geteilt; sie betreffen allgemein-biologische Entwicklungsstufen, an denen der Mensch teilhat. Das fünfte Prinzip bezieht sich nun auf ein ausgesprochen menschliches Charakteristikum, das Selbst-Bewußtsein: *Die spezifisch menschliche Form der Bewußtheit ist das Selbst-Bewußtsein.* Bewußtheit (awareness) und Bewußtsein (consciousness) sind nicht identisch. Wir assoziieren Bewußtheit, wie etwa der oben erwähnte Howard Liddell, mit Wachsamkeit. Dies wird auch durch die Herkunft des Begriffes gestützt – er leitet sich von dem angelsächsischen ›gewaer‹, ›waer‹ ab, was Kenntnis der äußeren Gefahren und Bedrohungen bedeutet. (Im Deutschen wird der Begriff gelegentlich mit »Gewahrsein« übersetzt.) Damit verwandte Begriffe sind ›beware‹, sich hüten, und ›wary‹, wachsam. Zur neurotischen Reaktion eines Individuums auf eine Bedrohung gehört zweifellos eine angespannte Bewußtheit, und auch Mrs. Hutchens erlebt mich beispielsweise in den ersten Stunden als eine Bedrohung für sie. Bewußtsein definieren wir im Gegensatz dazu nicht einfach als mein

Gewahrwerden einer Bedrohung in der äußeren Welt, sondern als *meine Fähigkeit, mich selbst als Bedrohten zu erkennen*, meine Selbsterfahrung als das Subjekt, das eine Welt hat. Bewußtsein ist in den Worten Kurt Goldsteins die Fähigkeit des Menschen, die unmittelbare, konkrete Situation zu transzendieren und in Kategorien des Möglichen zu leben; auf ihr basiert das menschliche Vermögen, Abstraktionen und Universalien zu benutzen, über eine Sprache und Symbole zu verfügen. Dieses Verfügen über ein Bewußtsein liegt dem breiten Spektrum an Möglichkeiten zugrunde, die der Mensch in seinem Verhältnis zu seiner Welt hat, und es bildet die Grundlage der psychischen Freiheit. Die menschliche Freiheit hat somit eine ontologische Basis und ist nach meiner Ansicht bei jeder Psychotherapie vorauszusetzen.

In seinem Buch ›Die Entstehung des Menschen‹ beschreibt Pierre Teilhard de Chardin, wie erwähnt, Bewußtheit in allen Lebensformen der Evolution. Aber beim Menschen kommt eine neue Funktion hinzu – nämlich dieses Selbst-Bewußtsein. Teilhard de Chardin versucht etwas zu demonstrieren, woran ich immer geglaubt habe: Die ganze frühere Struktur, die Gesamtgestalt des Organismus, verändert sich, sobald eine neue Funktion hinzukommt. Das heißt, es ist nur eine Halbwahrheit zu glauben, daß der Organismus in den Kategorien der einfacheren Elemente verstanden werden kann, die auf der Entwicklungsleiter tiefer stehen; es ist genauso wahr, daß jede neue Funktion eine neue, komplexe Ganzheit bildet, die alle einfacheren Elemente im Organismus beeinflußt und umgestaltet. *In diesem Sinn kann das Einfache nur in Kategorien des Komplexeren verstanden werden.*

Genau das trifft auf das Selbst-Bewußtsein beim Menschen zu. Alle simpleren biologischen Funktionen sind jetzt bezogen auf die neue Funktion zu verstehen. Niemand würde natürlich auch nur einen Augenblick lang die alten Funktionen leugnen, ebensowenig wie andere biologische Merkmale, die der Mensch mit weniger komplexen Organismen gemein hat. Nehmen wir beispielsweise die Sexualität, die wir offensichtlich mit allen Säugetieren teilen. Unter der Voraussetzung des menschlichen Selbst-Bewußtseins wird Sex jedoch zu einer neuen Gestalt, wie sich in der Therapie ständig zeigt. Sexuelle Impulse sind nunmehr durch die *Person* des Partners bedingt; was wir von unserem männlichen oder weiblichen Gegenüber denken, in der Realität oder Phantasie, ja sogar in verdrängten Phantasien, ist niemals auszuschalten. Die Tatsache, daß die Person des anderen, zu dem wir in sexuelle Beziehung treten, bei der *neurotischen* Sexualität am wenigsten ins Gewicht fällt, etwa bei zwanghaftem Sexualverhalten oder Prostitution, beweist diese Erkenntnis nur noch deutlicher; denn dies erfordert eben gerade das Abblocken, das Ausschalten, die Deformation des Selbst-Bewußtseins. Wenn wir daher über Sexualität in Kategorien von Sexual*objekten* sprechen, wie es Kinsey tat, dann können wir zwar interessante und brauchbare Statistiken aufstellen, aber wir reden einfach nicht über menschliche Sexualität.

Nichts von dem, was ich hier sage, sollte auch nur im mindesten als antibiologisch gewertet werden; im Gegenteil, ich glaube, nur von diesem Ansatz aus können wir überhaupt die menschliche Biologie verstehen, ohne ihr Gewalt anzutun. Kierkegaard hat es treffend formuliert: »Das Naturgesetz ist so gültig wie eh und je.« Ich argumentiere lediglich gegen das unkritische Akzeptieren der Annahme, der Organismus sei allein aufgrund jener Elemente zu verstehen, die entwicklungsgeschichtlich unter ihm stehen – eine Annahme, die uns dazu verleitet hat, die offenkundige Wahrheit zu übersehen, daß das, was ein Pferd ausmacht, nicht die Elemente sind, die es mit den unter ihm stehenden Organismen teilt, sondern all das, was eben nur das Pferd auszeichnet. Und *womit wir es bei der Neurose zu tun haben, sind jene Eigenschaften und Funktionen, die einzig und allein den Menschen auszeichnen.* Diese sind es, die bei unseren gestörten Patienten aus dem Lot geraten sind. Die Voraussetzung für diese Funktionen ist Selbst-Bewußtsein – wodurch sich erklärt, was Freud richtig entdeckte: daß das neurotische Verhalten durch Verdrängung und Ausschalten des Bewußtseins gekennzeichnet ist. Es ist daher nicht nur die Aufgabe des Therapeuten, dem Patienten bei der Entwicklung von Bewußtheit zu helfen, sondern noch wichtiger ist, ihm zu helfen, *diese Bewußtheit in Bewußtsein umzuwandeln.* Bewußtheit ist seine Erfahrung, daß ihn etwas von außen in seiner Welt bedroht – ein Zustand, der, etwa bei Paranoikern und ihren neurotischen Entsprechungen, mit ausgeprägtem Ausagieren verbunden sein kann. Aber Selbst-Bewußtsein hebt diese Bewußtheit auf eine ganz andere Stufe; der Patient erkennt, daß *er derjenige ist, der bedroht ist,* daß er das Geschöpf ist, das in dieser bedrohlichen Welt lebt, daß er das Subjekt ist, das eine Welt *hat.* Dies gibt ihm die Möglichkeit der *Ein-Sicht,* der Sicht nach innen, die Fähigkeit, die Welt und ihre Probleme in Beziehung zu sich selbst zu sehen. Und es gibt ihm dadurch auch die Möglichkeit, etwas gegen diese Probleme zu unternehmen.

Um auf unsere schon zu lange schweigende Patientin zurückzukommen: Nach etwa fünfundzwanzig Therapiestunden hatte Mrs. Hutchens den folgenden Traum. Sie durchsuchte einen Rohbau an einem Flughafen Raum für Raum nach einem Baby. Sie glaubte, das Baby gehöre jemand anderem, aber die andere Person könnte ihr gestatten, es auszuleihen. Plötzlich meinte sie, sie hätte den Säugling in eine Tasche ihres Mantels (oder des Mantels ihrer Mutter) gesteckt, und sie wurde von Angst ergriffen, daß das Kind ersticken könnte. Zu ihrer großen Freude stellte sie fest, daß es noch lebte. Dann hatte sie einen merkwürdigen Gedanken: »Soll ich es töten?«

Das Haus befand sich an dem Flughafen, wo sie im Alter von zwanzig Jahren gelernt hatte, allein zu fliegen, ein sehr wichtiger Akt der Selbstbehauptung und Unabhängigkeit von ihren Eltern. Das Baby brachte sie mit ihrem jüngsten Sohn in Verbindung, den sie regelmäßig mit sich selbst identifizierte. Gestatten Sie mir, die Fülle an assoziativen Indizien beiseite zu lassen, die sowohl sie als auch mich überzeugten, daß das Baby im Grunde sie selbst symbolisierte. Der Traum ist ein Ausdruck des Erwachens und der Entwicklung von Selbst-Bewußtsein, ein Bewußtsein, von dem sie noch nicht sicher ist, ob es das ihre ist, und ein Bewußtsein, das sie im Traum zu töten erwägt.

Etwa sechs Jahre vor ihrer Therapie hatte sich Mrs. Hutchens von der Religion ihrer Eltern abgewandt, zu denen sie eine sehr autoritär geprägte Beziehung hatte. Sie war dann einer Kirche beigetreten, die ihren eigenen Überzeugungen entsprach. Aber sie hatte nie gewagt, ihren Eltern davon zu erzählen. Statt dessen ging sie, sooft ihre Eltern zu Besuch waren, mit ihnen zur Kirche, stets voller Furcht, daß eines ihrer Kinder das Geheimnis ausplaudern könnte. Als sie nach etwa fünfunddreißig Sitzungen nahe dran war, ihren Eltern zu schreiben, um ihnen den Konfessionswechsel mitzuteilen, erlitt sie etwa zwei Wochen lang in meiner Praxis leichte Ohnmachtsanfälle. Sie fühlte sich plötzlich schwach, wurde weiß im Gesicht, fühlte sich leer, »innerlich wie Wasser« und mußte sich eine Weile auf die Couch legen. Rückblickend bezeichnete sie diese Anfälle als »Wunsch, einfach wegzutreten«.

Sie schrieb dann ihren Eltern, informierte sie ein für allemal über ihren Glaubenswechsel und versicherte ihnen, sie werde sich nicht mehr von ihnen unterdrücken lassen. In der folgenden Sitzung fragte sie mich in beträchtlicher Angst, ob ich glaube, daß sie psychotisch werde. Ich antwortete, zwar könne jeder Mensch irgendwann einmal eine solche Episode erleben, ich sähe jedoch keinen Grund, warum ihr das eher zustoßen sollte als irgend jemand sonst. Und ich fragte sie, ob ihre Furcht, psychotisch zu werden, nicht vielmehr eine Angst sei, die aus ihrer Auflehnung gegen die Eltern resultiere – als habe sie das Gefühl, wirklich sie selbst zu sein, sei dasselbe, wie verrückt zu werden. Ich habe übrigens, das möchte ich hier bemerken, wiederholt beobachtet, daß diese Angst, sie selbst zu sein, von Patienten als gleichbedeutend mit Psychose erlebt wurde. Das ist nicht überraschend, denn das Bewußtsein der eigenen Wünsche und des Eintretens für sie erfordert, daß man die eigene Ursprünglichkeit und Einzigartigkeit akzeptiert, und es bringt mit sich, daß man darauf vorbereitet sein muß, nicht nur von den Elternfiguren isoliert zu sein, von denen man bisher abhängig war, sondern in diesem Augenblick auch im gesamten übrigen psychischen Universum allein dazustehen.

Bei Mrs. Hutchens, deren Hauptsymptom interessanterweise die Verleugnung jener auf dem Bewußtsein beruhenden, spezifisch menschlichen Fähigkeit des Sprechens war, begegnen wir den tiefgreifenden Konflikten des erwachenden Selbst-Bewußtseins in dreifacher, ausdrucksvoller Weise: (1) der Versuchung, das Baby zu töten; (2) dem Wunsch wegzutreten, indem sie in Ohnmacht fiel, als ob sie sage: »Wenn ich bloß nicht bewußt sein müßte, würde ich diesem schrecklichen Problem entfliehen, es meinen Eltern zu sagen«; und (3) der Angst vor Psychose.

Wir kommen jetzt zum sechsten und letzten ontologischen Charakteristikum, der *Angst. Angst ist der Zustand des Menschen im Kampf gegen das, was sein Sein zerstören würde.* Sie ist, in Tillichs Worten, *»the state of a being in conflict with nonbeing«*, wörtlich: der Zustand eines Seins im Konflikt mit dem Nichtsein, ein Konflikt, den Freud mit seinem mächtigen und wichtigen Symbol des Todestriebes mythologisch darstellte. Zum einen Teil wird dieser Kampf immer gegen etwas außerhalb des eigenen Selbst geführt. Aber noch schwerwiegender und bedeutsamer für die Psychotherapie ist der innere Aspekt des Kampfes, den wir bei Mrs. Hutchens sahen – nämlich der innere Konflikt, den sie angesichts der Entscheidung empfindet, ob und wieweit sie ihrem eigenen Sein, ihren eigenen Möglichkeiten entgegentreten soll.

Von einem existentiellen Standpunkt aus nehmen wir diese Versuchung, das Baby bzw. ihr eigenes Bewußtsein zu töten, wie sie von Mrs. Hutchens geäußert wurde, sehr ernst. Wir verwässern sie weder, indem wir sie »neurotisch« nennen und lediglich als Produkt einer Krankheit ansehen, noch mogeln wir uns darüber hinweg, indem wir sie beschwichtigen: »Okay, aber Sie brauchen es nicht zu tun.« Wenn wir das täten, dann würden wir ihr helfen, sich anzupassen um den Preis des Verzichts auf einen Teil ihrer Existenz – nämlich ihre Chance zu größerer Unabhängigkeit. Die Selbstkonfrontation, die das Zulassen des Selbst-Bewußtseins verlangt, ist alles andere als einfach: Sie erfordert beispielsweise, den Haß der Vergangenheit zu akzeptieren, den Haß ihrer Mutter gegen sie und ihren Haß gegen ihre Mutter; sie verlangt weiterhin von Mrs. Hutchens, daß sie ihre gegenwärtigen Motive des Hasses und der Zerstörung akzeptiert; daß sie sich von ihren Rationalisierungen und Illusionen hinsichtlich ihres Verhaltens und ihrer Motive trennt sowie die Verantwortlichkeit und das Alleinsein akzeptiert, die damit verbunden sind; daß sie die Allmachtsgefühle der Kindheit aufgibt und die Tatsache akzeptiert, daß sie, obwohl sie sich der Richtigkeit ihrer Entschlüsse nie absolut sicher sein kann, dennoch Entscheidungen treffen muß. Aber all diese spezifischen Punkte, die sich fast von selbst verstehen, müssen im Licht der Tatsache gesehen werden, daß das *Bewußtsein als solches immer die Möglichkeit beinhaltet, sich gegen das eigene Selbst zu wenden, sich selbst zu verleugnen.* Die Tragik der menschlichen Existenz liegt darin, daß das Bewußtsein selbst in jedem Augenblick die Möglichkeit und Versuchung birgt, dieses Bewußtsein abzutöten. Dostojewski und unsere sonstigen existentialphilosophischen Ahnen schwelgten nicht in poetischen Übertreibungen und litten auch nicht unter den Nachwirkungen unmäßigen Wodkagenusses, wenn sie von der qualvollen Bürde der Freiheit schrieben.

Daß die existentielle Psychotherapie diese tragischen Aspekte des Lebens hervorhebt, bedeutet keinesfalls, daß sie pessimistisch ist. Ganz im Gegenteil. Echter Tragik ins Auge zu sehen, ist ein höchst reinigendes psychisches Erlebnis; daran haben Aristoteles und andere uns immer wieder erinnert. Tragik ist untrennbar mit der Würde und Größe des Menschen verknüpft, und wie die Dramen von Ödipus und Orest, von Hamlet und Macbeth zeigen, verhilft sie den Betroffenen zu Augenblicken tiefster Einsicht.

Teil II
Der kulturelle Hintergrund

3 Ursprünge und Bedeutung der Existentialpsychologie

In den letzten Jahren ist bei manchen Psychiatern und Psychologen das Bewußtsein gewachsen, daß unser Verständnis des Menschen ernste Lücken aufweist. Diese Lücken mögen den Psychotherapeuten am deutlichsten vor Augen stehen, da sie in der Klinik und im Beratungszimmer mit der nackten Realität von Menschen in der Krise konfrontiert sind, deren Angst sich nicht durch theoretische Formeln zur Ruhe bringen läßt. Doch auch für die wissenschaftliche Forschung stellen diese Lücken scheinbar unüberwindliche Schwierigkeiten dar. So haben sich viele Psychiater und Psychologen in Europa und den Vereinigten Staaten beunruhigende Fragen gestellt, und andere spüren nagende Zweifel, die durch dieselben halb unterdrückten und ungestellten Fragen entstehen.

Können wir sicher sein, so lautet eine solche Frage, daß wir den Patienten so sehen, wie er wirklich ist, daß wir ihn in seiner eigenen Realität erkennen? Oder sehen wir lediglich eine Projektion unserer eigenen Theorien *über* ihn? Natürlich steht jedem Psychotherapeuten sein Wissen über Verhaltensmuster und -mechanismen ebenso zur Verfügung wie das System von Konzepten, das von seiner speziellen Schule entwickelt wurde. Ein solches konzeptionelles System ist durchaus notwendig, wenn wir wissenschaftlich beobachten wollen. Aber die entscheidende Frage betrifft immer die Brücke zwischen dem System und dem Patienten: Wie können wir sicher sein, daß unser System, so bewundernswert und wohldurchdacht es im Prinzip sein mag, auch nur das geringste mit diesem einen Herrn Müller zu tun hat, der lebendigen, unmittelbaren Realität, die uns im Beratungsraum gegenübersitzt? Könnte nicht gerade dieser spezielle Mensch ein anderes System, einen neuen, ganz anders gearteten Bezugsrahmen erfordern? Und entzieht sich dieser Patient, ja überhaupt jeder Mensch, nicht unseren Nachforschungen, schlüpft er uns nicht durch die wissenschaftlichen Finger wie der Schaum auf der Welle – und zwar genau in dem Maße, in dem wir uns auf die logische Schlüssigkeit unseres eigenen Systems verlassen?

Eine weitere dieser beunruhigenden Fragen lautet: Wie können wir wissen, ob wir den Patienten in seiner realen Welt sehen, der

Welt, in der er lebt und sich bewegt und seine Existenz hat und die für ihn einzigartig und konkret ist und sich von unseren allgemeinen Kulturtheorien unterscheidet? Höchstwahrscheinlich haben wir an dieser Welt niemals teilgehabt und kennen sie nicht unmittelbar. Doch wir müssen sie kennenlernen und bis zu einem gewissen Grad imstande sein, in ihr zu existieren, wenn wir eine Chance haben sollen, den Patienten zu erkennen.

Solche Fragen bewegten auch die Psychiater und Psychologen in Europa, die später die Bewegung der Daseinsanalyse oder Existentialanalyse bildeten. Die »existentielle Forschungsorientierung in der Psychiatrie«, schreibt Ludwig Binswanger, ihr Hauptsprecher, »entstand aus Unzufriedenheit mit den bisherigen Bemühungen, in der Psychiatrie zu wissenschaftlichem Verständnis zu gelangen ... Psychologie und Psychotherapie sind Wissenschaften, die sich zugegebenermaßen mit dem ›Menschen‹ befassen, aber keineswegs primär mit dem psychisch *kranken* Menschen, sondern mit dem Menschen *als solchem.* Das neue Verständnis des Menschen, das wir Heideggers Daseinsanalytik verdanken, hat seine Basis in der neuen Vorstellung, daß der Mensch nicht mehr anhand irgendeiner Theorie zu verstehen ist – sei diese mechanistisch, biologisch oder psychologisch.«[1]

Wodurch entstand diese Entwicklung?

Bevor wir uns diesem Verständnis des Menschen im einzelnen zuwenden, möchte ich darauf hinweisen, daß dieser Ansatz spontan in verschiedenen Teilen Europas und innerhalb verschiedener Schulen entstand und daß ihm ein breit gefächertes Spektrum von Forschern und kreativen Denkern zuzurechnen ist. Da waren Eugen Minkowski in Paris, Erwin W. Straus in Deutschland und später in den USA, sowie Viktor Emil von Gebsattel in Deutschland, die vor allem die erste oder phänomenologische Phase dieser Bewegung repräsentierten. Da waren Ludwig Binswanger, A. Storch, Medard Boss, Gustav Bally, Roland Kuhn in der Schweiz oder J. H. van den Berg und Frederik J. J. Buytendijk in Holland, die eher für die zweite oder existentielle Phase standen. Daß sich die Bewegung spontan herausbildete, ohne daß diese Männer in manchen Fällen von der erstaunlich ähnlichen Arbeit ihrer Kollegen wußten, und daß sie nicht die geistige Schöpfung einer Persönlichkeit ist, sondern ihr Entstehen verschiedenen Psychiatern und Psychologen verdankt – diese Umstände zeugen davon, daß sie offenbar einem weit verbreiteten Bedürfnis in der Psychiatrie und Psychologie unserer Zeit entspricht. Von Gebsattel, Boss und Bally sind Freudsche Analytiker. Binswanger wurde, obwohl in der Schweiz tätig, auf Freuds Empfehlung Mitglied der Wiener Psychoanalytischen Vereinigung, als sich die Zürcher Gruppe um C. G. Jung vom internationalen Zusammenschluß abspaltete. Einige der Existentialtherapeuten hatten auch unter dem Einfluß Jungs gestanden.

Diese überaus erfahrenen Männer waren dadurch verunsichert, daß sie mit den Techniken, die sie gelernt hatten, zwar Heilerfolge erzielten, jedoch, solange sie sich auf Freudsche und Jungsche Annahmen beschränkten, zu keinem klaren Verständnis gelangten, warum diese Heilerfolge eintraten oder auch nicht, beziehungsweise was tatsächlich im Leben der Patienten vor sich ging. Sie lehnten die unter Therapeuten üblichen Methoden zur Beschwichtigung solcher inneren Zweifel ab – nämlich seine Aufmerksamkeit mit verdoppeltem Eifer der Perfektionierung des eigenen theoretischen Systems in allen seinen Feinheiten zuzuwenden. Eine andere Neigung von Therapeuten besteht darin, wenn sie von Angst oder Zweifeln über ihr Tun geplagt werden, sich verstärkt auf die Technik zu konzentrieren. Denn das praktikabelste Mittel zur Angstreduzierung ist vielleicht, sich den Problemen zu entziehen, indem man einen rein technischen Standpunkt einnimmt. Diese Männer widerstanden dieser Versuchung. Sie waren auch nicht bereit, unbeweisbare Einflußgrößen wie eine »Libido«, eine »Zensur« oder die verschiedenen Prozesse, die als »Übertragung« zusammengefaßt werden, zu postulieren[2], um zu erklären, was im Patienten vorging. Und sie hatten besonders starke Zweifel, ob es richtig sei, die Theorie des Unbewußten als einen Blankoscheck zu benutzen, in den fast jede Erklärung eingetragen werden kann. Sie erkannten, wie es Erwin Straus formulierte, daß die »unbewußten Ideen des Patienten in der Regel die bewußten Theorien des Therapeuten sind«.

Diese Psychiater und Psychologen hatten keine Einwände gegen spezifische Techniken der Therapie. Sie erkannten beispielsweise an, daß die Psychoanalyse für bestimmte Arten von Fällen geeignet ist, und manche von ihnen wandten sie als treue Mitglieder der Freudschen Bewegung selbst an. Aber sie hatten alle ernste Zweifel an der psychoanalytischen Theorie des Menschen. Und sie glaubten, daß diese Schwierigkeiten und Beschränkungen in der Konzeption des Menschen nicht nur die Forschung ernsthaft behindern, sondern langfristig auch die Effektivität und Weiterentwicklung der therapeutischen Techniken hemmen würden. Sie versuchten, die individuellen Neurosen oder Psychosen und darüber hinaus die alltäglichen Krisensituationen jedes Menschen nicht als Abweichungen vom theoretischen Maßstab dieses oder jenes Psychiaters oder Psychologen zu verstehen, der sie zufällig gerade beobachtete, sondern als Abweichungen in der Struktur der Existenz des jeweiligen Patienten, als Störung seiner »conditio humana«. »Eine Psychotherapie auf daseinsanalytischer Grundlage«, schreibt Ludwig Binswanger, »erforscht die Lebensgeschichte des zu behandelnden Kranken wie jede andere psychotherapeutische Methode, wenn auch auf durchaus eigene Art. Sie erklärt diese Lebensgeschichte und ihre pathologischen Absonderlichkeiten nämlich nicht nach den Lehren irgendeiner psychotherapeutischen Schule und den von ihr bevorzugten Kategorien, sondern sie versteht sie als Abwandlung der Gesamtstruktur des In-der-Welt-Seins.«[3]

Binswangers eigenes Bemühen, zu durchschauen, wie die Daseinsanalyse einen bestimmten Fall erhellt und inwiefern sie mit anderen Methoden psychologischen Verstehens zu vergleichen ist, zeigt sich plastisch in seiner Studie über »Ellen West«.[4] Nachdem er im Jahr 1942 sein Buch über Daseinsanalyse fertiggestellt hatte, durchforstete Binswanger die Archive des von ihm geleiteten Sanatoriums und wählte die Fallgeschichte dieser jungen Frau aus, die schließlich Selbstmord begangen hatte. Der Fall stammt aus dem Jahr 1918, vor Einführung der Elektroschocktherapie, als die Psychoanalyse noch in einem relativ jungen Stadium war und ein Verständnis psychischer Erkrankungen herrschte, das uns heute grob erscheint. Binswanger benutzt diesen Fall, um die ungeschlachten Methoden jener Zeit der Art und Weise gegenüberzustellen, wie Ellen West in der Existentialtherapie verstanden worden wäre.

Ellen West war in ihrer Jugend ein Wildfang gewesen und hatte früh großen Ehrgeiz entwickelt, der sich etwa in ihrem Wahlspruch »Entweder Cäsar oder gar nichts« zeigte. Im Alter von siebzehn, achtzehn Jahren traten die ständigen, alles umfassenden Zerrissenheiten zutage, in denen sie unentrinnbar gefangen war;

sie schwankte zwischen Verzweiflung und Freude, Auflehnung und Fügsamkeit, aber vor allem zwischen hemmungslosem Fressen und Hungern. Binswanger weist auf die Einseitigkeit des Verständnisses der beiden Psychoanalytiker hin, die Ellen West konsultiert hatte, den einen fünf Monate lang und den anderen kürzere Zeit. Diese interpretierten ihr Leiden nur als Widerstreit von Instinkten, Trieben und anderen Aspekten dessen, was Binswanger *Umwelt* nennt (worauf ich im neunten Kapitel eingehen werde). Insbesondere wendet er sich gegen das von Freud formulierte Prinzip, Annahmen über psychische Triebkräfte müßten an die Stelle der unmittelbaren Beobachtung treten.[5]

Im Verlauf ihrer langen Krankheit, die wir heute als schweren Fall von *Anorexia nervosa* bezeichnen würden, wurde Ellen auch von zwei führenden Psychiatern der damaligen Zeit untersucht, Emil Kraepelin, der eine »Melancholie« diagnostizierte, und Eugen Bleuler, der von »Schizophrenie« sprach.

Binswanger geht es hier nicht um die Behandlungstechnik, vielmehr versucht er, Ellen West zu verstehen. Sie fasziniert ihn, weil sie »in den Tod verliebt« zu sein scheint. Als junges Mädchen bittet Ellen »den Wassermann«, sie »zu Tode zu küssen«. Sie schreibt: »Der Tod ist das größte Glück im Leben, wenn nicht das einzige.« – »Wenn er mich noch viel länger warten läßt, der große Freund Tod, dann werde ich mich aufmachen, ihn zu suchen.« Sie schreibt immer wieder, daß sie so gern sterben würde, »wie der Vogel stirbt, dessen Kehle in höchster Freude zerspringt«.

Ihre schriftstellerische Begabung zeigt sich an ihren zahllosen Gedichten, Tagebüchern und Prosatexten über ihre Krankheit. Man fühlt sich an Sylvia Plath erinnert. Binswanger stellt nun die schwierige Frage: Gibt es Menschen, die ihre Existenz nur erfüllen können, indem sie sich das Leben nehmen? »Aber wo die Existenz nur existieren kann, indem sie auf das Leben verzichtet, handelt es sich um eine tragische Existenz.«

Ellen West erscheint Binswanger als eindrucksvolles Beispiel für Kierkegaards Beschreibung der Verzweiflung in ›Die Krankheit zum Tode‹. Binswanger schreibt: »Im Angesicht des Todes zu leben, bedeutet jedoch, ›zum Tode hin zu sterben‹, wie Kierkegaard sagt; oder seinen eigenen Tod zu sterben, wie Rilke und Scheler es ausdrücken. Daß jedes Hinscheiden, jedes Sterben, ob ein selbstgewählter Tod oder nicht, immer noch ein ›autonomer Akt‹ des Lebens ist, hat bereits Goethe festgestellt. Wie er von

Raphael oder Kepler sagte, ›beide setzten ihrem Leben unvermittelt ein Ende‹; aber mit dieser Formulierung meinte er ihren unfreiwilligen Tod, der ›von außen‹, ›als äußeres Schicksal‹, über sie kam, so wie wir umgekehrt Ellen Wests selbstbewirkten Tod als ein Fortgehen oder Sterben bezeichnen können. Wer vermag zu sagen, wo in diesem Fall die Schuld beginnt und das ›Schicksal‹ endet?«[6]

Ob es Binswanger an diesem Fall gelingt, existentielle Prinzipien zu entfalten, möge der Leser selbst beurteilen. Aber jeder, der diese lange Fallgeschichte liest, wird die erstaunliche Tiefe und Ernsthaftigkeit Binswangers in seiner Untersuchung empfinden und von seinem reichen kulturellen Hintergrund und seiner Gelehrsamkeit beeindruckt sein.

Es ist hier wesentlich, auf die lange Freundschaft zwischen Binswanger und Freud hinzuweisen, eine Beziehung, die beide sehr schätzten. In einem kleinen Buch über seine Erinnerungen an Freud, das er auf Drängen Anna Freuds veröffentlichte, erzählt Binswanger von den vielen Besuchen, die er Freud in dessen Wiener Haus abstattete, und von dem mehrtägigen Besuch, den ihm Freud in seinem Sanatorium am Bodensee machte. Ihre Verbindung war um so bemerkenswerter, als sie der einzige Fall einer dauerhaften Freundschaft zwischen Freud und einem Kollegen war, dessen Auffassungen sich radikal von den seinen unterschieden. Es ist beziehungsvoll, wenn Freud Binswanger 1929 in seiner Antwort auf dessen Neujahrsbrief schreibt: »Ganz abweichend von so vielen anderen haben Sie nicht zugelassen, daß Ihre intellektuelle Entwicklung, die Sie meinem Einfluß immer mehr entrückte, auch unsere persönlichen Beziehungen zerstörte, und Sie wissen nicht, wie sehr eine solche Feinheit dem Menschen wohltut.«[7] Ob ihre Freundschaft überdauerte, weil der intellektuelle Konflikt zwischen ihnen dem sprichwörtlichen Kampf zwischen Elefant und Walroß glich, die sich nie auf dem gleichen Boden begegnen, oder aufgrund einer diplomatischen Haltung Binswangers (eine Tendenz, für die Freud ihn einmal milde tadelte) oder wegen der Tiefe des Respekts und der Zuneigung, die sie füreinander empfanden, können wir nicht beurteilen. Sicher wichtig war jedoch, daß es Binswanger und den anderen Vertretern der existentiellen Bewegung in der Therapie nicht darum ging, über spezifische Dynamiken als solche zu streiten, sondern die diesen zugrundeliegenden Annahmen über die menschliche Natur zu analysieren und eine *Grundstruktur* herauszuschälen, auf der alle spezifischen therapeutischen Systeme aufgebaut werden konnten.

Es wäre daher ein Fehler, die existentielle Bewegung in der Psychotherapie einfach als eine weitere jener Schulen zu kennzeichnen, die sich, angefangen bei Jung und Adler, von der Psychoanalyse abspalteten. Diese früheren abweichenden Richtungen hatten sich, obwohl sie durch blinde Flecken in der orthodoxen Therapie hervorgerufen wurden und typischerweise immer dann entstanden, wenn die Orthodoxie eine Phase der Sterilität erreicht hatte, dennoch unter dem Impetus der schöpferischen Arbeit eines bahnbrechenden Vorreiters formiert. Otto Ranks neue Betonung der *Gegenwart* in der Erfahrung des Patienten bildete sich in den frühen zwanziger Jahren heraus, als sich die klassische Analyse in einer akademischen, intellektualisierten Diskussion der Vergangenheit des Patienten festgefahren hatte; Wilhelm Reichs ›Charakteranalyse‹ entstand Ende der zwanziger Jahre als Antwort auf das spezielle Bedürfnis, die »Ich-Abwehr« des Charakterpanzers zu durchbrechen; neue *kulturelle Ansätze* entwickelten sich in den dreißiger Jahren durch die Arbeit von Karen Horney und, auf je verschiedenen Wegen, Erich Fromm und Harry Stack Sullivan, als die orthodoxe Analyse die reale Bedeutung der sozialen und interpersonalen Aspekte neurotischer und psychotischer Störungen aus den Augen verlor. Die Entstehung der existentialtherapeutischen Bewegung hat allerdings ein Merkmal mit diesen anderen Schulen gemein – nämlich, daß sie ebenfalls, wie wir später noch deutlicher sehen werden, durch blinde Flecken in den bestehenden Ansätzen der Psychotherapie ausgelöst wurde. Aber sie unterscheidet sich von den anderen Schulen in zweierlei Hinsicht. Erstens ist sie nicht die Schöpfung einer Persönlichkeit, sondern entstand spontan und jeweils eigenständig in verschiedenen Teilen Europas. Zweitens nimmt sie nicht für sich in Anspruch, eine neue Schule zu begründen, die in Gegensatz zu anderen Schulen steht, oder eine neue therapeutische Technik einzuführen, die andere Techniken ersetzen soll. Vielmehr stellt sie sich die Aufgabe, die Struktur der menschlichen Existenz zu analysieren – ein Unterfangen, das, falls es gelingt, zu einem Verständnis der Realität führen sollte, die allen Situationen von Menschen in Krisen zugrundeliegt.

Diese Bewegung hat sich somit eine größere Aufgabe gestellt, als Licht auf blinde Flecken zu werfen. Wenn Binswanger schreibt, »die Daseinsanalyse ist imstande, die Grundkonzepte und Erkenntnisse der Psychoanalyse zu erweitern und zu vertiefen«, dann befindet er sich nach meiner Auffassung auf festem Boden, nicht nur im Hinblick auf die Analyse, sondern auch auf andere Formen der Therapie.

Als die existentielle Psychotherapie in den Vereinigten Staaten mit dem Buch ›Existence‹ erstmals an die Öffentlichkeit trat, gab es eine Menge Widerstand gegen die Bewegung – obwohl sie in Europa schon einige Zeit lang eine bedeutende Rolle gespielt hatte. Zwar hat sich diese Opposition inzwischen größtenteils gelegt, dennoch ist es wertvoll, die Art dieser Widerstände zu betrachten.

Die *erste* Quelle des Widerstands gegenüber diesem oder jedem anderen neuen Beitrag zur wissenschaftlichen Erkenntnis ist die Annahme, daß alle wichtigen Entdeckungen auf dem betreffenden Gebiet bereits gemacht worden seien und wir nur noch die Einzelheiten nachzutragen hätten. Diese Haltung ist ein alter Quertreiber, ein ungebetener Gast, der in den Auseinandersetzungen zwischen den verschiedenen psychotherapeutischen Schulen notorisch gegenwärtig war. Sie trägt den Namen »Blinde-Flecken-zu-einem-Dogma-hochstilisieren«. Und obwohl sie keine Antwort verdient und auch keiner zugänglich ist, handelt es sich leider um eine Einstellung, die heutzutage weiter verbreitet zu sein scheint, als man glauben möchte.

Die *zweite* Quelle des Widerstands – und eine, mit der wir uns ernsthaft auseinandersetzen müssen – ist der Verdacht, die Daseinsanalyse stelle einen Übergriff der Philosophie auf die Psychiatrie dar und habe nicht viel mit Wissenschaft zu tun. Diese Einstellung ist teilweise eine Hinterlassenschaft der gegen Ende des 19. Jahrhunderts geschlagenen Schlacht, als sich die psychologische Wissenschaft von der Metaphysik freikämpfte. Der damals errungene Sieg war überaus wichtig, aber wie nach jedem Krieg erfolgten dann schädliche Reaktionen in entgegengesetzte Extreme. Zu diesem Widerstand ist verschiedenes anzumerken.

Man tut gut daran, sich zu erinnern, daß die existentielle Bewegung in der Psychiatrie und Psychologie gerade aus dem leidenschaftlichen Wunsch entstand, nicht *weniger* empirisch vorzugehen, sondern *mehr.* Binswanger und die anderen waren überzeugt, daß die traditionellen wissenschaftlichen Methoden nicht nur den Fakten nicht gerecht wurden, sondern sogar eher geeignet waren, zu verbergen, was im Patienten vor sich ging, als es zu enthüllen. Die daseinsanalytische Bewegung ist ein Protest gegen die Tendenz, den Patienten in Schemata zu pressen, die auf unsere eigenen vorgefaßten Konzepte zugeschnitten sind, oder ihn nach dem Bild unserer eigenen Vorlieben neu zu erschaffen. In dieser Hinsicht steht die Existentialpsychologie unbezweifelbar in der wissenschaftlichen Tradition im weitesten Sinn. Aber sie erweitert ihr Wissen vom Menschen durch ihre historische Perspektive und wissenschaftliche Tiefe, durch die Anerkennung der Tatsache, daß sich Menschen in der Kunst, Literatur und Philosophie selbst offenbaren, und indem sie die Einsichten der speziellen kulturellen Bewegungen nutzt, welche die Angst und die Konflikte des zeitgenössischen Menschen ausdrücken.

Es ist ferner wichtig, uns hier daran zu erinnern, daß jede wissenschaftliche Methode auf philosophischen Prämissen beruht. Diese Prämissen entscheiden nicht nur darüber, wieviel Realität der Beobachter mit seiner jeweiligen Methode erkennen kann – sie sind tatsächlich die Brille, durch die wir wahrnehmen –, sondern auch, ob das, was beobachtet wird, für reale Probleme von Belang ist und ob die geleistete wissenschaftliche Arbeit daher Bestand haben wird. Es ist ein grober, wenn auch verbreiteter Irrtum, naiverweise anzunehmen, man könne Tatsachen am besten beobachten, wenn man jegliche Befangenheit durch philosophische Prämissen zu vermeiden suche. Alles, was man dann tut, ist, die jeweiligen beschränkten Doktrinen seiner eigenen begrenzten Kultur unkritisch widerzuspiegeln. Die Folge ist heute, daß die Wissenschaft mit Methoden gleichgesetzt wird, Faktoren zu *isolieren* und diese von einem angeblich *distanzierten Standpunkt* aus zu beobachten – eine Methode, die aus der im 17. Jahrhundert in der westlichen Kultur vorgenommenen Spaltung von Subjekt und Objekt entstand und sich dann im späten 19. und im 20. Jahrhundert zu ihrer extrem fachspezialisierten Form weiterentwickelte. Wir neigen heute nicht weniger zur »Götzenanbetung« als die Angehörigen jeder anderen Kultur. Aber es erscheint mir besonders bedauerlich, daß unsere Erkenntnis in einem so zentralen Gebiet wie dem psychologischen Studium des Menschen – von dem das Verständnis emotionaler und psychischer Gesundheit abhängt – durch das unkritische Akzeptieren beschränkter Annahmen beeinträchtigt wird. Helen Sargent hat klug und hintersinnig bemerkt: »Die Wissenschaft bietet mehr Rückzugsmöglichkeiten, als Jungakademikern gestattet wird zu begreifen.«[8]

Besteht das Wesen der Wissenschaft nicht in der Annahme, daß die *Realität Gesetzen gehorcht* und daher verstehbar ist, und ist es nicht ein unverzichtbarer Aspekt der wissenschaftlichen Integrität, daß jede Methode ständig ihre eigenen Voraussetzungen kritisiert? Der einzige Weg, um seine »Scheuklappen« weiter zu öffnen, liegt darin, die eigenen philosophischen Annahmen zu analysieren. Nach meinem Dafürhalten spricht es sehr für die Psychiater und Psychologen in dieser existentialpsychologischen Bewegung, daß sie ihre eigenen Grundlagen des Erkennens zu klären versuchen. Dies befähigt sie, wie Henri Ellenberger bemerkt,[9] ihre Patienten mit einer erfrischenden Klarheit zu sehen und viele Facetten des psychischen Erlebens zu erhellen.

Die *dritte* Quelle des Widerstands, und nach meiner Ansicht die entscheidendste, ist die vor allem in den USA anzutreffende Tendenz, sich in erster Linie mit Technik zu befassen und wenig Geduld für Bestrebungen aufzubringen, die Fundamente zu erforschen, die allen Techniken zwangsläufig zugrundeliegen. Diese Tendenz ist leicht mit unserem sozialen Hintergrund in Amerika zu erklären, insbesondere unserer Pioniergeschichte, und sie läßt sich als unser optimistisches, aktivistisches Bemühen rechtfertigen, Menschen zu helfen und sie zu verändern. Unser Genius auf dem Gebiet der Psychologie lag lange Zeit in den behavioristischen, klinischen und angewandten Bereichen, und unsere speziellen Beiträge in der Psychiatrie haben sich auf die Drogentherapie und andere technische Anwendungen konzentriert. Gordon Allport hat aufgezeigt, daß die amerikanische und die britische Psychologie (wie auch das allgemeine geistige Klima) vom Denken John Lockes geprägt, das heißt, pragmatisch orientiert sind – eine Tradition, die zum Behaviorismus, den Reiz-Reaktionssystemen und der Tierpsychologie gut paßt. Es liegt in der Tradition Lockes, wie Allport bemerkt, sich die menschliche Seele als Tabula rasa vorzustellen, die erst von der Erfahrung mit allen späteren Inhalten gefüllt wird, während die Leibnizsche Tradition annimmt, daß die Seele einen potentiell aktiven, eigenständigen Kern habe. Die europäische Geistesgeschichte ist im Gegensatz zur amerikanischen von den Auffassungen Leibniz' geprägt.[10] Es ist ernüchternd, sich daran zu erinnern, daß bis in die fünfziger Jahre jeder neue theoretische Beitrag auf dem Gebiet der Psychotherapie, der die Originalität und Fruchtbarkeit besaß, die Entstehung einer neuen Schule zu bewirken, bis auf zwei Ausnahmen aus dem kontinentalen Europa kam – und eine dieser beiden geht auf einen in Europa geborenen Psychiater zurück.[11] Wir Amerikaner haben die Tendenz, eine Nation von Praktikern zu sein; aber die beunruhigende Frage ist: Wo nehmen wir her, *was* wir praktizieren? Bis vor kurzem waren wir mit unserer – durchaus lobenswerten – Versessenheit auf Technik zu übersehen geneigt, daß *Technik, die um ihrer selbst willen in den Mittelpunkt gestellt wird, auf lange Sicht auch die Technik ad absurdum führt.*

Die genannten Widerstände sind nach meiner Ansicht kaum geeignet, den Beitrag der Daseinsanalyse zu schmälern, ja sie demonstrieren geradezu deren potentielles Gewicht für unser Denken. Trotz ihrer Schwierigkeiten – die teilweise auf ihre Sprache, teilweise auf die Komplexität ihres Denkens zurückzuführen sind – glaube ich, daß es sich um einen bedeutenden und originären Beitrag handelt, der ein ernsthaftes Studium verdient.

Was ist Existentialismus?

Wir müssen nun einen größeren Stolperstein aus dem Weg räumen – nämlich die Verwirrung, die den Begriff *Existentialismus* umgibt. Das Wort wird für alles mögliche mißbraucht, vom posenhaften, trotzigen Dilettantismus europäischer Intellektueller in den fünfziger Jahren über eine Philosophie der Verzweiflung, die für den Selbstmord eintritt, bis zu einem antirationalistischen deutschen Denksystem, das in einer so esoterischen Sprache verfaßt ist, daß jedem empirisch eingestellten Leser die Galle hochkommt. Existentialismus ist jedoch ein Ausdruck tiefreichender Dimensionen des emotionalen und spirituellen Zeitgeistes, und er tritt in fast allen Bereichen unserer Kultur zutage. Wir begegnen ihm nicht nur in Psychologie und Philosophie, sondern auch in der Kunst – man denke an van Gogh, Cézanne und Picasso – sowie in der Literatur bei Autoren wie Dostojewski, Baudelaire, Kafka und Rilke. Tatsächlich ist er in vieler Hinsicht die einzigartige und spezifische Widerspiegelung des psychologischen Dilemmas des zeitgenössischen abendländischen Menschen. Diese kulturelle Bewegung hat, wie wir sehen werden, ihre Wurzeln in derselben historischen Situation und denselben psychologischen Krisen, die die Psychoanalyse und andere Formen der Psychotherapie auf den Plan riefen.

Unklarheiten über den Begriff bestehen sogar in gewöhnlich sehr gut informierten Kreisen. Die ›New York Times‹ bezeichnete Sartre in einem Kommentar über dessen Verurteilung der russischen Kommunisten und seinen schließlichen Bruch mit ihnen als einen Wegbereiter des »Existentialismus, eines im wesentlichen materialistischen Denkansatzes«. Aus dem Artikel werden zwei Gründe für die herrschende Verwirrung deutlich – erstens die Identifizierung des Existentialismus in der amerikanischen Öffentlichkeit mit den Schriften Jean-Paul Sartres. Ganz abgesehen davon, daß Sartre in den USA eher durch seine Dramen, Filme und Romane bekannt ist als aufgrund seiner großangelegten und tiefschürfenden psychologischen Analysen, ist hervorzuheben, daß er eine extrem subjektivistische Position im Existentialismus repräsentiert, die zu Mißverständnissen herausfordert; auch gibt seine Position keinesfalls die hilfreichste Einführung in die Bewegung. Aber das zweite, noch ernstere Mißverständnis in dem Artikel der ›New York Times‹ ist die Definition des Existentialismus als »im wesentlichen materialistisch«. Nichts könnte weniger zutreffend sein – nichts außer dem genauen Gegenteil, nämlich ihn als eine idealistische Denkweise zu bezeichnen. Denn die Quintessenz dieses Ansatzes ist, daß er den Menschen – sei es in der Kunst oder Literatur, in der Philosophie oder Psychologie – auf einer Ebene zu analysieren und darzustellen versucht, die das alte Dilemma von Materialismus versus Idealismus unterläuft.

Existentialismus ist, kurz gesagt, das Bemühen, den Menschen zu verstehen, indem man unterhalb der Spaltung zwischen Subjekt und Objekt ansetzt, die dem westlichen Denken und der westlichen Wissenschaft seit dem Ende der Renaissance zu schaffen gemacht hat. Diese Spaltung nennt Binswanger »die Krebsgeschwulst aller Psychologie bis heute ... den Krebs der Doktrin von der Subjekt-Objekt-Spaltung der Welt«. Die existentielle Sichtweise des Menschen hat einige illustre Vorläufer in der westlichen Geschichte wie Sokrates in seinen Dialogen, Augustinus in seinen tiefenpsychologischen Analysen des Selbst, Pascal in seinem Ringen, einen Platz zu finden für die »Gründe des Herzens, von denen der Verstand nichts weiß«. Aber im engeren Sinn entstand das existentielle Denken vor etwas mehr als hundert Jahren in Kierkegaards leidenschaftlichem Protest gegen den herrschenden Rationalismus seiner Zeit, Hegels »Totalitarismus der Vernunft«, um Maritains Formulierung zu benutzen. Kierkegaard verkündete, Hegels Gleichsetzung abstrakter Wahrheiten mit der Realität sei eine Illusion und laufe auf Betrug hinaus. »Wahrheit existiert nur insoweit«, schrieb Kierkegaard, »als das Individuum selbst sie im Handeln erzeugt.« Er und die ihm folgenden Existentialisten widersprachen entschieden den Rationalisten und Idealisten, die den Menschen nur als ein Subjekt sehen wollten – das heißt, die ihm Realität nur als einem denkenden Wesen zugestehen wollten. Aber ebenso entschieden bekämpften sie die Tendenz, den Menschen als ein Objekt zu behandeln, das berechnet und kontrolliert werden kann, eine geradezu übermächtige Tendenz in der westlichen Welt, die Menschen in anonyme Nummern zu verwandeln, die sich wie Roboter in die riesigen industriellen und politischen Kollektive unserer Zeit einordnen.

Diesen Denkern ging es um das genaue Gegenteil von Intellektualismus um seiner selbst willen. Sie hätten entschiedener als die klassischen Psychoanalytiker gegen den Gebrauch des Denkens zur Abwehr von Vitalität oder als Ersatz für unmittelbare Erfahrung protestiert. Einer der frühen Existentialisten des soziologischen Flügels, Ludwig Feuerbach, spricht die sympathische Ermahnung aus, nicht im Gegensatz zum Menschsein ein Philosoph sein zu wollen: »Denke nicht als Denker, ... denke als lebendiges, wirkliches Wesen, ... denke in der Existenz.«[12]

Das Wort *Existenz,* das sich vom lateinischen *ex-sistere* ableitet, bedeutet wörtlich »heraustreten«. Das entspricht genau dem, was diese kulturellen Repräsentanten wollten, sei es in der Kunst, der Philosophie oder Psychologie – nämlich, den Menschen nicht als eine Ansammlung statischer Substanzen oder Mechanismen oder Verhaltensmuster darzustellen, sondern als sich entfaltend und werdend, das heißt, als existierend. Denn so interessant oder theoretisch richtig es auch sein mag, daß ich aus diesen und jenen chemischen Stoffen bestehe oder nach diesen oder jenen Mechanismen oder Verhaltensmustern handle, das entscheidende Faktum ist immer, daß ich in einem bestimmten Augenblick in Zeit und Raum existiere, und mein Problem ist, wie ich mir diese Tatsache bewußt mache und welche Konsequenzen ich daraus ziehe. Wie wir später sehen werden, schließen die Existentialpsychologen und -psychiater das Erforschen von dynamischen Kräften, Trieben und Verhaltensmustern nicht aus. Aber sie sind der Auffassung, daß diese bei einem bestimmten Menschen allein im Kontext der übergreifenden Tatsache verstanden werden können, daß wir es mit einem Menschen zu tun haben, *der existiert, der ist;* und wenn wir uns dies nicht vor Augen halten, dann wird alles übrige, was wir über diese Person wissen, seine Bedeutung verlieren. Der Ansatz der Existentialisten ist daher immer dynamisch, denn Existenz bezieht sich auf Werden und Entstehen. Sie sind bestrebt, dieses Werden nicht als ein sentimentales Artefakt zu begreifen, sondern als die Grundstruktur der menschlichen Existenz. Wenn auf den folgenden Seiten der Begriff *Sein* gebraucht wird, sollten die Leser daran denken, daß dies kein statisches Wort, sondern die Substantivierung des Verbums *sein* ist. Dem Existentialismus geht es letztlich um *Ontologie* – er ist die Wissenschaft vom Sein (*ontos* ist das griechische Wort für das »Seiende«).

Die Bedeutung dieses Begriffs wird uns klarer werden, wenn wir uns in Erinnerung rufen, daß »Existenz« im westlichen Denken traditionell in Gegensatz zu »Essenz« gestellt wurde. Essenz bezeichnet beispielsweise das Grünen eines Zweiges und seine Dichte, sein Gewicht und andere Eigenschaften, die ihm Substanz verleihen. Im großen und ganzen hat sich das westliche Denken seit der Renaissance mit der Essenz der Dinge befaßt. Die traditionelle Wissenschaft versucht, solche Essenzen oder Substanzen zu entdecken; sie geht von einer *essentialistischen* Metaphysik aus, wie es John Wild formuliert.[13] Die Suche nach Essenzen kann tatsächlich wesentliche universelle Gesetze in der Naturwissenschaft oder brillante abstrakte Konzeptionen in der Logik oder Philosophie erbringen. Aber sie kann dies nur durch Abstraktion erreichen. Die *Existenz* des jeweiligen einzelnen Dings, um das es geht, bleibt außer Betracht. So können wir beispielsweise demonstrieren, daß drei Äpfel, denen man drei weitere hinzufügt, sechs ergeben. Aber das wäre genauso richtig, wenn wir die Äpfel durch Einhörner ersetzen; es macht keinen Unterschied für die mathematische Wahrheit der Behauptung, ob Äpfel oder Einhörner tatsächlich existieren oder nicht. Die Realität macht einen Unterschied für die Person, die die Äpfel *hat* – das ist die *existentielle* Seite –, aber sie ist irrelevant für die Wahrheit der mathematischen Behauptung. Nehmen wir ein ernsthafteres Beispiel: Daß alle Menschen sterben, ist eine Wahrheit; und die Aussage, daß ein so und so großer Prozentsatz in diesem oder jenem Alter stirbt, verleiht der Behauptung statistische Genauigkeit. Aber keine dieser Feststellungen sagt etwas über das, was jeden von uns am stärksten betrifft – nämlich, daß Sie und ich uns allein der Tatsache stellen müssen, daß wir in einem unbekannten künftigen Augenblick sterben werden. Im Gegensatz zu den essentialistischen Behauptungen ist das letztere eine *existentielle Tatsache.*

Aus alldem geht hervor, daß eine Behauptung *wahr* sein kann, ohne *real* zu sein. Vielleicht gerade, weil sich die Abstraktionen in bestimmten Bereichen der Wissenschaft so hervorragend bewährt haben, neigen wir zu vergessen, daß sie zwangsläufig einen distanzierten Standpunkt erfordern und daß das lebendige Individuum eliminiert werden muß. Die Kluft zwischen Wahrheit und Realität bleibt bestehen. Und die entscheidende Frage, der wir in der Psychologie und in anderen Bereichen der Wissenschaft vom Menschen konfrontiert sind, ist genau diese Kluft zwischen dem, was für den jeweiligen lebendigen Menschen *abstrakt wahr,* und dem, was *existentiell real* für ihn ist.

Um nicht den Eindruck zu erwecken, hier künstlich ein Scheinproblem aufzubauen, möchte ich darauf hinweisen, daß diese Kluft zwischen Wahrheit und Realität von aufgeklärten Denkern der Verhaltenswissenschaft und der Lernpsychologie offen und freimütig zugegeben wird. Kenneth W. Spence, ein führender Vertreter des Behaviorismus, schrieb: »Die Frage, ob ein bestimmter Bereich der Verhaltensphänomene realer oder dem realen Leben näher ist und daher Priorität in der Forschung erhalten sollte, stellt sich für den Psychologen als *Wissenschaftler* nicht oder sollte sich zumindest für ihn nicht stellen.« Das heißt, es hat keine primäre Bedeutung, ob das, was untersucht wird, real ist oder nicht. Welche Bereiche sollten also für das Studium ausgewählt werden? Spence gab jenen Phänomenen Vorrang, die sich eignen »für den Grad an Kontrolle und Analyse, der für die Formulierung abstrakter Gesetze nötig ist«.[14] Kaum jemals ist unsere These offenherziger und deutlicher ausgesprochen worden – gewählt wird das, was auf *abstrakte Gesetze* reduziert werden kann, und ob das, was man erforscht, real ist oder nicht, spielt für dieses Ziel keine Rolle. Nach diesem Prinzip wurden viele eindrucksvolle Systeme in der Psychologie errichtet, wobei eine Abstraktion auf die andere getürmt wird – die Autoren unterwerfen sich, wie wir Intellektuellen es nun einmal gewohnt sind, ihrem »Lehrgebäude-Komplex« und ruhen nicht, bis ein bewundernswerter und imposanter Bau vollendet ist. Das einzige Problem ist, daß das errichtete Gebäude meistens schon an seinem Fundament von der menschlichen Realität getrennt wurde. Die Denker der existentiellen Tradition sind nun genau der gegenteiligen Meinung wie Spence, und das gleiche gilt für die Psychiater und Psychologen in der existentialtherapeutischen Bewegung. Sie beharren darauf, daß es nötig und möglich sei, eine Wissenschaft vom Menschen zu begründen, die menschliche Individuen in ihrer Realität erforscht.

Kierkegaard, Nietzsche und ihre Nachfolger sahen diese wachsende Kluft zwischen Wahrheit und Realität in der westlichen Kultur richtig voraus, und sie versuchten den westlichen Menschen vor der Illusion zu bewahren, daß die Realität in einer abstrakten, distanzierten Weise begriffen werden könne. Aber obwohl sie vehement gegen sterilen Intellektualismus protestierten, waren sie keinesfalls simple Aktivisten. Ebensowenig waren sie antirational. Antiintellektualismus und andere Bewegungen in unserer Zeit, die das Denken dem Handeln unterordnen wollen, dürfen keineswegs mit dem Existentialismus verwechselt werden. Beide Alternativen – den Menschen zum Subjekt *oder* zum Objekt zu machen – haben zur Folge, daß man die lebendige, existierende Person aus den Augen verliert. Kierkegaard und die existentiellen Denker bezogen sich auf eine Realität, die *sowohl der Subjektivität wie auch der Objektivität zugrundeliegt*. Wir dürfen nicht nur die Erfahrungen eines Menschen als solche studieren, meinten sie; noch wichtiger sei, den Menschen zu studieren, dem die Erfahrungen zustoßen, denjenigen, der erfährt. Sie beharren darauf, »daß das wirkliche, konkrete Sein und seine Fülle nicht in der ›Essenz‹ liegt, nicht das *Objekt* der Verstandes-Erfahrung ist, sondern vielmehr in der ›Existenz‹, nämlich in der Wirklichkeit, wie sie unmittelbar erfahren wird, wobei die Unmittelbarkeit und Innerlichkeit der Erfahrung betont werden«.[15]

Solche Bemerkungen weisen darauf hin, wie nahe die Existentialisten der heutigen Tiefenpsychologie stehen. Es ist keineswegs Zufall, daß die bedeutendsten Vertreter dieser Richtung im 19. Jahrhundert, Kierkegaard und Nietzsche, auch zu den bemerkenswertesten Psychologen aller Zeiten zählen und daß einer der Köpfe dieser Schule in neuerer Zeit, Karl Jaspers, ursprünglich Psychiater war und eine gewichtige Arbeit über Psychopathologie schrieb. Wenn man Kierkegaards tiefgründige Analyse von Angst und Verzweiflung liest oder Nietzsches erstaunlich treffende Einsichten in die Dynamik des Ressentiments sowie der Schuldgefühle und Feindseligkeit, die verdrängte emotionale Kräfte begleiten, dann muß man zweimal hinschauen, um sich bewußt zu werden, daß diese Werke im letzten Jahrhundert geschrieben wurden und nicht erst jüngsten Datums sind. Ein zentrales Anliegen der Existentialisten ist die Wiederentdeckung des lebendigen Menschen unter all der Fragmentierung und Entmenschlichung der modernen Kultur; zu diesem Zweck betreiben sie tiefenpsychologische Analyse. Ihnen geht es nicht um isolierte psychologische Reaktionen als solche, sondern vielmehr um die psychische Befindlichkeit des lebendigen Menschen, der die Erfahrungen macht. Das heißt, sie benutzen psychologische Begriffe in einer ontologischen Bedeutung.

Im Winter 1841 hielt Schelling seine berühmten Vorlesungen an der Universität Berlin vor so illustren Zuhörern wie Kierkegaard, Burckhardt, Engels und Bakunin. Schellings Ziel war es, Hegel zu stürzen, dessen ausgetüfteltes rationalistisches System, einschließlich der Gleichsetzung abstrakter Wahrheit mit Realität und der Zusammenfassung der gesamten Geschichte zu einem »absoluten Ganzen«, sich Mitte des 19. Jahrhunderts in Europa einer immensen und beherrschenden Popularität erfreute. Obwohl viele Zuhörer Schellings von seinen Antworten auf Hegel bitter enttäuscht waren, kann man sagen, daß der Existentialismus als Bewegung hier begonnen hat. Kierkegaard ging nach Dänemark zurück und veröffentlichte 1844 – zuerst unter Pseudonym – seine ›Philosophischen Brocken‹; zwei Jahre später schrieb er die Unabhängigkeitserklärung des Existentialismus mit dem Titel ›Abschließende unwissenschaftliche Nachschrift‹. Ebenfalls im Jahr 1844 erschien die zweite Auflage von Schopenhauers ›Die Welt als Wille und Vorstellung‹, ein Werk, das wegen seiner Betonung der Vitalität, des »Willens« neben der »Vorstellung«, wichtig für die neue Bewegung war. Zwei verwandte Werke von Karl Marx entstanden in den Jahren 1844 und 1845. Der frühe Marx ist wesentlich für diese Bewegung wegen seines Angriffs auf abstrakte Wahrheiten als »Ideologie«, wobei auch ihm Hegel als Prügelknabe diente. Marx' dynamische Sichtweise der Geschichte als Arena, in der einzelne und Gruppen die Wahrheit schaffen, und seine bedeutsamen Fragmente, in denen er herausarbeitet, wie die Geldwirtschaft des modernen Industrialismus dazu tendiert, die Menschen zu verdinglichen und zu entmenschlichen, sind ebenfalls wichtig für den existentialistischen Ansatz. Sowohl Marx als auch Kierkegaard übernahmen Hegels dialektische Methode, aber benutzten sie mit ganz anderen Zielen. Übrigens ist festzustellen, daß bei Hegel mehr existentielle Elemente untergründig vorhanden waren, als seine Gegner einräumten.

In den folgenden Jahrzehnten verlor die Bewegung an Schwung. Kierkegaard blieb völlig unbekannt, Schellings Werk wurde verächtlich dem Vergessen überantwortet, und Marx und Feuerbach wurden als dogmatische Materialisten interpretiert. In den achtziger Jahren des 19. Jahrhunderts erhielt die Bewegung neuen Auftrieb durch das Werk von Dilthey und insbesondere durch Friedrich Nietzsche, die »Lebensphilosophie« und durch die Schriften Henri Bergsons.

Die dritte Phase des Existentialismus setzte ein mit dem Schock, den der Erste Weltkrieg in der westlichen Welt auslöste. Kierkegaard und der frühe Marx wurden wiederentdeckt, Nietzsches ernste Herausforderung, die an die geistigen und seelischen Grundlagen der westlichen Gesellschaft ging, konnte nicht länger mit der selbstzufriedenen Gemütsruhe der Viktorianer überdeckt werden. Die besondere Ausprägung dieser dritten Phase verdankt viel der Phänomenologie Edmund Husserls, die Heidegger, Jaspers und den anderen das Werkzeug in die Hand gab, das sie brauchten, um die Subjekt-Objekt-Spaltung zu unterlaufen, die sich sowohl für die Naturwissenschaften wie auch für die Philosophie als ein solches Hemmnis erwiesen hatte. Es besteht eine offenkundige Verwandtschaft zwischen dem Existentialismus mit seiner Betonung der durch Handeln geschaffenen Wahrheit und den »Prozeß-Philosophien«, etwa von Alfred North Whitehead, sowie dem amerikanischen Pragmatismus insbesondere von William James.[16]

Martin Heidegger gilt allgemein als der Urheber des heutigen existentialistischen Denkens. Sein bahnbrechendes (und schwierig zu lesendes) Werk ›Sein und Zeit‹ war von grundlegender Bedeutung für Binswanger und andere existentialistische Psychiater und Psychologen, indem es ihnen das profunde und breite Fundament gab, das sie für ihr Verständnis des Menschen benötigten. Heideggers Denken ist rigoros, streng logisch und »wissenschaftlich« im europäischen Sinn; er verfolgt also alle Spuren, auf die ihn seine Nachforschungen führen, mit nie erlahmender Energie und Gründlichkeit.[17] Jean-Paul Sartres bester Beitrag zu unserem Thema sind seine phänomenologischen Beschreibungen psychischer Prozesse. Andere prominente existentialistische Denker sind neben Jaspers Gabriel Marcel in Frankreich, Nicolai Berdjajew, ursprünglich Russe, aber bis zu seinem Tod in Paris ansässig, sowie Ortega y Gasset und Unamuno in Spanien. Paul Tillich reflektiert den existentialistischen Ansatz in seinem Werk, und sein Buch ›Der Mut zum Sein‹ gehört zu den besten und scharfsinnigsten Darstellungen des Existentialismus als Schlüssel zum realen Leben.[18]

Die Romane Franz Kafkas schildern die verzweifelte, entmenschlichte Situation der modernen Gesellschaft, von der und in die hinein der Existentialismus spricht. ›Der Fremde‹ und ›Die Pest‹ von Albert Camus bilden ausgezeichnete Beispiele der modernen Literatur, in denen der Existentialismus sich teilweise selbst reflektiert. Aber vielleicht die eindringlichsten Belege für die Bedeutung des Existentialismus sind in der modernen Kunst zu finden, teils, weil sie sich in Symbolen und nicht in selbstreflexivem Denken artikuliert, und teils, weil die Kunst immer mit besonderer Klarheit das herrschende geistige und emotionale Klima der Gesellschaft offenbart. Die verbindenden Elemente im Werk so hervorragender Vertreter der Moderne wie van Gogh, Cézanne und Picasso sind in erster Linie eine Revolte gegen die heuchlerische akademische Tradition des späten 19. Jahrhunderts; ferner der Versuch, unter die Oberfläche zu dringen, um ein neues Verhältnis zur Realität der Natur zu gewinnen; drittens das Bemühen, Vitalität und ehrliche, unmittelbare ästhetische Erfahrung wiederzugewinnen; und viertens der verzweifelte Versuch, die unmittelbare tiefere Bedeutung der Situation des modernen Menschen auszudrücken, selbst wenn dies bedeutet, Leere und Verzweiflung darzustellen. Tillich ist beispielsweise der Ansicht, daß Picassos Gemälde ›Guernica‹ die ergreifendste und enthüllendste Darstellung der atomistischen, fragmentierten Situation der europäischen Gesellschaft vor dem Zweiten Weltkrieg sei und zeige, »was jetzt in den Seelen vieler Amerikaner als Explosivität, existentieller Zweifel, Leere und Sinnlosigkeit« zutage tritt.[19]

Daß sich das existentialistische Denken als jeweils gesellschaftsspezifische und spontane Antwort auf Krisen der modernen Gesellschaft entwickelte, zeigt sich nicht nur in seiner Auswirkung auf Kunst und Literatur, sondern auch darin, daß verschiedene Philosophen in verschiedenen Teilen Europas diese Ideen oft ohne bewußte Beziehung zueinander hervorbrachten. Heideggers Hauptwerk ›Sein und Zeit‹ erschien 1927, doch Ortega y Gasset hatte bereits 1924 auffallend ähnliche Ideen entwikkelt und teilweise veröffentlicht.[20]

Es stimmt, daß der Existentialismus in einer Zeit der gesellschaftlichen Krise geboren wurde, und er ist heute immer in der revolutionären Speerspitze der modernen Kunst und Literatur und des zeitgenössischen Denkens zu finden. Nach meiner Auffassung spricht diese Tatsache eher für die Gültigkeit dieser Einsichten als für das Gegenteil. Wenn sich eine Gesellschaft in den tiefgreifenden Umwälzungen einer Übergangsepoche befindet, leiden die einzelnen Mitglieder dieser Gesellschaft verständlicherweise unter den geistigen und emotionalen Erschütterungen; wenn sie erkennen, daß die bisher gültigen Sitten, Gebräuche und Denkweisen keine Sicherheit mehr gewähren, neigen sie entweder dazu, sich auf Kosten ihrer Bewußtheit dem Dogmatismus und Konformismus zu verschreiben, oder sie sind gezwungen, nach einem gesteigerten Selbst-Bewußtsein zu streben, durch das sie sich ihrer Existenz mit neuer Überzeugung und auf neuen Grundlagen vergewissern können. Dies ist eine der wichtigsten Affinitäten der existentialistischen Bewegung und der Psychotherapie – beiden geht es um Individuen in der Krise. Und weit entfernt von dem Glauben, daß die Einsichten einer Krisenperiode »einfach das Produkt von Angst und Verzweiflung« seien, werden wir eher feststellen – wie das in der Psychoanalyse immer wieder geschieht –, daß eine Krise gerade notwendig ist, um die Menschen aus ihrer bewußtlosen Abhängigkeit von äußeren Dogmen aufzurütteln und sie zu zwingen, Masken abzulegen, um auf die nackte Wahrheit über sich selbst zu stoßen, die, so unangenehm sie sein mag, wenigstens Bestand hat.

Der Existentialismus ist eine Einstellung, die den Menschen als immer im Werden begriffen, das heißt, als potentiell in der Krise akzeptiert. Aber das bedeutet nicht, daß er verzweifeln muß. Sokrates, dessen dialektische Suche nach Wahrheit im Individuum der Prototyp des Existentialismus ist, war optimistisch. Doch ein solches Denken taucht verständlicherweise eher in Zeiten des Übergangs auf, wenn ein Zeitalter abstirbt und das neue noch nicht geboren ist und das Individuum entweder heimatlos und verirrt ist oder ein neues Selbst-Bewußtsein erlangt. In der Periode des Übergangs vom Mittelalter zur Renaissance, einem Augenblick des radikalen Umbruchs in der westlichen Kultur, beschrieb Pascal eindringlich die Erfahrung, die Existentialisten später mit dem Begriff *Dasein* umschreiben würden: »Wenn ich die kurze Spanne meines Lebens betrachte, die von der Ewigkeit davor und dahinter verschlungen wird, den kleinen Raum, den ich ausfülle oder auch nur sehe, eingehüllt von der grenzenlosen Unendlichkeit der Räume, die ich nicht kenne und die mich nicht kennen, habe ich Angst und frage mich, warum ich hier bin und nicht dort; denn es gibt keinen Grund, warum ich hier sein sollte und nicht dort, jetzt und nicht dann.«[21]

Selten ist das Grundproblem der Existenz einfacher oder schöner ausgedrückt worden. In dieser Passage begegnet uns erstens die profunde Erkenntnis der Bedingung des menschlichen Lebens, die Existentialisten als »Geworfensein« bezeichnen. Zweitens sehen wir, daß sich Pascal unerschrocken der Frage nach dem *Dasein* oder genauer dem »Wo-Sein« stellt. Drittens finden wir die Erkenntnis, daß man sich nicht in eine oberflächliche Erklärung von Raum und Zeit flüchten kann, wie Pascal als Wissenschaftler genau wußte; und schließlich ist die tiefe, erschütternde Angst spürbar, die dem ungetrübten Bewußtsein entspringt, in einem derartigen Universum zu existieren.[22]

Bleibt mir noch, zum Schluß auf die Beziehung zwischen Existentialismus und östlichem Denken hinzuweisen, wie sie sich in den Schriften von Lao-tse und des Zen-Buddhismus offenbart. Die Ähnlichkeiten sind auffallend. Man erkennt dies sofort, wenn man sich einige Zitate aus Lao-tses ›Tao-te-king‹ (Der Weg des Lebens) ansieht: »Existenz zu definieren, übersteigt die Macht der Worte: Begriffe können benutzt werden, aber keiner von ihnen ist absolut.« »Existenz, durch nichts hervorgebracht, bringt alles hervor: Erzeugerin des Universums.« »Existenz ist unendlich, nicht definierbar; und obwohl sie dir wie ein Stück Holz in deiner Hand erscheinen mag, das du nach Belieben schnitzen kannst, darf man nicht leichtsinnig mit ihr spielen und sie weglegen.« »Der Weg zum Tun heißt Sein.« »Halte dich im Zentrum deines Seins; denn je mehr du es verläßt, desto weniger lernst du.«[23]

Die gleiche Überraschung des Wiedererkennens erlebt man beim Zen-Buddhismus.[24] Die Verwandtschaft zwischen diesen östlichen Philosophien und dem Existentialismus reicht viel tiefer als die zufällige Ähnlichkeit der Worte. Beiden geht es um Ontologie, das Studium des Seins. Beide suchen ein Verhältnis zur Realität, das unterhalb der Spaltung zwischen Subjekt und Objekt ansetzt. Beide sind davon überzeugt, daß die westliche Versessenheit auf Eroberung und Machtergreifung über die Natur nicht nur die Entfremdung des Menschen von der Natur zur Folge hatte, sondern indirekt auch die Entfremdung des Menschen von sich selbst. Der tiefere Grund für diese Parallelen ist, daß das östliche Denken nie diese radikale Spaltung zwischen Subjekt und Objekt vollzogen hat, die das westliche Denken kennzeichnet, und diese Dichotomie ist genau das, was der Existentialismus zu überwinden sucht.

Die beiden Denkweisen sind keinesfalls deckungsgleich; sie bewegen sich auf verschiedenen Ebenen. Der Existentialismus ist keine umfassende Philosophie oder Lebensweise, sondern ein Versuch, die Realität zu erfassen. Der im Zusammenhang unserer Überlegungen wichtigste Unterschied zwischen beiden Ansätzen besteht darin, daß der Existentialismus von der Angst, der Entfremdung und den Konflikten des westlichen Menschen geprägt ist und diesen unmittelbar entstammt und daß er ein Produkt unserer Kultur ist. Ebenso wie die Psychoanalyse versucht der Existentialismus nicht, Antworten aus anderen Kulturen zu importieren, sondern gerade diese Konflikte des heutigen Menschen als Schlüssel zu einem profunderen Selbstverständnis des westlichen Menschen zu nutzen und Lösungen für unsere Probleme in direktem Bezug zu den historischen und kulturellen Krisen zu finden, die diese Probleme erzeugten. Insofern besteht der besondere Wert des östlichen Denkens nicht darin, daß es quasi gebrauchsfertig auf das westliche Bewußtsein übertragen werden kann; es dient vielmehr als ein Korrektiv für unsere Vorurteile und erhellt die irrtümlichen Annahmen, die in der Entwicklung des Westens zu den gegenwärtigen Problemen geführt haben. Das heute in der westlichen Welt verbreitete Interesse am östlichen Denken ist nach meiner Ansicht ein Reflex derselben gesellschaftlichen Krisen, des gleichen Gefühls der Entfremdung und des gleichen Verlangens, aus dem Teufelskreis der Dichotomien auszubrechen, die den Existentialismus hervorbrachten.

4 Die Entstehung von Existentialismus und Psychoanalyse aus der gleichen gesellschaftlichen Situation

Wir wollen nun die erhebliche Übereinstimmung darin betrachten, mit welchen Problemen des modernen Menschen sich die Existentialisten auf der einen und die Psychoanalytiker auf der anderen Seite befassen. Aus verschiedenen Perspektiven und auf unterschiedlichen Ebenen analysieren beide Angst, Verzweiflung und Entfremdung des Menschen von sich selbst und seiner Gesellschaft, und beiden geht es um Integration und Sinnfindung im Leben des Menschen.

Freud beschreibt die neurotische Persönlichkeit des späten 19. Jahrhunderts als einen Menschen, der unter Fragmentierung leidet – das heißt, der Verdrängung seiner natürlichen Triebe, dem Abblocken von Bewußtheit, Autonomieverlust, Schwäche und Passivität des Ichs sowie den verschiedenen neurotischen Symptomen, die sich aus dieser Fragmentierung ergeben. Kierkegaard – der das einzige bekanntgewordene Buch vor Freud schrieb, das speziell dem Problem der Angst gewidmet ist – analysiert nicht nur Angst, sondern insbesondere die Depression und Verzweiflung, die aus der Selbstentfremdung des Individuums resultieren, einer Entfremdung, die er nach ihren verschiedenen Formen und Schweregraden klassifiziert.[1] Nietzsche verkündet zehn Jahre vor Freuds erstem Buch, die Krankheit des zeitgenössischen Menschen sei, daß »seine Seele schal geworden ist«, daß er »alles satt« habe und daß über allem »ein übler Gestank ... der Gestank des Scheiterns« hänge. Die Nivellierung und Reduktion des europäischen Menschen sei unsere größte Gefahr. Er beschreibt dann in Begriffen, die die späteren psychoanalytischen Konzepte in erstaunlicher Weise vorwegnehmen, wie sich die blockierten Triebkräfte im Individuum in Ressentiments, Selbsthaß, Feindseligkeit und Aggression verwandeln. Freud kannte das Werk Kierkegaards nicht, aber er betrachtete Nietzsche als einen der wahrhaft großen Menschen aller Zeiten.

Welcher Zusammenhang besteht zwischen diesen drei großen Denkern des 19. Jahrhunderts, von denen keiner die beiden anderen unmittelbar beeinflußte? Und in welchem Verhältnis stehen die zwei Konzeptionen der menschlichen Natur, die sie hervorbrachten – der Existentialismus und die Psychoanalyse – wahrscheinlich die zwei wichtigsten Deutungsversuche, die die traditionellen Interpretationen des Menschen erschüttert, ja in der Tat gestürzt haben? Um diese Fragen zu beantworten, müssen wir uns die gesellschaftliche Situation zu Mitte und Ende des 19. Jahrhunderts vergegenwärtigen, in der diese beiden Modelle des Menschen entstanden und auf die sie Antworten zu geben suchten. Die tatsächliche Bedeutung einer Interpretation des Menschen wie Existentialismus oder Psychoanalyse kann niemals in abstracto, abgehoben von ihrer Umwelt, erkannt werden, sondern nur im Kontext der historischen Situation, die sie entstehen ließ. Die historischen Diskussionen zu verfolgen, bedeutet daher keinesfalls ein Abschweifen von unserem vorrangigen Ziel. Tatsächlich ist es genau diese historische Betrachtungsweise, die Licht auf unsere zentrale Frage werfen kann – nämlich, wie die spezifischen wissenschaftlichen Techniken, die Freud für die Untersuchung der Fragmentierung des Individuums im viktorianischen Zeitalter entwikkelte, mit dem Verständnis des Menschen und seiner Krisen zusammenhängen, zu dem Kierkegaard und Nietzsche so viel beitrugen und das später ein breites und tiefreichendes Fundament für die existentielle Psychotherapie ergab.

Aufspaltung des Menschen und innerer Zusammenbruch

Das Hauptmerkmal der zweiten Hälfte des 19. Jahrhunderts war die Zerstückelung, die Fragmentierung der Persönlichkeit. Diese Fragmentierungen waren, wie wir sehen werden, Symptome des emotionalen, psychischen und spirituellen Zerfalls, der sich in der Gesellschaft und im einzelnen vollzog. Man kann diese Aufspaltung der individuellen Persönlichkeit nicht nur in der Psychologie und der Naturwissenschaft dieser Epoche beobachten, sondern in fast jedem Bereich der Gesellschaft des ausgehenden 19. Jahrhunderts. Man kann die Fragmentierung des Familienlebens verfolgen, die in Ibsens ›Nora‹ so anschaulich geschildert und kritisiert wird. Der ehrbare Bürger, der seine Frau und seine Kinder in die eine Ecke stellt und seinen Beruf und sonstige Interessen in die andere, verwandelt sein Heim in ein Puppenhaus und bereitet dessen Zusammenbruch vor. Ebenso kann man die Segmentierung in der Trennung der Kunst von den Realitäten des Lebens sehen, im

Gebrauch der Kunst in ihren geschönten, romantischen, akademischen Formen als verlogenem Fluchtweg aus der Existenz und der Natur, in der Verwechslung von *Kunst* und *Künstlichkeit*, gegen die Cézanne, van Gogh, die Impressionisten und andere moderne Kunstströmungen so heftig protestierten. Darüber hinaus kann man die Fragmentierung in der Trennung der Religion von der Alltagsexistenz erkennen, die sie zu einer Angelegenheit für Sonn- und Feiertage machte, und in der Loslösung der Ethik vom Geschäft. Die Segmentierung vollzog sich auch in der Philosophie und Psychologie – als sich Kierkegaard so leidenschaftlich gegen die Inthronisierung einer sterilen, abstrakten Ratio wehrte und für eine Rückkehr zur Wirklichkeit eintrat, kämpfte er keineswegs gegen Windmühlen. Der viktorianische Mensch empfand sich selbst als aufgeteilt in Verstand, Willen und Gefühle, und er war mit diesem Bild einverstanden. Sein Verstand sollte ihm sagen, *was* er zu tun habe, der freie Wille sollte ihm die Mittel geben, um es zu tun, und die Gefühle – nun, die Gefühle kanalisierte man am besten in eine zwanghafte Geschäftigkeit und preßte sie in das starre Korsett der viktorianischen Sittlichkeit. Emotionen, die sich der formellen Segmentierung hätten widersetzen können, wie Sexualität und Aggressivität, wurden entweder eisern unterdrückt oder nur in Orgien des Patriotismus, beziehungsweise in wohldosierten Ausschweifungen am Wochenende entladen, damit man, wie eine Dampflok, die überschüssigen Druck abgelassen hat, um so effizienter arbeitete, wenn man am Montagmorgen an den Arbeitsplatz zurückkehrte. Natürlich mußte ein solcher Mensch großen Wert auf »Rationalität« legen. Tatsächlich bedeutet schon der Begriff »irrational« etwas, wovon man besser nicht spricht und woran man nicht denkt; und die viktorianische Verdrängung oder Abspaltung all dessen, woran man besser nicht dachte, war eine Vorbedingung für die scheinbare Stabilität der Gesellschaft. Ernest Schachtel hat darauf hingewiesen, daß der Bürger der viktorianischen Epoche sich so dringlich von seiner eigenen Rationalität überzeugen mußte, daß er leugnete, je ein Kind gewesen zu sein oder kindliche Irrationalität und Mangel an Beherrschung gezeigt zu haben; daher die radikale Spaltung zwischen dem Erwachsenen und dem Kind, die sich bei Freuds Untersuchungen als verhängnisvoll erwies.[2]

Diese Aufspaltung ging Hand in Hand mit der Industrialisierung; das eine war Ursache und zugleich Wirkung des anderen.

Ein Mensch, der die verschiedenen Segmente seines Lebens völlig voneinander getrennt halten kann, der die Stechuhr jeden Tag in genau dem gleichen Moment betätigen kann, dessen Handlungen immer vorhersagbar sind, der nie von irrationalen Impulsen oder poetischen Visionen heimgesucht wird, der sich selbst tatsächlich in derselben Weise manipulieren kann wie die Maschine, deren Hebel er betätigt – ein solcher Mensch ist der profitabelste Arbeiter, nicht nur am Fließband, sondern auch auf höheren Ebenen der Produktion. Wie Marx und Nietzsche hervorhoben, ist der Umkehrschluß genauso richtig: Allein der Erfolg des industriellen Systems mit seiner Akkumulation von Geld als Bestätigung des persönlichen Wertes, völlig losgelöst vom konkreten Produkt der Hände eines Menschen, hatte eine entsprechende entpersönlichende und entmenschlichende Wirkung auf den Menschen in seiner Beziehung zu anderen und zu sich selbst. Gegen diese entseelenden Tendenzen, den Menschen zu einer Maschine zu machen, ihn nach dem Inbild des industriellen Systems umzumodeln, für das er sich abrackerte, kämpften die frühen Existentialisten so vehement. Und sie waren sich im klaren: Die ernsteste der drohenden Gefahren bestand darin, daß sich die Ratio zur Technik gesellen und den Menschen seiner Vitalität und Entschlossenheit berauben werde. *Die Ratio, der Verstand,* sagten sie voraus, *werde zu einer neuen Art von Technik reduziert werden.*

Die Wissenschaftler unserer Tage sind sich oft nicht bewußt, daß diese Segmentierung schließlich auch charakteristisch für die Wissenschaften des Jahrhunderts war, dessen Erben wir sind. Dieses 19. Jahrhundert war eine Ära der »autonomen Wissenschaften«, wie es Ernst Cassirer formuliert. Jede Wissenschaft entwickelte sich in eine eigene Richtung; es gab kein übergreifendes Prinzip, insbesondere nicht in bezug auf den Menschen. Das Menschenbild jener Epoche stützte sich auf empirische Erkenntnisse, die von den voranschreitenden Wissenschaften angehäuft wurden, aber »jede Theorie wurde zu einem Prokrustesbett, auf das man die empirischen Fakten spannte, damit sie einem vorgefaßten Schema entsprachen ... Aufgrund dieser Entwicklung büßte unsere neuzeitliche Theorie vom Menschen ihr geistiges Zentrum ein. Stattdessen landeten wir bei einer völligen Anarchie des Denkens... Theologen, Naturwissenschaftler, Politiker, Soziologen, Biologen, Psychologen, Ethnologen und Volkswirtschaftler näherten sich alle dem Problem von ihren jeweiligen eigenen Standpunkten ... Jeder

Autor scheint letzten Endes von seiner eigenen Konzeption und Bewertung des menschlichen Lebens auszugehen.«[3] Es ist kein Wunder, wenn Max Scheler erklärte, »daß zu keiner Zeit der Geschichte der Mensch sich so *problematisch* geworden ist wie in der Gegenwart ... So besitzen wir denn eine naturwissenschaftliche, eine philosophische und eine theologische Anthropologie, die sich nicht umeinander kümmern – eine *einheitliche Idee vom Menschen aber besitzen wir nicht.* Die immer wachsende Vielheit der Spezialwissenschaften, die sich mit dem Menschen beschäftigen, verdekken, so wertvoll sie sein mögen, überdies weit mehr das Wesen des Menschen, als daß sie es erleuchten.«[4]

An der Oberfläche erschien die viktorianische Epoche ruhig, zufrieden und geordnet; aber diese Seelenruhe war um den Preis verbreiteter, tiefreichender und zunehmend brüchiger Verdrängung erkauft. Wie bei einem neurotischen Individuum wurde die Segmentierung immer rigider, je näher der Augenblick rückte – der 1. August 1914 –, an dem sie zusammenbrechen sollte.

Es ist nun festzuhalten, daß die Segmentierung der Gesellschaft ihre *psychologische Parallele in der radikalen Verdrängung innerhalb der Einzelpersönlichkeit* hatte. Die Genialität Freuds bestand darin, wissenschaftliche Techniken zum Verständnis und vielleicht auch zur Heilung dieser zersplitterten Persönlichkeit zu entwikkeln; aber er erkannte nicht – erst viel später, als er dann darauf mit Pessimismus und einer gewissen entmutigten Gleichgültigkeit reagierte[5] –, daß die individuelle Neurose nur eine Seite der zersetzenden Kräfte war, die sich zugleich auf die gesamte Gesellschaft auswirkten. Kierkegaard sah für seinen Teil die Folgen dieser Auflösung für das innere emotionale und spirituelle Leben des Individuums voraus: ständige Angst, Einsamkeit, Entfremdung der Menschen untereinander und schließlich die Bedingung, die zur äußersten Verzweiflung führen würde, die Entfremdung des Menschen von sich selbst. Doch es blieb Nietzsche vorbehalten, die heraufziehende Situation am anschaulichsten zu zeichnen: »Wir leben die Periode der Atome, des atomistischen Chaos«, und in diesem Chaos kündigte sich für ihn, in einer hellsichtigen Prophezeiung des Kollektivismus im 20. Jahrhundert, die »schreckliche Erscheinung« des Nationalstaates an; er erkannte, »die Jagd nach Glück wird nie größer sein, als wenn es zwischen heute und morgen erhascht werden muß: weil übermorgen vielleicht alle Jagdzeit zu Ende ist ...«[6]

Freud sah diese Fragmentierung der Persönlichkeit im Licht der Naturwissenschaft und widmete sich der Formulierung ihrer technischen Aspekte. Kierkegaard und Nietzsche unterschätzten nicht die Wichtigkeit der detaillierten psychologischen Analyse; aber ihnen ging es vor allem darum, den *Menschen als verdrängungsfähiges Lebewesen* zu verstehen, das Lebewesen, welches zum Schutz vor der Realität auf Selbstbewußtheit verzichtet und dann die neurotisierenden Folgen erleidet. Die merkwürdige Frage ist: Was bedeutet es, daß der Mensch – jenes Geschöpf auf der Welt, das sich seines Existierens bewußt sein und seine Existenz erkennen kann – sich dafür entscheidet oder gezwungen ist, sich dafür zu entscheiden, dieses Bewußtsein abzutöten und unter Angst, zwanghafter Selbstzerstörung und Verzweiflung zu leiden? Kierkegaard und Nietzsche waren sich völlig im klaren, daß die »Krankheit der Seele« des westlichen Menschen ein tieferes und umfassenderes Leiden darstellt, als durch die je besonderen individuellen oder sozialen Probleme erklärt werden kann. Etwas war von Grund auf falsch im Verhältnis des Menschen zu sich selbst; der Mensch war sich selbst zutiefst problematisch geworden. Dies sei das eigentliche Dilemma Europas, erklärte Nietzsche: Zusammen mit der Furcht des Menschen hätten wir die Liebe des Menschen verloren, das Vertrauen zum Menschen, ja »in der Tat *den Willen zum Menschen*«.

5 Kierkegaard, Nietzsche und Freud

Wir wenden uns jetzt einem genaueren Vergleich der Ansätze von Kierkegaard und Nietzsche für ein Verständnis des westlichen Menschen zu, um so vielleicht ihre Wechselbeziehung zu den Einsichten und Methoden Freuds klarer herausarbeiten zu können.

Kierkegaard

Kierkegaards eindringliche Analyse der Angst – die ich in einem anderen Buch resümiert habe[1] – würde ihm allein schon eine Stellung unter den psychologischen Meisterdenkern aller Zeiten sichern. Seine Einsichten in die Bedeutung des Selbst-Bewußtseins, seine Analyse innerer Konflikte, des Selbst-Verlusts und sogar psychosomatischer Probleme sind um so erstaunlicher, als sie Nietzsche um vier Jahrzehnte und Freud um ein halbes Jahrhundert vorausgingen. Dies zeugt von einer beträchtlichen Sensibilität Kierkegaards für alles, was im Bewußtsein des westlichen Menschen seiner Zeit unter der Oberfläche vor sich ging und erst ein halbes Jahrhundert später hervorbrach. Der dänische Theologe und Philosoph starb im frühen Alter von vierundvierzig Jahren nach einer intensiven, leidenschaftlichen und einsamen Periode der Kreativität, während der er innerhalb von fünfzehn Jahren fast zwei Dutzend Bücher schrieb. Trotz seiner Gewißheit, in späteren Jahrzehnten Bedeutung zu erlangen, machte er sich andererseits keine Illusionen, daß seine Entdeckungen und Einsichten zu seinen Lebzeiten begrüßt werden könnten. »Der Verfasser«, schreibt er in einer selbstironischen Passage über sich, »ist kein Philosoph; er ist ... ein Amateurschriftsteller, der weder *das* System verfaßt noch das System verspricht noch diesem irgend etwas zuschreibt ... Er kann sein Schicksal in einem Zeitalter leicht voraussehen, in dem die Leidenschaft zugunsten der Gelehrsamkeit abdanken mußte, in einem Zeitalter, in dem ein Autor, der Leser haben möchte, es sich angelegen lassen sein muß, so zu schreiben, daß das Buch mühelos nach Tisch durchgeblättert werden kann ... Er sieht sein Schicksal voraus, daß er total ignoriert werden wird.«

Seiner Voraussage gemäß war er zu seiner Zeit fast unbekannt –

abgesehen davon, daß er im ›Corsar‹, dem Witzblatt von Kopenhagen, zur Zielscheibe von Satiren gemacht wurde. Ein halbes Jahrhundert lang blieb er vergessen, wurde dann im zweiten Jahrzehnt unseres Jahrhunderts wiederentdeckt und übte in der Folge nicht nur weitreichenden Einfluß auf Philosophie und Theologie aus, sondern auch auf die Tiefenpsychologie. Beispielsweise erklärt Binswanger in seinem Essay über Ellen West, sie habe »an jener Krankheit der Seele gelitten, die Kierkegaard mit dem Scharfblick des Genies unter dem Namen ›Krankheit zum Tode‹ von allen möglichen Seiten beschrieb und beleuchtete. Ich kenne kein Dokument, das die daseinsanalytische Interpretation der Schizophrenie weiter voranbringen könnte als dieses. Man könnte sagen, Kierkegaard habe in diesem Dokument mit intuitiver Genialität das Kommen der Schizophrenie erkannt ...« Binswanger fügt hinzu, auch der Psychiater oder Psychologe, der mit Kierkegaards religiösen Interpretationen nicht übereinstimme, bleibe »diesem Werk Kierkegaards zutiefst verpflichtet«.

Kierkegaard ging es ebensowenig wie Nietzsche darum, philosophische oder psychologische Standardwerke zu verfassen. Er versuchte nur, die menschliche Existenz zu enthüllen und zu verstehen. Mit Freud und Nietzsche verband ihn ein bedeutsamer Umstand: Alle drei gründeten ihre Erkenntnis vorwiegend auf die Analyse eines einzigen Falls – nämlich der eigenen Person. Freuds bahnbrechende Werke wie ›Die Traumdeutung‹ basierten fast ausschließlich auf seinen eigenen Erfahrungen und seinen eigenen Träumen; er schrieb wiederholt an Wilhelm Fließ, daß der Fall, mit dem er ringe und den er ständig analysiere, er selbst sei. »Jede große Philosophie«, so bemerkte Nietzsche, besage nur: »Dies ist das Bild alles Lebens, und daraus lerne den Sinn deines Lebens. Und umgekehrt: lies nur dein Leben und verstehe daraus die Hieroglyphen des allgemeinen Lebens.«[2]

Das zentrale psychologische Anliegen Kierkegaards kann unter die Überschrift der Frage gefaßt werden, die er unablässig verfolgte: Wie kann man zu einem Individuum werden? Das Individuum wurde auf der rationalen Ebene durch Hegels unendliches logisches »absolutes Ganzes« verschlungen, auf der ökonomischen Ebene durch die zunehmende Objektivierung der Person und auf der moralischen und spirituellen Ebene durch die fade und kraftlose Religion seiner Zeit. Europa war krank und sollte noch kränker werden, nicht aufgrund eines Mangels an Wissen oder Techniken, sondern aufgrund des Fehlens von *Leidenschaft und Engagement.*[3]

»Weg von der Spekulation, weg vom System«, rief Kierkegaard aus, »und zurück zur Realität!« Er war nicht nur überzeugt, daß das Ziel der »reinen Objektivität« unerreichbar ist, sondern auch, daß dies, selbst wenn man es erreichen könnte, nicht wünschenswert wäre. Und aus einem anderen Blickwinkel ist es sogar unmoralisch: Wir sind so stark aufeinander und auf die Welt bezogen, daß wir uns nicht damit zufriedengeben können, die Wahrheit ohne *inter-esse* zu betrachten. Wie alle Existentialisten nahm er den Begriff »Interesse« (wörtlich *dazwischen sein*) ernst. Jede Frage sei die »Frage nach dem Einzelnen« – das heißt nach dem lebendigen und seiner selbst bewußten Individuum; und wenn wir nicht beim einzelnen Menschen beginnen, dann werden wir mit all unserem technischen Wissen ein Kollektiv von Robotern in die Welt gesetzt haben, die nicht bloß in Leere, sondern in selbstzerstörerischer Verzweiflung enden werden.

Einer der grundlegendsten Beiträge Kierkegaards zur späteren tiefendynamischen Psychologie ist seine Formel von Wahrheit als Beziehung. In dem Buch, das später zum Manifest des Existentialismus werden sollte, schreibt er: »Wird objektiv nach der Wahrheit gefragt, dann wird objektiv auf die Wahrheit als einen Gegenstand reflektiert, zu dem der Erkennende sich verhält. Es wird nicht auf das Verhältnis reflektiert, sondern darauf, daß es die Wahrheit ist, das Wahre, zu dem es sich verhält; wenn das, wozu es sich verhält, nur die Wahrheit, das Wahre ist, dann ist das Subjekt in der Wahrheit. *Wird subjektiv nach der Wahrheit gefragt, dann wird subjektiv auf das Verhältnis des Individuums reflektiert; wenn nur das Wie dieses Verhältnisses in Wahrheit ist, dann ist das Individuum in Wahrheit, selbst wenn es sich so zur Unwahrheit verhielte.*[5]«

Man kann kaum überschätzen, wie revolutionär diese Sätze für die moderne Gesellschaft im allgemeinen und für die Psychologie im besonderen waren und immer noch sind. Hier begegnet uns die radikale, ursprüngliche Feststellung der *relationalen, auf das Individuum bezogenen Wahrheit.* Hier liegt die Quelle der Betonung von Wahrheit als *Innerlichkeit* im existentiellen Denken oder, wie es Heidegger nennt, der Wahrheit als Freiheit.[6] Hier wird zugleich angekündigt, was später in der Physik des 20. Jahrhunderts eintreten sollte – nämlich die Umkehr des kopernikanischen Prinzips, man entdecke die Wahrheit am ehesten, indem man den Menschen, den Beobachter, davon abtrenne. Kierkegaard nimmt den Standpunkt von Bohr, Heisenberg und anderen modernen Physikern vorweg, daß die kopernikanische Auffassung, die Natur könne vom Menschen getrennt werden, nicht länger haltbar sei. Das »Ideal einer Wissenschaft, die völlig unabhängig vom Menschen ist, also völlig objektiv, ist eine Illusion«, mit Heisenbergs Worten.[7] Die Sätze Kierkegaards sind Vorläufer der Relativität und der anderen Sichtweisen, die bestätigen, daß der Mensch, der damit beschäftigt ist, die natürlichen Phänomene zu studieren, in einer besonderen und wesentlichen Beziehung zu den studierten Objekten steht und daß er sich selbst zu einem Teil seiner Gleichung machen muß. Das *Subjekt*, der Beobachter, kann also niemals von dem *Objekt* getrennt werden, das er beobachtet. Es ist klar, daß das Erzübel des westlichen Denkens, die Subjekt-Objekt-Spaltung, in dieser Analyse von Kierkegaard heftig attackiert wird.

Aber dieses Wende-Manifest hat noch weiterreichende und einschneidendere Konsequenzen für die Psychologie. Kierkegaard befreit uns von der Fessel des Dogmas, Wahrheit könne nur im Hinblick auf äußere *Objekte* verstanden werden. Damit eröffnen sich die ausgedehnten Bezirke der inneren, subjektiven Realität, und wir erkennen, daß diese Realität wahr sein kann, auch wenn sie den objektiven Tatsachen widerspricht. Freud machte diese Entdeckung später, als er, nicht ohne Bedauern (und heute wieder umstritten; Anm. d. Red.), feststellte, daß die Erinnerungen an Vergewaltigungen in der Kindheit, die ihm so viele seiner Patientinnen gestanden, von einem faktischen Standpunkt aus in der Regel erfunden waren. Doch es zeigte sich, daß das Erlebnis der Vergewaltigung nicht weniger ungeheuerlich war, wenn es *nur in der Phantasie existierte*, und daß die entscheidende Frage ohnehin lautete, wie die Patientin auf die Vergewaltigung *reagierte*, und nicht, ob sie tatsächlich stattgefunden hatte oder nicht. Uns erschließt sich somit ein Kontinent neuer Erkenntnisse über innere Dynamik, wenn wir von der Annahme ausgehen, daß die *Beziehung* zu einer Tatsache oder Person oder Situation das für den Patienten oder die Person, die wir studieren, Bedeutsame ist; die Frage, ob sich etwas objektiv ereignete oder nicht, liegt auf einer ganz anderen Ebene. Um Mißverständnisse zu vermeiden, möchte ich, auch auf die Gefahr hin, mich zu wiederholen, nochmals hervorheben: Dieses Prinzip, die Wahrheit in der Beziehung zu suchen, bedeutet keinesfalls eine Abwertung der Frage, ob etwas objektiv wahr ist oder nicht. Darum geht es nicht. Kierkegaard ist nicht mit den Subjektivisten oder Idealisten zu verwechseln; er eröffnet uns die subjektive Welt, ohne die Objektivität aufzugeben. Gewiß hat man sich mit der realen, objektiven Welt auseinanderzusetzen; Kierkegaard, Nietzsche und ihre Nachfolger nahmen die Natur ernster als viele, die sich Naturalisten nennen. Worauf es ankommt, ist vielmehr, daß die Bedeutung einer objektiven (oder phantasierten) Tatsache für eine Person davon abhängt, in welcher Beziehung sie dazu steht; es gibt keine existentielle Wahrheit, die die Beziehung außer acht lassen kann. So mag beispielsweise eine objektive Erörterung der Sexualität interessant und aufschlußreich sein; aber sobald man es mit einer bestimmten Person zu tun hat, hängt die Bedeutung der objektiven Wahrheit von der Beziehung zwischen dieser Person und ihrem Sexualpartner ab, und diesen Faktor auszublenden, stellt nicht nur ein Ausweichen vor der Realität dar, sondern schneidet uns von deren Erfassung vollkommen ab.

Die Denkweise, die in Kierkegaards Aussagen zutage tritt, ist darüber hinaus der Vorläufer von Konzepten der »teilnehmenden Beobachtung« und anderen Ansätzen, die Bedeutung der Beziehung zwischen Therapeut und Klient hervorzuheben. Die Tatsache, daß der Therapeut an der Beziehung teilhat und unabtrennbar ein Teil des »Feldes« ist, entkräftet folglich nicht die Gültigkeit seiner wissenschaftlichen Beobachtungen. Können wir nicht vielmehr behaupten, solange der Therapeut nicht wirklich an der Beziehung teilhat und diese Tatsache nicht bewußt anerkennt, wird er *un*fähig sein, klar zu unterscheiden, was tatsächlich vor sich geht? Die Konsequenz aus Kierkegaards »Manifest« ist, daß wir von der traditionellen Doktrin befreit sind, die sich in der Psychologie als so einengend, selbstwidersprüchlich und in der Tat oft destruktiv erwiesen hat, nämlich, daß wir die Wahrheit um so klarer erkennen könnten, je weniger wir in eine bestimmte Situation verstrickt sind. Nach dieser Lehrmeinung mußten wir eindeutig annehmen, daß unsere Fähigkeit zu unvoreingenommener Beobachtung in umgekehrtem Verhältnis zu unserer inneren Beteiligung stehe. Diese Doktrin wurde so unantastbar, daß wir eine weitere zwingende Schlußfolgerung übersahen – nämlich, daß dann derjenige am ehesten die Wahrheit entdecken müßte, der nicht im geringsten an ihr interessiert ist! Niemand würde anzweifeln, daß *überbordende* Emotionen die eigene Wahrnehmung beeinträchtigen. Insoweit liegt es auf der Hand, daß jeder Teilnehmer an einer therapeutischen Beziehung, wie im übrigen jeder, der andere beobachtet, sehr gründlich klären muß, welches seine speziellen Gefühle und sein Anteil an der Situation sind. Aber das Problem ist nicht durch Distanzierung und Abstraktion zu lösen. Auf diese Weise erhaschen wir nichts als Seifenblasen, und die Realität der Person entzieht sich unseren Augen. Die Klärung des Therapeuten-Pols der Beziehung kann nur durch eine vollere Bewußtheit der existentiellen Situation erreicht werden – das heißt, der realen, lebendigen Beziehung.[8] Wenn wir es mit Menschen zu tun haben, ist keine Wahrheit für sich genommen real; sie ist immer abhängig von der Realität der unmittelbaren Beziehung.

Ein zweiter wichtiger Beitrag Kierkegaards zur dynamischen Psychologie liegt in seiner Betonung der Notwendigkeit von Engagement. Dies ergibt sich aus dem bereits Gesagten. Wahrheit wird nur insofern wirklich, als das Individuum sie in Handlung umsetzt, und das schließt ein, sie im eigenen Bewußtsein zu schaffen. Kierkegaards Ansicht hat die radikale Konsequenz, daß wir eine bestimmte Wahrheit nicht einmal *erkennen* können, wenn wir uns nicht bereits in gewisser Weise für sie engagieren. Jeder Therapeut weiß nur zu gut, daß Patienten bis zum Jüngsten Tag theoretisch und akademisch über ihre Probleme reden können, ohne wirklich betroffen zu sein; tatsächlich ist gerade bei intellektuellen und besonders gebildeten Patienten dieses Gerede, obwohl es sich als unvoreingenommene und vorurteilsfreie Prüfung des Geschehens gebärdet, oft Abwehr dagegen, die Wahrheit zu erkennen und sich zu engagieren, eine Abwehr, die sich im Grunde gegen die eigene Vitalität richtet. Das Gerede des Patienten wird ihm nicht helfen, zur Realität vorzustoßen, es sei denn, er kann etwas erleben und empfinden, was ihn unmittelbar und zentral betrifft. Dieses Problem wird oft unter dem Stichwort der »Notwendigkeit, beim Patienten Angst auszulösen« behandelt. Ich glaube jedoch, dies ist eine zu simple und partielle Sicht. Lautet nicht das fundamentalere Prinzip, daß der Patient einen Punkt in seiner Existenz finden oder wiederentdecken muß, an dem er sich engagieren kann, bevor er sich selbst erst gestatten kann, die Wahrheit seines Tuns zu erkennen? Genau das meint Kierkegaard mit »Leidenschaft« und »Engagement« im Gegensatz zu objektiver, interesseloser Beobachtung. Mit der Notwendigkeit, sich zu engagieren, hängt auch das allgemein anerkannte Phänomen zusammen, daß wir durch Laborversuche nicht zu den tieferen Schichten der Probleme eines Menschen vorstoßen können. Nur wenn der Betreffende selbst eine gewisse Hoffnung hat, von seinem Leiden und seiner Verzweiflung erlöst zu werden und Hilfe bei seinen Problemen zu finden, wird er sich dem schmerzhaften Prozeß unterziehen, seine Illusionen zu erforschen und seine Abwehrmechanismen und Rationalisierungen aufzudecken.

Nietzsche

Wir wenden uns nun Friedrich Nietzsche zu (1844–1900). Er war von ganz anderem Temperament als Kierkegaard und spiegelt, vier Jahrzehnte später lebend, ein anderes Stadium der Gesellschaft des 19. Jahrhunderts wider. Er hat Kierkegaard nie gelesen. Zwei Jahre vor seinem Tod machte ihn sein Freund Brandes auf den Dänen aufmerksam, zu spät für Nietzsche, um die Werke seines Vorläufers kennenzulernen, der an der Oberfläche so anders, aber ihm in vielem Entscheidenden so verwandt war. Beide repräsentieren in fundamentaler Weise den Ursprung der existentiellen Betrachtungsweise des menschlichen Lebens. Beide werden oft zusammen als die Denker zitiert, die die psychische und spirituelle Befindlichkeit des westlichen Menschen im 20. Jahrhundert am profundesten erkannten und voraussagten. Ebenso wie Kierkegaard war Nietzsche weder antirational, noch sollte er mit Gefühlsphilosophen oder Naturaposteln verwechselt werden. Er attackierte nicht die Vernunft, sondern die *bloße* Vernunft, und er attackierte vor allem die sterile, fragmentierte, rationalistische Form, die sie zu seiner Zeit angenommen hatte. Er suchte – auch hierin Kierkegaard ähnlich – die Reflexion bis zu ihren äußersten Grenzen zu treiben, um auf die Wirklichkeit zu stoßen, die *sowohl* der Vernunft *wie* der Unvernunft zugrundeliegt. Denn die Reflexion ist schließlich eine Hinwendung zu sich selbst, eine Spiegelung, und für die lebendige Person kommt es darauf an, *was* sie reflektiert; anderenfalls beraubt das Reflektieren sie ihrer Vitalität.[9] Ebenso wie die späteren Tiefenpsychologen versuchte Nietzsche, sowohl die unbewußten, irrationalen Quellen der Macht und Größe des Menschen als auch seine Krankhaftigkeit und Neigung zur Selbstzerstörung in die Spannweite der Existenz einzubeziehen.

Eine weitere bedeutsame Beziehung zwischen diesen zwei Persönlichkeiten und der Tiefenpsychologie ist, daß beide ein Selbst-Bewußtsein von großer Intensität entwickelten. Sie erkannten nur zu deutlich, daß der verheerendste Verlust, den die objektivierende Gesellschaft dem Individuum zufügte, das Bewußtsein selbst betraf, ein Verlust, der später in Freuds Symbol eines schwachen und passiven Ichs ausgedrückt werden sollte, eines Ichs, das »vom Es gelebt wird«, da es die Fähigkeit zur Selbststeuerung eingebüßt hat.[10] Kierkegaard hatte geschrieben: »Je mehr Bewußtsein, desto mehr Selbst«, eine Feststellung, die Harry Stack Sullivan ein Jahrhundert später in einem anderen Kontext treffen sollte und die enthalten ist in Freuds Beschreibung seines Behandlungsziels, die Sphäre des Bewußtseins zu vergrößern: »Wo Es war, soll Ich werden.« Aber Kierkegaard und Nietzsche konnten in ihrer je besonderen historischen Situation nicht den tragischen Folgen der Intensität ihres eigenen Selbst-Bewußtseins entgehen. Beide waren einsam, extrem antikonformistisch und durchlitten alle Qualen der Angst, Verzweiflung und Isolation. Sie konnten daher aus unmittelbarer persönlicher Kenntnis dieser äußersten seelischen Krisen sprechen.[11]

Nietzsche formulierte die Wahrheiten, um die wir alle ringen. Er lebte und schrieb – in der zweiten Hälfte des 19. Jahrhunderts – zu einer Zeit des psychischen und religiösen Zerfalls des europäischen Menschen. Äußerlich herrschten noch Stabilität und bürgerlicher Konformismus. Aber innerlich war die geistige Verrottung der Menschen (so etwa drückte er es selbst aus) für Nietzsche erkennbar. Der Glaube an Gott hatte sich in Ressentiments verwandelt, Vitalität in sexuelle Unterdrückung, und eine allgemeine Heuchelei kennzeichnete den Zustand des Menschen zur damaligen Zeit. In einem Zeitalter wie jenem, oder wie unserem eigenen, muß man ein Psychologe sein, um ein guter Philosoph zu sein. Denn der Mensch schrie um Hilfe – der Mensch, der seine Mitte verloren hatte und an geistiger wie seelischer Orientierungslosigkeit litt.

Nietzsche war hervorragend gerüstet, als Arzt dieses orientierungslosen Menschen aufzutreten. Er bezeichnete sich häufig selbst als »Psychologe«. In ›Jenseits von Gut und Böse‹ forderte er, »daß die Psychologie wieder als Herrin der Wissenschaften anerkannt werde, zu deren Dienste und Vorbereitung die übrigen Wissenschaften da sind. Denn die Psychologie ist nunmehr wieder der Weg zu den Grundproblemen«. Nietzsches Konzept des »Übermenschen« und des »Willens zur Macht« sind Versuche, in seinen Zeitgenossen Reste von Vitalität und Quellen der Kraft wiederzuentdecken. Die verbreitete Ansicht, Nietzsche sei nihilistisch gewesen, er sei ein Feind der Religion, der Moral und fast aller übrigen Werte gewesen, ist ein radikales Mißverständnis. Es beruht auf einem Unvermögen, die Bedeutung Nietzsches selbst zu begreifen wie auch die Welt, die Nietzsche hervorbrachte und an die er sich wandte. Nietzsche vertrat die Auffassung, daß man mit jeglicher Wahrheit nicht bloß im Labor experimentieren solle, sondern in der eigenen Erfahrung; jede Wahrheit sollte mit der Frage konfrontiert werden: »Kann man sie leben?« »Alle die Wahrheiten«, sagte er, »sind für mich blutige Wahrheiten.« Daher sein berühmter Ausspruch: »Irrtum ist Feigheit.« Den Oberhäuptern der Kirchen wirft er vor, daß ihnen geistige Integrität fremd sei und daß sie ihre Erfahrungen nie zu einer Gewissensfrage für ihre Erkenntnis machten: »›Was habe ich eigentlich erlebt? Was ging damals in mir und um mich vor? War meine Vernunft hell genug? War mein Wille gegen alle Betrügereien ... gewendet ...?‹ – so hat keiner von ihnen gefragt ... Aber wir, wir Anderen, Vernunft-Durstigen, wollen unseren Erlebnissen so streng ins Auge sehen, wie einem wissenschaftlichen Versuche ...! Wir selber wollen unsere Experimente und Versuchs-Tiere sein!«[12] Weder Kierkegaard noch Nietzsche hatten das geringste Interesse, eine Bewegung ins Leben zu rufen oder ein neues System zu begründen – eine Vorstellung, die ihnen in der Tat höchst zuwider gewesen wäre. Beide proklamierten, in Nietzsches Worten: »Folge mir nicht nach – sondern dir!«

Beide waren sich bewußt, daß der psychische und emotionale Zerfall in ihrer Epoche, den sie als grassierend, wenn auch noch untergründig, beschrieben, damit zusammenhing, daß der Mensch den Glauben an seine wesensgemäße Würde und Humanität verloren hatte. Hier äußerten sie eine »Diagnose«, der von den psychotherapeutischen Schulen bis vor wenigen Jahren kaum Aufmerksamkeit geschenkt wurde. Erst neuerdings beginnt man den Verlust des Glaubens an die eigene Würde als einen realen und ernsten Aspekt der heutigen Probleme des Menschen zu begreifen. Dieser Verlust hängt seinerseits mit dem Schwinden der Faszination und Überzeugungskraft von zwei zentralen Traditionen zusammen, denen die westliche Gesellschaft ihre Grundwerte verdankte – nämlich dem Juden- beziehungsweise Christentum und dem Humanismus. Dies ist die Voraussetzung für Nietzsches markanten Satz: »Gott ist tot.« Kierkegaard hatte leidenschaftlich gegen die anämischen Tendenzen des Christentums, seine Saft- und Kraftlosigkeit polemisiert, wobei ihm kaum jemand zuhörte; zu Nietzsches Zeit waren die abgewirtschafteten Erscheinungsformen des Theismus und die emotional verlogenen religiösen Rituale zu einem Teil der Krankheit geworden und dem Untergang geweiht. Auf eine kurze Formel gebracht, sprach Kierkegaard aus einer Zeit heraus, in der Gott im Sterben lag, Nietzsche, als Gott tot war. Beide hatten sich zutiefst der Größe des Menschen verschrieben, und beide suchten nach einer Basis, auf der seine Würde und Menschlichkeit wiedererrichtet werden könnten. Dies ist die eigentliche Bedeutung von Nietzsches »Übermensch« und Kierkegaards »wahrem Individuum«.

Einer der Gründe, warum Nietzsches Einfluß auf die Psychologie und Psychiatrie bisher nicht weiter reichte und sich auf ein gelegentliches Zitat oder einen Aphorismus da und dort beschränkt, liegt gerade darin, daß sein Geist so unglaublich fruchtbar war und ein Geistesblitz in atemberaubender Weise den anderen jagte. Der Leser muß an sich halten, um einerseits nicht von unkritischer Bewunderung mitgerissen zu werden und andererseits nicht Nietzsches wirkliche Bedeutung aus den Augen zu verlieren, da der Reichtum seiner Gedanken alle unsere wohlgeordneten Kategorien über den Haufen wirft. Deshalb möchte ich hier versuchen, einige seiner wichtigsten Gedanken systematischer zu erläutern.

Der erste entscheidende Punkt in Nietzsches Philosophie ist, daß er psychologische Begriffe in einer ontologischen Bedeutung verwendet. Dieses Kennzeichen teilt er mit anderen Existentialisten wie Kierkegaard, Sartre und Heidegger. Verzweiflung, Wille, Angst, Schuldgefühle, Einsamkeit – mit diesen Begriffen bezeichnet man gewöhnlich seelische Befindlichkeiten, aber für Nietzsche beziehen sie sich auf Seinszustände. Angst ist beispielsweise kein »Affekt«, den man manchmal empfindet und manchmal nicht. Sie stellt vielmehr eine existentielle Verfassung dar. Sie ist nicht etwas, das wir »haben«, sondern etwas, das wir »sind«.

Dasselbe gilt für den Willen. Der Begriff »Wille« bezeichnet bei Nietzsche ebenfalls ein grundlegendes Merkmal unserer Existenz. Er ist zu allen Zeiten potentiell vorhanden; ohne ihn wären wir keine Menschen. Die Eichel wird zu einer Eiche, ohne eine Wahl zu haben, aber der Mensch kann sein Sein nicht verwirklichen, es sei denn, er *will* es in seinen Begegnungen. Bei Tieren und Pflanzen sind Natur und Sein eins, aber beim Menschen können Natur und Sein niemals gleichgesetzt werden. Nietzsche überschüttet jene mit Spott, die noch an dieser Illusion festhalten und einfach in Einklang mit der Natur leben wollen. In ›Jenseits von Gut und Böse‹ ruft er aus: »›Gemäß der Natur‹ wollt ihr *leben*? O ihr edlen Stoiker, welche Betrügerei der Worte! Denkt euch ein Wesen, wie es die Natur ist, verschwenderisch ohne Maß, gleichgültig ohne Maß, ohne Absichten und Rücksichten, ohne Erbarmen und Gerechtigkeit, fruchtbar und öde und ungewiß zugleich, denkt euch die Indifferenz selbst als Macht – wie *könntet* ihr gemäß dieser Indifferenz leben?«

Menschliche Werte sind uns nicht von der Natur vorgegeben, sondern sind uns als Aufgaben gestellt, die wir zu lösen haben. Es liegt auf der Hand, daß der Gebrauch dieser psychologischen Begriffe in einer ontologischen Bedeutung ihnen einen viel tieferen und mächtigeren Sinn verleiht.

Ich glaube, diese Benutzung psychologischer Begriffe in einem ontologischen Sinn kommt in allen Epochen vor, in denen sich die Werte im Umbruch befinden. Zweifellos geschah dies in der griechischen Geschichte im ersten und zweiten Jahrhundert vor Christus. Wenn ich allein verzweifelt bin, dann mag mich das aus der Fassung bringen, aber ich kann mich nach anderen umsehen, die nicht verzweifelt sind. Das ist ein gewisser Trost. Aber wenn alle verzweifelt sind, wenn sich die Gesellschaft in einem radikalen Wandlungsprozeß befindet, dann ist die Verzweiflung ein kollektives Problem. Das ist etwas ganz anderes; dann haben wir keinen Fixstern, an dem wir uns orientieren können. Wenn unsere Angst nicht durch Apathie gelähmt ist, hat sie die Tendenz, zur Panik auszuarten. Gerade diese Apathie ist eine Abwehr gegen die Panik, die ausbrechen würde, wenn wir uns wirklich gestatteten zu fühlen. Wir sind dann in einem Zustand, der an Hieronymus Boschs Bilder der Hölle erinnert. Kein Halt und keine Stütze sind mehr vorhanden, und die Menschen werden massenweise ins Feuer getrieben. In solchen Zeiten bildet der ontologische Gebrauch psychologischer Begriffe einen Versuch, eine neue Basis, ein neues Fundament für unsere Werte zu finden. Das ist es, worum Nietzsche kämpfte.

Schließlich ist nach dem Gewinn zu fragen, den Nietzsches Machtkonzept und im besonderen sein ›Wille zur Macht‹ für die Psychologie bringt. Für ihn war der »Wille zur Macht« das universale Lebensprinzip und die Triebkraft hinter allem psychischen Geschehen. In der akademischen Psychologie bleibt nicht nur dieser Gedanke Nietzsches unbeachtet, sondern der Begriff der Macht als solcher wird völlig verdrängt. Manchmal wird er freilich unter den Begriff des »Willens« subsumiert, aber auch der »Wille« wurde seit den Tagen von William James weitgehend ignoriert.

Ich glaube, die allgemeine Verdrängung des Problems der Macht ist äußerst beklagenswert. Die Wahl der Ersatzbegriffe ist entlarvend. Nehmen wir beispielsweise den Begriff »Kontrolle«. »Kontrolle« ist ein Ersatzausdruck für Macht, der den Akzent auf *mein* Recht legt, Macht über *dich* auszuüben. Es wäre ehrlicher, von Anfang an das Wort *Macht* zu benutzen.

Was ist die Bedeutung von »Macht« in der Entwicklung von Nietzsches Konzept? »Wille zur Macht« bedeutet Selbstverwirklichung. Nietzsche protestierte gegen den schwachen, blutarmen europäischen Menschen, den er überall aufkommen sah. Die Formel »Wille zur Macht« ist ein Appell an den Menschen, psychische Korrumpierbarkeit zu vermeiden und sich mit Kraft und Engagement in seiner Existenz zu behaupten. Der »Wille zur Macht« ist in jedem Individuum vorhanden, weil er untrennbar vom Leben selbst ist. »Wo ich Lebendiges fand«, schreibt Nietzsche, »da fand ich den Willen zur Macht«.

Seine Vorstellung des »Willens zur Macht« umfaßt die Selbstverwirklichung des Individuums in all ihrer Tragweite. Dies erfordert das mutige Ausleben aller Möglichkeiten des einzelnen in seinem eigenen, besonderen Dasein. Wie alle Existentialisten benutzt Nietzsche psychologische Begriffe nicht zur Beschreibung seelischer Eigenschaften, Fähigkeiten oder eines simplen Verhaltensmusters, etwa von Aggression oder Macht über jemanden. Der »Wille zur Macht« ist vielmehr eine ontologische Kategorie – das heißt, ein unausweichlicher Aspekt des Seins. Er bezieht sich nicht auf Aggression, Konkurrenzstreben oder ähnliche Mechanismen. Er bezeichnet das Individuum, das seine Existenz und seine Entwicklungsmöglichkeiten als eigenständiges Lebewesen behauptet; er ist »der Mut, man selbst zu sein«, wie Tillich in seiner Auseinandersetzung mit Nietzsche bemerkt. Das Wort »Macht« wird von Nietzsche im klassischen Sinn von »potentia«, »dynamis« gebraucht. Walter A. Kaufmann bringt Nietzsches Überzeugung in dieser Frage prägnant auf den Punkt: »Die Aufgabe des Menschen ist einfach: er sollte es nicht dabei belassen, daß seine ›Existenz ... eine gedankenlose Zufälligkeit‹ ist. Die dritte ›Unzeitgemäße Betrachtung‹ steht der heutigen *Existenzphilosophie* besonders nahe – nicht nur, weil Nietzsche in ihr von ›Existenz‹ spricht, sondern wegen der Gedanken, die er in ihr darlegt. Es ist das Grundproblem des Menschen, seine wahre ›Existenz‹ zu verwirklichen und es nicht zuzulassen, daß sein Leben nur eine Zufälligkeit mehr ist. In der ›Fröhlichen Wissenschaft‹ hat Nietzsche eine Formulierung gefunden, die das wesentliche Paradoxon jeder Unterscheidung zwischen dem Selbst und dem wahren Selbst hervorhebt: *›Was sagt dein Gewissen?‹ – ›Du sollst der werden, der du bist.‹* An dieser These hält Nietzsche bis zuletzt fest; der vollständige Titel seines letzten Werkes lautet: ›Ecce homo. Wie man wird, was man ist‹.«[13]

In zahllosen Varianten äußert Nietzsche seine Auffassung, daß diese Macht, diese Expansion, dieses Wachstum, diese Verwirklichung der eigenen inneren Möglichkeiten im Handeln die zentrale Dynamik und Notwendigkeit des Lebens ist. Sein Werk steht hier in unmittelbarem Bezug zu dem Problem der Psychologie, welches der fundamentale Antrieb jedes Organismus ist, dessen Blokkierung zur Neurose führt: Es ist nicht der Wunsch nach Lustgewinn, Abbau libidinöser Spannung, nach Gleichgewicht oder Anpassung. Der fundamentale Antrieb ist vielmehr, die eigene »potentia« auszuleben. »*Nicht* nach Glück strebt der Mensch«, meint Nietzsche, »sondern nach *Macht.*«[14] Tatsächlich ist Glück für ihn nicht die Abwesenheit von Schmerz, sondern »das lebendigste Gefühl der Macht«,[15] und Lust ist ein »*Plus-Gefühl* von Macht«.[16] Auch Gesundheit sieht er als ein Nebenprodukt des Einsatzes von Macht, Macht, die hier spezifisch als die Fähigkeit beschrieben wird, Krankheit und Leiden zu überwinden.

Wir kommen zu Nietzsches Konzept des Seins, einem Grundprinzip seiner Philosophie. Sein ist eine »Verallgemeinerung«, schreibt er, »des Begriffs von Leben, von Wollen, Handeln und Werden«. Und an anderer Stelle heißt es: »Die Seele in ihrer Wesenheit sagt sich selbst: niemand kann die Brücke bauen, auf der gerade du den Fluß des Lebens überqueren mußt – niemand außer dir selbst. Natürlich gibt es zahllose Wege und Brücken und Halbgötter, die bereit sind, dich über den Fluß zu tragen, aber nur um den Preis deines eigenen Selbst. In der ganzen Welt gibt es nur einen bestimmten Weg, den niemand außer dir gehen kann. Wohin führt er? Frage nicht, sondern gehe ihn. Sobald jemand sagt: ›Ich möchte ich selbst bleiben‹, entdeckt er, daß dies ein furchtbarer Entschluß ist. Nun muß er in die Tiefen seiner Existenz hinabsteigen.«[17]

In den Vereinigten Staaten besteht die Tendenz, einen Gegensatz zwischen *Sein* und *Werden* herzustellen. Der letztere Begriff ist akzeptabler für amerikanische Psychologen: Abraham Maslow benutzte ihn ständig; Gordon Allport verwendete ihn im Titel eines Buches. »Werden« gilt als der dynamische, Bewegung und Wandel repräsentierende Zustand im Gegensatz zu dem, was fälschlicherweise als die ontologisch statische Qualität des Seins betrachtet wird. Ich halte das für einen Irrtum. Und interessanterweise kommt auch Nietzsche in seinen späteren Jahren zu dem gleichen Schluß. Er schreibt: »Im Werden ist alles hohl, illusorisch, flach; das Rätsel, das der Mensch lösen muß, kann nur durch Sein gelöst werden, ein Sein, das genau das ist, was es ist, und nicht zugrunde gehen kann. Der Mensch beginnt jetzt, die Tiefen seiner Verschmelzung mit dem Werden und dem Sein auszumessen.«[17a]

Nietzsche war in dem Sinne ein Naturalist, daß er stets versuchte, jede Lebensäußerung in den Gesamtzusammenhang aller Natur zu stellen, doch genau an diesem Punkt macht er klar, daß die menschliche Psychologie immer mehr ist als Biologie. Eine seiner wichtigsten existentiellen Grundüberzeugungen ist die These, daß die Werte des *menschlichen* Lebens sich nie automatisch ergeben. Der Mensch *kann sein eigenes Sein durch eigene Entscheidungen verlieren,* während ein Baum oder ein Stein dies nicht können. Das eigene Sein zu bejahen, schafft die Werte des Lebens. »Persönlichkeit, Wert und Würde sind ... uns nicht von der Natur als Tatsachen *gegeben,* sondern als Forderungen *aufgegeben*«, schreibt der Nietzsche-Forscher Walter Kaufmann.[18] Der gleiche Grundsatz spricht auch aus Tillichs Überzeugung, daß der Mut den Weg zum Sein öffnet: Wenn man nicht den »Mut zum Sein« hat, verliert man sein eigenes Sein. Und in extremer Form tritt er einem auch in Sartres Feststellung entgegen, daß ich meine Wahl *bin.*

In seinem Herangehen an die Frage der Gesundheit hat Nietzsche der zeitgenössischen Psychologie ebenfalls etwas zu sagen. Die Gesundheit ist kein bleibender Zustand, den manche vom Glück begünstigten Menschen erreichen (dies ist ein starker Trost für viele von uns, die wir einen Großteil unseres Lebens krank gewesen sind!). Gesundheit ist ein dynamischer Balanceakt im Ringen um die Überwindung von Krankheit. Der Künstler ist Künstler, weil er aus diesem Ringen zwischen Krankheit und Gesundheit seine Sensitivität bezieht. Oder wie Nietzsche es ausdrückt: »Der Geist wächst. Stärke erneuert sich durch Leiden.« Gesundheit ist die Fähigkeit, Krankheit zu überwinden. Dies bedeutet auf Nietzsches spätere Vorstellung von »Macht« als Fähigkeit des Künstlers hin, Krankheit und Leiden zu besiegen.

Wir finden bei Nietzsche auch eine beharrliche Absage an die gängige Vorstellung, Selbsterhaltung sei der höchste Wert des Lebens. Er überhäuft jene mit Spott, die sich für Darwinisten halten und nicht zu erkennen vermögen, daß es dem Menschen nicht darum geht, sein Potential zu erhalten, sondern vielmehr darum, es auszudrücken und zu entfalten.

Wo immer man Nietzsche aufschlägt, stößt man auf psychologische Einsichten, die nicht nur für sich genommen tiefschürfend und scharfsinnig sind, sondern auch erstaunliche Parallelen zu den psychoanalytischen Mechanismen aufweisen, die Freud bald darauf formulieren sollte. So stoßen wir beispielsweise in der 1887 verfaßten ›Genealogie der Moral‹ auf die Zeilen: »Alle Instinkte, welche sich nicht nach außen entladen, wenden sich nach innen – dies ist das, was ich die *Verinnerlichung* des Menschen nenne.«[19] Man stutzt und schaut zweimal hin angesichts dieser erstaunlich genauen Vorwegnahme von Freuds späterem Konzept der Verdrängung. Nietzsches zeitloses Thema war die Demaskierung der Selbsttäuschung. In dem erwähnten Essay entwickelt er Schritt für Schritt die These, daß Nächstenliebe und Sittlichkeit die Resultate von verdrängter Feindseligkeit und Ressentiments seien, daß ein schlechtes Gewissen die Folge sei, wenn die »potentia« des Individuums nach innen gekehrt werde. Lebhaft schildert er die »impotenten« Menschen, die voll aufgestauter Aggressionen sind: Das Glück der »Ohnmächtigen, Gedrückten, an giftigen und feindseligen Gefühlen Schwärenden« ist rein passiv und nimmt die Form betäubter Seelenruhe, des Streckens und Gähnens, des »Sabbats« und der emotionalen Schlaffheit an.[20] Diese nach innen gekehrte Aggression bricht in sadistischen Forderungen an andere aus – ein Vorgang, der in der Psychoanalyse als Symptombildung bezeichnet werden sollte. Und die Forderungen maskieren sich als Moral – ein Prozeß, den Freud später Reaktionsbildung nannte. Anfangs ist das schlechte Gewissen nach Nietzsches Ansicht nichts anderes als unterdrückter Freiheitsdrang, der gezwungen werde, seine Energie gegen sich selbst zu richten.

An anderen Stellen stoßen wir auf erstaunlich treffliche Formulierungen zur Sublimierung, ein Begriff, den Nietzsche erst – und vor Freud – genauer entwickelte. Über den Zusammenhang zwischen der kreativen Energie eines Menschen und seiner Sexualität sagt er, es könne gut sein, daß »somit die Sinnlichkeit beim Eintritt des ästhetischen Zustandes nicht aufgehoben ist, wie Schopenhauer glaubte, sondern sich nur transfiguriert und nicht als Geschlechtsreiz ins Bewußtsein tritt«.[21]

Nietzsche versichert, Lust entspringe nicht aus Unterwerfung und Selbstverleugnung, sondern aus Selbstbehauptung. »Lust ist nur ein Symptom«, schreibt er, »vom Gefühl der erreichten Macht.« Das Wesen der Lust sei ein Gefühl des Machtzuwachses. Weit davon entfernt, ein destruktiver, nihilistischer Denker zu sein, erweist Nietzsche sich bei eingehenderer Betrachtung als überaus konstruktiv. Und er ist konstruktiv in einer Weise, die für unsere heutige Zeit die einzig richtige zu sein scheint. Angesichts des Ausmaßes von Apathie – besser gesagt, neurotischer Apathie –, die in unserer Gesellschaft herrscht, und angesichts der Verdrängung, nicht nur von Angst, sondern mehr noch von Schuld, sind wir auf Nietzsches Botschaft dringend angewiesen. Dies ist der Grund, warum Nietzsche der Therapeut für die Therapeuten unserer Zeit ist.

Freud und Nietzsche

Welche Schlüsse können wir also aus den bemerkenswerten Parallelen zwischen den Ideen Nietzsches und Freuds ziehen? Die Ähnlichkeit war dem Kreis um Freud bekannt. An einem Abend des Jahres 1908 stand auf dem Programm der Wiener Psychoanalytischen Vereinigung eine Diskussion über Nietzsches ›Genealogie der Moral‹. Freud bemerkte, er habe versucht, Nietzsche zu lesen, aber dessen Denken so überreich gefunden, daß er den Versuch aufgegeben habe. Freud erklärte dann: »Nietzsche hat eine tiefere Selbsterkenntnis gehabt als je ein Mensch vor oder nach ihm.«[22] Dieses bei verschiedenen Gelegenheiten wiederholte Urteil sei kein geringes Kompliment vom Erfinder der Psychoanalyse, wie Freud-Biograph Ernest Jones bemerkt. Freud hatte immer ein starkes, aber ambivalentes Interesse an Philosophie; er mißtraute ihr, ja fürchtete sie sogar.[23] Jones hebt hervor, daß dieses Mißtrauen sowohl persönliche als auch intellektuelle Gründe gehabt habe. Einer dieser Gründe war sein Argwohn gegenüber fruchtloser intellektueller Spekulation – ein Punkt, in dem ihm Kierkegaard, Nietzsche und die anderen Existentialisten begeistert zugestimmt hätten. Freud meinte jedenfalls, daß sein eigener Hang zur Philosophie streng im Zaum gehalten werden müsse, und zu diesem Zweck bediente er sich des wirksamsten Mittels – der wissenschaftlichen Disziplin.[24] An anderer Stelle äußert Jones, die letzten Fragen der Philosophie seien Freud sehr nahe gewesen, trotz seines Bestrebens, sie auf Distanz zu halten, und obwohl er seiner Fähigkeit mißtraute, sie zu lösen.[25]

Nietzsches Werke mögen keinen unmittelbaren Einfluß auf Freud gehabt haben, aber sie beeinflußten ihn zweifellos indirekt. Es ist klar, daß die Ideen, die später in der Psychoanalyse formuliert wurden, am Ende des 19. Jahrhunderts in Europa »in der Luft lagen«. Die Tatsache, daß sich Kierkegaard, Nietzsche und Freud alle mit den gleichen Problemen der Angst, der Verzweiflung, der aufgespaltenen Persönlichkeit und den damit zusammenhängenden Symptomen befaßten, bestätigt meine frühere These, daß die Psychoanalyse und die existentielle Sichtweise menschlicher Krisen durch dieselben Probleme hervorgebracht wurden, beziehungsweise Antworten auf diese darstellten. Es ist keine Schmälerung der Genialität Freuds, darauf hinzuweisen, daß wahrscheinlich fast alle der speziellen Ideen, die später in der Psychoanalyse auftauchten, bei Nietzsche in größerer Breite und bei Kierkegaard in größerer Tiefe zu finden sind.

Aber das besondere Genie Freuds liegt in seiner Umsetzung dieser tiefenpsychologischen Einsichten in die naturwissenschaftlichen Begriffe seiner Zeit. Für diese Aufgabe war er hervorragend geeignet – seinem Temperament nach überaus objektiv und vom Verstand geleitet, unermüdlich und fähig, die endlosen Mühen auf sich zu nehmen, die seine systematische Arbeit erforderte. Er vollbrachte tatsächlich etwas Neues unter der Sonne – nämlich die neuen psychologischen Konzepte dem wissenschaftlichen Denken der westlichen Kultur einzuverleiben, so daß sie mit einer gewissen Objektivität erforscht werden konnten, daß man auf ihnen aufbauen konnte und daß sie innerhalb gewisser Grenzen lehrbar wurden.

Sind jedoch nicht gerade die Genialität Freuds und ebenso der Psychoanalyse auch deren größte Gefahr und ihr gravierendster Mangel? Denn die Übersetzung der tiefenpsychologischen Einsichten in die objektivierende Wissenschaft hatte Folgen, die man hätte voraussehen können. Eines dieser Resultate war die Eingrenzung dessen, was am Menschen untersucht wird, auf den Bereich, der mit den Mitteln dieser Wissenschaft zugänglich schien. Binswanger weist darauf hin, daß sich Freud nur mit dem »homo natura« befaßt habe und daß sich seine Methoden zwar hervorragend zur Erforschung der *Umwelt* eigneten, des biologischen Umfelds des Menschen, daß sie ihn aber gleichzeitig daran hinderten, die *Mitwelt*, den Menschen in seinen persönlichen Beziehungen zu seinen Mitmenschen, und die *Eigenwelt*, den Menschen in Beziehung zu sich selbst, vollends zu verstehen.[26] Eine weitere, noch schwerwiegendere praktische Folge war, wie wir später bei der Erörterung des Determinismus und der Passivität des Ichs sehen werden, eine erneute Tendenz, die Persönlichkeit zu objektivieren und so zu eben den Entwicklungen in der modernen Gesellschaft beizutragen, die die ursprünglichen Schwierigkeiten ausgelöst hatten.

Wir kommen jetzt zu einem sehr wichtigen Problem, und um es zu verstehen, müssen wir zunächst eine weitere Unterscheidung vornehmen, nämlich zwischen *Vernunft*, wie sie im 17. Jahrhundert und in der Aufklärung aufgefaßt wurde, und der *technischen Ratio* von heute. Freud vertrat einen Vernunftbegriff, der sich unmittelbar aus der Aufklärung ableitete – nämlich den der »ekstatischen Vernunft«. Und er setzte diese mit Wissenschaft gleich. Dieser Vernunftbegriff schließt die Zuversicht ein, daß mit der Vernunft als solcher alle Probleme zu durchdringen seien, wie bei Spinoza und den anderen Denkern des 17. und 18. Jahrhunderts zu sehen ist. Aber für diese Denker ging Vernunft auch mit der Fähigkeit einher, die unmittelbare Situation zu transzendieren, das Ganze zu erfassen, und Funktionen wie Intuition, Einsicht und dichterische Wahrnehmung wurden nicht rigide ausgeschlossen. Der Begriff umfaßte zugleich die Ethik: Vernunft bedeutete in der Aufklärung Gerechtigkeit. Mit anderen Worten: Vieles, was heute als »irrational« bezeichnet wird, war in dieser Vorstellung von Vernunft inbegriffen. Dies erklärt den ungeheuer festen und enthusiastischen Glauben, den man damals in die Vernunft setzen konnte. Aber gegen Ende des 19. Jahrhunderts war dieser ekstatische Charakter verlorengegangen, wie Tillich überzeugend demonstriert. Die Vernunft war zur »Rationalität«, zum Verstand geworden; sie hatte sich mit der Technik gepaart; man meinte, sie funktioniere am besten, wenn sie sich mit isolierten Problemen befasse, man betrachtete die Ratio als ein Anhängsel des industriellen Fortschritts und diesem unterworfen, sah den Verstand getrennt von Gefühlen und Willen, ja begriff ihn als Gegensatz zur Existenz. Und dies war dann schließlich der Verstand, den Kierkegaard und Nietzsche so vehement angriffen.

Freilich benutzt Freud den Begriff der Vernunft zeitweilig im ekstatischen Sinn, etwa, wenn er von der Vernunft als »unserer Rettung« spricht, sie als unseren »einzigen Ausweg« bezeichnet und dergleichen. Hier bekommt man das anachronistische Gefühl, daß seine Sätze unmittelbar von Spinoza oder einem anderen Schriftsteller der Aufklärung stammen. So versuchte er also einerseits, den ekstatischen Vernunftbegriff zu erhalten und eine Sicht des Menschen und der Vernunft zu bewahren, die über die Technik hinausgingen. Aber andererseits reduziert Freud die Vernunft, indem er sie mit der Wissenschaft gleichsetzt, auf die technische Ratio. Seine große Leistung war das Bemühen, die Fragmentierung des Menschen zu überwinden, indem er dessen irrationale Tendenzen ans Licht brachte, unbewußte, abgespaltene und verdrängte Aspekte der Persönlichkeit ins Bewußtsein hob und annehmbar machte. Doch die andere Stoßrichtung seines Denkens – die Gleichsetzung der Psychoanalyse mit technischer Ratio – ist ein Ausdruck genau jener Fragmentierung, die er zu heilen versuchte. Es ist nicht unfair zu sagen, daß in der späteren Entwicklung der Psychoanalyse, insbesondere nach dem Tode Freuds, die vorherrschende Haltung auf eine Ablehnung seiner Bestrebungen hinauslief, die Vernunft in ihrer ekstatischen Form zu retten, und stattdessen ausschließlich die technische Ratio zu akzeptieren.

Dieser Trend bleibt im allgemeinen unbemerkt, da er so gut mit den herrschenden Tendenzen in unserer Gesamtgesellschaft übereinstimmt. Aber wir haben bereits festgestellt, daß die Reduktion des Menschen und seiner Funktionen auf ihre technischen Aspekte einer der zentralen Faktoren für die Zerrissenheit des heutigen Menschen ist. Wir stehen somit vor einem kritischen und ernsten Dilemma. Theoretisch gesehen, vergrößert die Psychoanalyse (und andere Formen der Psychologie, soweit sie der technischen Ratio verpflichtet sind) selbst das Chaos in unserem Bild vom Menschen, dem wissenschaftlichen wie dem philosophischen. Praktisch betrachtet, besteht eine beträchtliche Gefahr, daß die Psychoanalyse sowie andere Formen der Psychotherapie und Anpassungspsychologie zu neuen Erscheinungsformen der Fragmentierung des Menschen werden; daß sie den Vitalitäts- und Bedeutungsverlust des Individuums verstärken, statt das Gegenteil zu erreichen; daß die neuen Psychotechniken die Gleichschaltung fördern und die Entfremdung des Menschen von sich selbst gesellschaftlich sanktionieren, statt ihr entgegenzuwirken; daß sie zum Ausdruck der weiteren Mechanisierung des Menschen werden, die jetzt mit höherer psychologischer Präzision und in größerem Maßstab auf der Ebene des Unbewußten kalkulierbar und kontrollierbar wird – daß die Psychoanalyse und die Psychotherapie generell zu einem Teil der Neurose unserer Zeit werden, statt deren Heilung zu ermöglichen. Dies wäre in der Tat eine äußerste Ironie der Geschichte. Es ist weder Schwarzseherei noch übertriebenes Pathos, auf diese Tendenzen hinzuweisen, die sich teilweise bereits auswirken. Es heißt nur, unsere historische Situation offen anzuschauen und die nötigen Konsequenzen daraus zu ziehen.

Wir sind nun in der Lage, die vorrangige Bedeutung der existentiellen Psychotherapie-Bewegung zu erkennen. *Genau diese Bewegung ist es, die sich dagegen auflehnt, Psychotherapie mit technischem Sachverstand gleichzusetzen.* Sie tritt dafür ein, die Psychotherapie auf ein Verständnis dessen zu gründen, was die Menschlichkeit des Menschen ausmacht; sie tritt dafür ein, Neurose in Begriffen dessen zu definieren, was die Fähigkeit des Menschen zerstört, sein eigenes Sein zu verwirklichen. Wir haben gesehen: Kierkegaard und Nietzsche sowie die Vertreter der ihnen folgenden existentiellen Bewegung gewannen nicht nur weitreichende und tiefgreifende psychologische Einsichten, die für sich genommen einen bedeutsamen Beitrag zum wissenschaftlichen Verständnis zeitgenössischer Seelenprobleme darstellen; sie leisteten auch noch etwas anderes – sie stellten diese Einsichten auf eine ontologische Grundlage, nämlich das Studium des *Menschen als Lebewesen, das diese besonderen Probleme hat.* Sie hielten dies für absolut unerläßlich, und sie fürchteten, daß die Unterordnung der Vernunft unter technische Probleme letztlich bedeuten würde, den Menschen nach dem Vorbild der Maschine umzumodeln. Die Wissenschaft wird zu einer Fabrik, hatte Nietzsche gewarnt, und das Resultat werde ethischer Nihilismus sein.

Die existentielle Psychotherapie ist die Bewegung, die, obwohl sie zur wissenschaftlichen Analyse steht, die wir in erster Linie dem Genie Freuds verdanken, das Verständnis des Menschen in einem tieferen und breiteren Sinn wieder ins Spiel bringt – des Menschen, der zur Humanität fähig ist. Sie geht dabei von der Annahme aus, daß es möglich ist, eine Wissenschaft vom Menschen zu betreiben, die den Menschen nicht zergliedert und im gleichen Augenblick, in dem sie ihn studiert, seine Menschlichkeit zerstört. Sie vereinigt Wissenschaft und Ontologie. Ich nehme daher nicht den Mund zu voll, wenn ich behaupte, daß wir hier nicht bloß eine neue Methode unter anderen erörtern, die man benutzen kann oder nicht oder die man in einem vagen, undifferenzierten Eklektizismus aufgehen lassen könnte. Die Fragen, die der psychotherapeutische Existentialismus stellt, zielen viel tiefer auf unsere heutige historische Situation.

Teil III
Beiträge zu Therapie und Selbsterfahrung

6 Sein und Nichtsein

Der fundamentale Beitrag der existentiellen Psychotherapie ist ihr Verständnis des menschlichen Lebens als *Dasein.* Sie leugnet nicht das Vorhandensein unbewußter Triebkräfte und verzichtet dort, wo es angebracht ist, nicht auf das Studium spezifischer Verhaltensmuster. Aber sie geht davon aus, daß Triebe oder dynamische Kräfte, wie auch immer man sie bezeichnet, nur im Kontext der Daseinsstruktur des jeweiligen Menschen zu verstehen sind. Was die Daseinsanalyse somit auszeichnet, ist, daß sie sich mit der *Ontologie,* der Wissenschaft vom Sein, und mit dem *Dasein,* der Existenz jenes besonderen einzelnen befaßt, der dem Psychotherapeuten gerade gegenübersitzt.

Bevor wir uns um Definitionen von *Sein* und verwandten Begriffen bemühen, sollten wir uns existentiell in Erinnerung rufen, daß das, worüber wir sprechen, eine Erfahrung ist, die jedem einfühlsamen Therapeuten mehrmals täglich widerfährt. Es ist die Erfahrung der momentanen Begegnung mit einem anderen Menschen, der auf einer ganz anderen Ebene für uns lebendig wird als der unseres Wissens *über* ihn. »Momentan« bezieht sich nicht auf eine Zeiteinheit, sondern auf die Qualität der Erfahrung. Wir wissen vielleicht eine ganze Menge über einen Patienten aus seiner Fallgeschichte und mögen auch eine ziemlich genaue Vorstellung davon haben, wie er von anderen Untersuchern beschrieben wurde. Aber wenn der Patient selbst hereinkommt, machen wir oft die plötzliche und manchmal sehr eindrucksvolle Erfahrung, daß hier ein neuer Mensch ist, eine Erfahrung, die normalerweise ein Element der Überraschung (surprise) enthält, nicht im Sinne von Bestürzung und Verwirrung, sondern im Sinn der (französischen) Wortwurzel »von oben genommen«. Dies ist keineswegs eine Kritik an den Fallberichten der jeweiligen Kollegen; denn wir machen diese Erfahrung der Begegnung auch mit Personen, die wir schon seit langem kennen oder mit denen wir oft zusammengearbeitet haben. Wir können sie auch mit Freunden und Liebespartnern erleben. Es ist keine Erfahrung, die man ein für allemal macht; tatsächlich kann sie in jeder sich entwickelnden, sich entfaltenden Beziehung ständig neu auftreten – ja sie sollte dies wohl, wenn die Beziehung lebendig ist.

Die Dinge, die wir *über* den Patienten erfahren haben, mögen zutreffend und durchaus wissenswert gewesen sein. Worauf es ankommt, ist jedoch, daß wir das *Dasein des anderen auf einer Ebene erfassen, die sich grundlegend von jener unterscheidet, auf der wir spezifische Informationen über ihn haben.* Natürlich ist die Kenntnis der Antriebe und Mechanismen, die sich im Verhalten des anderen auswirken, nützlich; die Bahnen zu kennen, in denen seine persönlichen Beziehungen verlaufen, ist höchst bedeutsam; Informationen über seine soziale Lerngeschichte sowie die Bedeutung bestimmter Gesten und symbolischer Handlungen sind sinnvoll und so weiter ad infinitum. Aber all dies rückt auf eine andere Ebene, wenn wir dem übergreifenden, dem realsten Faktum überhaupt gegenüberstehen – nämlich der unmittelbaren lebendigen Person selbst. Wenn wir bemerken, daß unser ganzes umfangreiches Wissen über die Person bei dieser Konfrontation plötzlich eine neue Gestalt annimmt, dann bedeutet das nicht, daß unser Wissen falsch war; es heißt vielmehr, daß es seinen Sinn, seine Form und Bedeutung erst durch die Wirklichkeit der Person erhält, die sich in diesen spezifischen Dingen ausdrückt.

Nichts von dem, was ich hier feststelle, soll auch nur im geringsten bestreiten, daß es wichtig ist, ernsthaft alle spezifischen Daten zu sammeln und zu prüfen, die wir uns über den Betreffenden verschaffen können. Dies ist nur vernünftig. Aber ebensowenig kann man seine Augen vor der Erfahrungstatsache verschließen, daß sich diese Daten erst in der Begegnung mit dem Menschen selbst zu einer Konfiguration zusammenfügen. Das wird auch durch eine Erfahrung veranschaulicht, die wohl jeder Therapeut schon bei Erstgesprächen mit Patienten gemacht hat; wir sagen vielleicht, daß wir noch kein »Gefühl« für den anderen hätten und das Gespräch weiterführen müßten, bis die Daten in unserem Bewußtsein ihre Gestalt angenommen haben. Dieses »Gefühl« bekommen wir besonders dann nicht, wenn wir selbst dem anderen feindselig begegnen oder die Beziehung ablehnen – das heißt, den anderen aussperren –, so scharfsinnig wir ihn in dem Augenblick auch analysieren mögen. Dies ist der klassische Unterschied zwischen *knowing* (kennen/erkennen) und *knowing about* (wissen über). Wenn wir jemanden erkennen wollen, müssen wir unser Wissen *über* ihn dem umfassenderen Faktum seiner tatsächlichen Existenz unterordnen.

Im Altgriechischen und Hebräischen bedeutet das Verb *erken-*

nen gleichzeitig auch »beischlafen«: »Abraham erkannte sein Weib, und sie gebar...« Zwischen Erkennen und Lieben besteht also ein sehr enger etymologischer Zusammenhang. Einen anderen Menschen zu erkennen, setzt ebenso, wie ihn zu lieben, eine Art von Vereinigung voraus, eine dialektische Teilhabe am anderen. Binswanger nennt dies den »dualen Modus«. Auf eine Formel gebracht: Man muß zumindest die Bereitschaft haben, den anderen zu lieben, wenn man fähig sein will, ihn zu verstehen.

Die Begegnung mit dem Dasein eines anderen Menschen ist imstande, einen bis in die Grundfesten zu erschüttern, und sie weckt unter Umständen starke Angst. Sie kann uns auch froh machen. In jedem Fall vermag sie uns zu packen und tief zu bewegen. Der Therapeut kann verständlicherweise versucht sein, sich um seiner eigenen Seelenruhe willen aus der Beziehung herauszuhalten, indem er den anderen bloß als »Patienten« betrachtet oder sich nur auf bestimmte Verhaltensmechanismen konzentriert. Aber wenn die technische Sichtweise im Verhältnis zum anderen vorherrscht, hat man sich offensichtlich gegen die Angst abgeschirmt, um den Preis nicht nur der Isolierung vom anderen, sondern auch der radikalen Verzerrung der Realität. Denn man *sieht* den anderen dann nicht wirklich. Es ist keine Schmälerung des Wertes der Technik, darauf hinzuweisen, daß die Technik ebenso wie die Daten in jedem Fall der Realität von zwei Personen in einem Raum untergeordnet werden muß.

Diesen Punkt hat, auf etwas andere Weise, Sartre eindrucksvoll herausgearbeitet. Er schreibt: »Wenn wir den Menschen für fähig halten, analysiert und auf Originaldaten reduziert zu werden, auf determinierte Triebe (oder ›Begierden‹), die vom Subjekt als Eigenschaften eines Objekts getragen werden«, könnten wir tatsächlich am Ende ein imposantes System von Substanzen vor uns haben, die wir Mechanismen, Dynamiken oder Verhaltensmuster nennen können. Aber wir befinden uns dann in einem Dilemma. Der von uns studierte Mensch hat sich »in eine Art von unbestimmtem Lehmklumpen« verwandelt, »der (die Begierden) passiv empfangen müßte – oder er wäre reduziert auf ein simples Bündel dieser irreduziblen Triebe oder Tendenzen. In beiden Fällen verschwindet *der Mensch;* wir finden ›den einzelnen‹ nicht mehr, dem diese oder jene Erfahrung zugestoßen ist.«[1]

Es ist schwierig genug, Definitionen von *Sein* und *Dasein* zu geben, aber unsere Aufgabe wird dadurch doppelt erschwert, daß diese Begriffe und das, was in ihnen mitschwingt, auf großen Widerstand stoßen. Manche Leser mögen den Eindruck haben, diese Worte seien nur eine neue Form von »Mystizismus« (im abwertenden und ganz unrichtigen Sinn von »nebulös« gebraucht) und hätten nichts mit Wissenschaft zu tun. Aber mit dieser Haltung weicht man schlicht der gesamten Problematik aus, indem man sie pauschal abwertet. Interessanterweise wird der Begriff *mystisch* in diesem abfälligen Sinn auf alles angewandt, was wir nicht zergliedern, messen und zählen können. Dahinter steht die merkwürdige Überzeugung, ein Ding oder eine Erfahrung seien nicht wirklich, wenn wir sie nicht in eine mathematische Formel pressen können, und umgekehrt, etwas müsse wirklich sein, wenn es sich auf Zahlen reduzieren läßt. Aber das bedeutet, eine Abstraktion daraus zu machen – Mathematik ist die Abstraktion par excellence, was ja in der Tat ihren Nimbus und ihre große Nützlichkeit ausmacht. Der heutige westliche Mensch befindet sich somit in der seltsamen Situation, daß er, nachdem er etwas zu einer Abstraktion reduziert hat, sich dann einreden muß, es sei real. Dies ist eng mit dem Gefühl der Isolierung und Einsamkeit verknüpft, das in der modernen westlichen Welt um sich greift; denn die einzigen Erfahrungen, die wir als wirklich zu betrachten bereit sind, sind diejenigen, die genau das nicht sind. Wir leugnen so die Realität unserer eigenen Erfahrungen. Der Begriff *mystisch* wird derart abwertend meist im Dienste der Verschleierung gebraucht; ein Thema durch Herabsetzung zu vermeiden, ist sicher nichts anderes, als es zu verdunkeln. Entspricht es nicht viel eher der wissenschaftlichen Haltung, klar sehen zu wollen, worüber wir sprechen, und dann herauszufinden, welche Begriffe oder Symbole diese Realität am besten, mit der geringsten Verzerrung, beschreiben können? Es sollte uns nicht sonderlich überraschen festzustellen, daß »Sein« zu der gleichen Kategorie von Realität gehört wie »Liebe« und »Bewußtsein« (um zwei weitere Beispiele zu nennen), die wir nicht zergliedern oder von der wir nicht abstrahieren können, ohne genau das aus dem Auge zu verlieren, was wir untersuchen wollten. Dies enthebt uns jedoch nicht der Aufgabe, diese Phänomene wenigstens versuchsweise zu verstehen und zu beschreiben.

Eine noch ernstere Quelle des Widerstands ist etwas, das die gesamte moderne westliche Gesellschaft durchzieht – nämlich das psychische Bedürfnis, die Beschäftigung mit dem »Sein« völlig zu vermeiden und in gewisser Weise zu verdrängen. Im Gegensatz zu anderen Kulturen, die sich mit dem Sein sehr eindringlich befassen – insbesondere die indische und ostasiatische –, und zu anderen historischen Epochen, die sich damit auseinandergesetzt haben, ist es für unsere Epoche im Westen kennzeichnend, wie Gabriel Marcel bemerkte, daß ein »Gespür des Ontologischen – das Gefühl des Seins – fehlt. Der heutige Mensch ist ganz allgemein in diesem Zustand; wenn ihn ontologische Fragen überhaupt berühren, dann ist dies nur ein dumpfer, dunkler Impuls.«[2] Marcel weist auf etwas hin, das viele Forscher hervorgehoben haben: Dieser Verlust des Daseinsgefühls hängt einerseits mit unserer Tendenz zusammen, die Existenz der Funktion unterzuordnen; ein Mensch (er)kennt sich nicht als Mensch oder Selbst, sondern als Fahrkartenverkäuferin in der U-Bahn, als Kaufmann, als Professor, als stellvertretender Direktor einer Firma oder was auch immer seine oder ihre Funktion in Wirtschaft und Gesellschaft sein mag. Und auf der anderen Seite ist dieser Verlust des Existenzgefühls durch den Trend zum Massenkollektiv und die verbreiteten konformistischen Tendenzen in unserer Gesellschaft bedingt. Marcel konfrontiert uns mit der radikalen Herausforderung: *»Tatsächlich frage ich mich, ob eine psychoanalytische Methode, die tiefer und gründlicher schürft als alle bisherigen, nicht den krankmachenden Effekt der Verdrängung dieses Gefühls und der Ignorierung dieses Bedürfnisses offenbaren würde.«*[3]

»Was die Definition des Wortes ›Sein‹ betrifft«, fährt Marcel fort, »so gebe ich gern zu, daß sie äußerst schwierig ist; ich würde lediglich diese Herangehensweise vorschlagen: Sein ist, was sich einer erschöpfenden Analyse entzieht – oder entziehen würde –, die von den Erfahrungsdaten ausgeht und darauf abzielt, diese Schritt für Schritt auf Elemente von geringerem Eigenwert beziehungsweise entleerter Bedeutung zu reduzieren. (Eine Analyse dieser Art wird in den theoretischen Werken von Freud versucht.)«[4] Diesen letzten Satz interpretiere ich so: Wenn wir die Freudsche Analyse bis ins letzte Extrem treiben und beispielsweise alles über Triebe, Instinkte und unbewußte Mechanismen in Erfahrung bringen, dann haben wir alles *außer* dem Sein. Das Sein ist der unerklärte Rest. Es ist das, worauf sich dieses unerhört komplexe System bestimmender Faktoren in einer Person gründet, der die Erfahrungen zustoßen und die über ein Stückchen Freiheit verfügt – und sei es noch so winzig –, sich bewußt zu werden, daß diese Kräfte auf sie einwirken. Es ist der Bereich, in dem sie potentiell fähig ist, innezuhalten, bevor sie reagiert, und somit einiges Augenmerk darauf zu legen, ob ihre Reaktion diese oder jene Richtung einschlägt. Dies ist daher auch der Bereich, in dem der Mensch niemals ein bloßes Bündel von Trieben und festgelegten Verhaltensformen ist.

Der Begriff, den die existentiellen Therapeuten für den besonderen Charakter der menschlichen Existenz verwenden, ist *Dasein.* Binswanger, Kuhn und andere bezeichnen ihre Schule als *Daseinsanalyse.* Das aus *da* und *sein* zusammengesetzte Wort *Dasein* bezeichnet den Menschen als das Lebewesen, das *da ist,* und beinhaltet auch, daß er ein »Da« *hat* in dem Sinne, daß er von seinem Dasein wissen und zu diesem Faktum einen Standpunkt einnehmen kann. Dieses »Da« ist darüber hinaus nicht irgendein beliebiger Ort, sondern mein spezifisches »Da«, der jeweilige Punkt meiner Existenz im jeweiligen Augenblick *in der Zeit* wie auch im Raum. Der Mensch ist das Lebewesen, das sich seiner Existenz bewußt werden und daher für diese verantwortlich sein kann. Diese Fähigkeit, sich seines eigenen Seins bewußt zu werden, unterscheidet den Menschen von anderen Lebewesen. Die existentiellen Therapeuten sehen den Menschen nicht nur als »Sein an sich«, was alle Lebewesen sind, sondern auch als »Sein für sich«. Binswanger spricht von *Daseins*wahl, für ihn ist der Mensch »die Person, die für ihre Daseinswahl verantwortlich ist«.

Die volle Bedeutung des englischen Begriffes »human being« wird klarer, wenn sich der Leser daran erinnert, daß »being« ein Partizip des Verbums »to be« (sein) ist, eine Verbform, die besagt, daß jemand *im Begriff* ist, *etwas zu sein.* Als Hauptwort ohne Artikel gebraucht, hat der Begriff »being« im Englischen bedauerlicherweise den Beigeschmack einer statischen Substanz, und wenn es mit dem unbestimmten Artikel verwendet wird als »a being«, dann bezieht es sich gewöhnlich auf eine bestimmte Entität, ein *Wesen,* das als Einheit anzusehen ist. *Sein* sollte, als Hauptwort, eher im Sinne von »potentia«, die Quelle der inneren Kraft, verstanden werden; Sein ist die Potentialität, die Möglichkeit, durch die aus der Eichel eine Eiche wird und jeder einzelne von uns zu dem wird, was er in Wahrheit ist. Und in einem spezifischen Sinn gebraucht hat das Wort »Sein« immer die dynamische Konnotation eines Lebewesens, das sich in einem Veränderungsprozeß befindet, der Person, die gerade etwas ist. Vielleicht drückt daher das Wort »*becoming*« (Werden) im englischen Sprachraum die Bedeutung dieses Begriffes besser aus, trotz der Schwierigkeiten, die wir im fünften Kapitel erwähnt haben. Wir können einen anderen Menschen nur verstehen, wenn wir sehen, worauf er sich hinbewegt, was er im Begriff ist zu werden; und wir können uns selbst nur erkennen, wenn wir »unsere ›potentia‹ in Handlung umsetzen«. Die entscheidende Zeitform für den Menschen ist daher das *Futur* – das heißt, die zentrale Frage ist, worauf ich gerichtet bin, was ich in der unmittelbaren Zukunft sein werde.

Sein im menschlichen Sinn ist somit nicht etwas ein für allemal Gegebenes. Es entfaltet sich nicht automatisch wie die Eiche aus der Eichel. Denn ein besonderes und unabtrennbares Element des Menschseins ist das Bewußtsein des eigenen Selbst. Der Mensch ist das einzige Lebewesen, das sich seiner selbst bewußt sein muß, das die Verantwortung für sich selbst übernehmen muß, wenn es sich selbst verwirklichen soll. Er ist auch jenes Lebewesen, das weiß, daß es in irgendeinem künftigen Augenblick nicht mehr sein wird; er ist das Lebewesen, das immer in einer dialektischen Beziehung zum Nichtsein, zum Tod steht. Und er weiß nicht nur, daß er eines Tages nicht mehr sein wird, sondern er kann durch eigene Entscheidung sein Dasein wegwerfen oder es verwirken. »Sein und Nichtsein« – das »und« in der Überschrift dieses Kapitels ist kein Druckfehler – ist keine Wahl, die man ein für allemal trifft, wenn man den Freitod erwägt; es ist bis zu einem gewissen Grad eine Entscheidung, die man in jedem Augenblick trifft. Die tiefgründige Dialektik in der menschlichen Bewußtheit des eigenen Seins hat Pascal mit unvergleichlicher Schönheit ausgedrückt: »Der Mensch ist nur ein Schilfrohr, das schwächste der Natur; aber er ist ein denkendes Schilfrohr. Es ist nicht nötig, daß das ganze Weltall sich waffne, ihn zu zermalmen: ein Dampf, ein Wassertropfen genügen, um ihn zu töten. Aber wenn das Weltall ihn zermalmte, so wäre der Mensch noch edler als das, was ihn tötet, denn er weiß, daß er stirbt, und kennt die Überlegenheit, die das Weltall über ihn hat; das Weltall weiß nichts davon.«[5]

Um zu veranschaulichen, was es für einen Menschen bedeutet, sein eigenes Sein zu erleben, möchte ich eine Fallgeschichte heranziehen. Die Patientin, eine intelligente achtundzwanzigjährige Frau, besaß in besonderem Maß die Gabe auszudrücken, was in ihr vorging. Sie hatte sich wegen schlimmer Angstanfälle in geschlossenen Räumen, schweren Selbstzweifeln und Wutausbrüchen, die manchmal unbeherrschbar waren, in Psychotherapie begeben.[6] Als uneheliches Kind war sie von Verwandten in einem kleinen Dorf im Südwesten Amerikas aufgezogen worden. Ihre Mutter hatte sie, wenn sie ärgerlich war, als Kind oft an ihre Herkunft erinnert, hatte ihr von den Versuchen, sie abzutreiben, erzählt und hatte sie im Streit angeschrien: »Wenn du nicht zur Welt gekommen wärst, dann müßten wir das nicht durchmachen!« Andere Verwandte hatten bei Familienzwisten das Kind angebrüllt: »Warum hast du dich nicht umgebracht?« und »Man hätte dich erwürgen sollen an dem Tag, als du geboren wurdest!« Später, als junge Frau, hatte sich die Patientin aus eigener Initiative eine gute Schulbildung verschafft.

Im vierten Monat der Therapie hatte sie den folgenden Traum: »Ich befand mich unter vielen Menschen. Sie hatten keine Gesichter; sie waren wie Schatten. Es schien wie eine Wildnis von Menschen. Dann sah ich, daß da jemand in der Menge war, der Mitgefühl für mich hatte.« In der nächsten Sitzung berichtete sie, daß sie am Tag zuvor ein überaus wichtiges Erlebnis gehabt habe. Ich berichte es hier, wie sie es zwei Jahre später aus dem Gedächtnis und anhand von Notizen niederschrieb:

Ich erinnere mich, daß ich an diesem Tag in einer Slumgegend unter den Pfeilern der Stadtbahn entlangging und den Gedanken auf mich wirken ließ: »Ich bin ein uneheliches Kind.« Ich erinnere mich, daß mir bei dem Versuch, diese Tatsache zu akzeptieren, der Angstschweiß ausbrach. Da begriff ich, wie man sich fühlen muß, wenn man sich damit abzufinden sucht: »Ich bin ein Neger inmitten privilegierter Weißer« oder »Ich bin blind inmitten von Sehenden«. Später wachte ich in der Nacht auf, und ich sagte mir: »Ich akzeptiere die Tatsache, daß ich ein uneheliches Kind bin.« Aber: »Ich bin kein Kind mehr.« Also muß es heißen: »Ich bin unehelich.« Das stimmt auch nicht: »Ich wurde unehelich geboren.« Was bleibt davon übrig? Was übrig bleibt, ist: *»Ich Bin.«* Durch diesen Akt des Kontakts und Einverständnisses mit »Ich bin« empfand ich (ich glaube, zum ersten Mal): »Da ich bin, habe ich das Recht zu sein.«

Was für eine Erfahrung ist das? Es ist eine Grunderfahrung – man fühlt sich, als erhalte man die Besitzurkunde zum eigenen Haus. Es ist die Erfahrung der eigenen Lebendigkeit, die sich nicht darum kümmert, ob sie sich als beständiges Ion oder bloß als vergängliche Welle erweisen wird. Es ist wie damals, als ich, noch ein sehr kleines Kind, im Inneren eines Pfirsichs auf den Stein stieß und ihn aufschlug, ohne zu wissen, was ich vorfinden würde, und dann die Verwunderung über den inneren Kern empfand, der mir trotz seiner bitteren Süße schmeckte ... Es ist wie ein Segelboot, das im Hafen vor Anker liegt und, selbst aus irdischen Dingen bestehend, durch seinen Anker wieder mit der Erde in Berührung kommt, mit dem Boden, aus dem sein Holz wuchs; es kann seinen Anker lichten, um fortzusegeln, aber es kann auch immer wieder seinen Anker werfen, um einen Sturm abzuwettern oder ein wenig auszuruhen ... Es ist meine Antwort an Descartes: *Ich bin, also denke ich,* fühle ich, tue ich.«

Es ist wie ein Axiom in der Geometrie – es nie zu erleben, wäre wie die Teilnahme an einem Geometrielehrgang, ohne das erste Axiom zu kennen. Es ist, als ginge ich in meinen eigenen Garten Eden, wo ich jenseits von Gut und Böse und allen anderen menschlichen Begriffen bin. Es ist die Erfahrung der dichterischen Welt der Intuition, der Mystiker, nur daß wir statt des reinen Gefühls der Vereinigung mit Gott die Vereinigung mit unserer eigenen Existenz empfinden. Es ist, als besäße man Aschenputtels Schuh und suche in der ganzen Welt nach dem Fuß, dem er paßt, bis man plötzlich begreift, daß der eigene Fuß der einzige ist, für den er geschaffen ist. Es ist der Stoff, aus dem die greifbaren Tatsachen sind. Es ist wie der Globus, bevor sich die Gebirge und Ozeane und Kontinente darauf gebildet haben. Es ist wie ein Kind, das im Sprachunterricht das Subjekt in einem Satz findet – wobei das Subjekt in diesem Fall das eigene Leben ist. Man hört dadurch auf, sich wie eine Theorie gegenüber dem eigenen Selbst zu fühlen ...

Ich bezeichne dies als *die Erfahrung »Ich bin«.*[7] Diese eine Phase eines komplexen Falles, von der Betroffenen eindringlich und schön beschrieben, veranschaulicht die Entstehung und Festigung des Daseinsgefühls in einem Menschen. Diese Erfahrung ist bei dieser Frau um so ausgeprägter wegen der offenkundigen Bedrohung ihres Daseins, die sie als illegitimes Kind erlebt hatte, und weil sie die dichterische Ausdruckskraft besitzt, ihre Erfahrung zwei Jahre später rückblickend darzustellen. Ich glaube jedoch nicht, daß sich ihre Erfahrung dadurch fundamental von dem unterscheidet, was Menschen, seien sie normal oder neurotisch, im allgemeinen durchmachen.

Ich möchte vier abschließende Bemerkungen über die Erfahrung anfügen, die dieser Fall verdeutlicht. Erstens, die Ich-bin-Erfahrung ist als solche keine Lösung für die Probleme eines Menschen; sie ist vielmehr die *Voraussetzung* für deren Lösung. Diese Patientin verbrachte danach etwa zwei Jahre mit dem Durcharbeiten ihrer speziellen psychologischen Probleme, wozu sie durch diese Erfahrung ihrer eigenen Existenz fähig war. Das Erreichen dieses Daseinsgefühls ist im weitesten Sinn ein Ziel jeder Therapie, aber genauer gesagt stellt es eine Beziehung zum eigenen Selbst und zur eigenen Umwelt her, eine Erfahrung der eigenen Existenz (einschließlich der eigenen Identität), die eine Voraussetzung für die Durcharbeitung spezifischer Probleme bildet. Es ist, wie die Patientin schrieb, die »Grundtatsache«, eine *Ur*erfahrung. Sie ist nicht gleichzusetzen mit der Entdeckung der eigenen Kräfte und Fähigkeiten – wenn der Patient beispielsweise herausfindet, daß er malen oder schreiben kann, daß er erfolgreich arbeiten oder ein erfülltes Sexualleben gewinnen kann. Von außen betrachtet, mag es scheinen, daß die Entdeckung spezifischer Fähigkeiten und die Erfahrung des eigenen Daseins Hand in Hand gehen, aber das letztere ist die Grundlage, das Fundament, die psychologische Voraussetzung des ersteren.

Es ist zu befürchten, daß Lösungen für bestimmte Probleme, die in der Psychotherapie gefunden werden und denen diese Ich-bin-Erfahrung nicht vorausgegangen ist, mehr oder weniger stark eine Pseudoqualität anhaftet. Die neuen »Kräfte«, die der Patient entdeckt, können von ihm lediglich als Ausgleich erlebt werden – das heißt, als Beweise, daß er persönlichen Wert hat, obwohl er dies auf einer tieferen Ebene bezweifelt, da ihm immer noch die Grundüberzeugung fehlt: »Ich bin, daher denke ich, daher handle ich.« Und wir könnten uns durchaus fragen, ob solche kompensatorischen Lösungen nicht auf ein bloßes Eintauschen eines Abwehrsystems gegen ein anderes, eines Begriffssystems gegen ein anderes hinauslaufen, ohne daß der Patient sich je als lebendig existierend, wichtig und wertvoll erlebt. In diesem Zustand explodiert der Patient zwar nicht mehr vor Zorn, er »sublimiert« oder »verinnerlicht« oder »stellt Beziehung her«, aber immer noch, ohne daß diese Akte in seiner eigenen Existenz verwurzelt sind.

Zweitens möchte ich anmerken, daß die Ich-bin-Erfahrung dieser Patientin nicht durch die Übertragungsbeziehung zu erklären ist. Daß eine positive Übertragung, ob sie sich nun auf den Therapeuten oder den Ehemann richtet,[8] im obigen Fall offensichtlich vorhanden ist, wird deutlich an dem beredten Traum der vorangegangenen Nacht, in dem es einen Menschen in der entfremdeten Masse gab – ich nehme an, dies war ich selbst, der Therapeut –, der Mitgefühl für sie hatte. In dem Traum zeigt sie zwar, daß sie die Ich-bin-Erfahrung nur machen kann, wenn sie einem anderen Menschen vertraut. Aber das erklärt nicht die Erfahrung als solche. Es könnte gut sein, daß die Möglichkeit des Angenommenwerdens durch einen anderen und des Vertrauens zu einem anderen für jeden Menschen eine notwendige Bedingung für die Ich-bin-Erfahrung ist. Doch das Gewahrwerden des eigenen Seins vollzieht sich letztlich auf der Ebene des Selbst-Begreifens; es ist die Erfahrung des *Daseins,* die als Selbst-Bewußtheit erlebt wird. Sie ist wesensgemäß nicht in sozialen Kategorien zu erklären. Das Angenommensein durch einen anderen Menschen wie den Therapeuten vermittelt dem Patienten, daß er seine Hauptschlacht nicht mehr an der Front zu führen braucht, ob ihn jemand anderer oder die Welt akzeptieren kann; das Angenommensein *befreit* ihn für die Erfahrung seines eigenen Seins. Dieser Punkt ist wegen des weitverbreiteten Irrtums hervorzuheben, die Erfahrung des eigenen Seins werde automatisch folgen, wenn man nur von jemand anderem angenommen sei. Dies ist der Grundirrtum mancher Formen von »Beziehungstherapie«. Die Haltung »Wenn ich dich liebe und akzeptiere, so ist das alles, was du brauchst« kann im Leben und in der Therapie zu verstärkter Passivität führen. Die entscheidende Frage ist, was der Betroffene selbst, im vollen Bewußtsein der eigenen Existenz und seiner Verantwortlichkeit für diese, mit dem Faktum macht, daß er akzeptiert werden kann.

Meine dritte Bemerkung ergibt sich unmittelbar daraus, daß das *Sein* eine Kategorie ist, die nicht auf die Verinnerlichung sozialer und ethischer Normen reduziert werden kann. Es steht, um Nietzsches Formulierung zu benutzen, »jenseits von Gut und Böse«. In dem Maß, in dem mein Daseinsgefühl authentisch ist, ist es eben genau *nicht,* was andere für mich als richtig befunden haben, sondern es ist der eine archimedische Punkt, auf dem ich fest stehen kann und von dem aus ich das beurteile, was die Eltern und andere Autoritäten von mir fordern. Tatsächlich *entsteht zwanghafter und rigider Moralismus bei bestimmten Personen gerade aufgrund ihres mangelnden Daseinsgefühls.* Rigider Moralismus ist ein Kompensationsmechanismus, durch den sich das Individuum selbst überredet, die äußeren Sanktionen zu übernehmen, da es keine fundamentale Gewißheit hat, daß seine eigenen Entscheidungen aus sich selbst heraus gerechtfertigt sein könnten. Damit sollen nicht die enormen sozialen Einflüsse auf die Moral jedes einzelnen geleugnet werden, ich will damit nur sagen, daß das Daseinsgefühl nicht völlig auf solche Einflüsse reduziert werden kann. Das Daseinsgefühl ist *kein Über-Ich*-Phänomen. Vielmehr gibt dieses Daseinsgefühl dem Menschen die Grundlage für eine Selbstachtung, die nicht bloß der Widerschein von Meinungen anderer über ihn ist. Denn wenn man Selbstachtung langfristig auf sozialer Zustimmung basieren muß, dann ist das keine Selbstachtung, sondern eine etwas differenziertere Form der sozialen Anpassung. Es kann nicht nachdrücklich genug gesagt werden, daß das eigene Daseinsgefühl, wenn es auch mit sozialen Beziehungen aller Art verwoben ist, im Grunde nicht das Produkt sozialer Kräfte ist; es setzt immer eine *Eigenwelt* voraus, ein Begriff, auf den ich noch eingehen werde.

Meine vierte Bemerkung betrifft die wichtigste Überlegung von allen, nämlich, daß die Ich-bin-Erfahrung nicht mit dem gleichzusetzen ist, was in verschiedenen Kreisen als »Funktionieren des Ichs« bezeichnet wird. Das heißt, es ist ein Irrtum, das Gewahrwerden des eigenen Seins als ein Stadium der »Ich-Entwicklung« zu definieren. Wir müssen uns nur vor Augen halten, was das Konzept des »Ichs« in der klassischen analytischen Tradition bedeutet hat, um zu erkennen, warum dies so ist. Das Ich wurde traditionell als eine relativ schwache, schattenhafte, passive und abgeleitete Instanz betrachtet, im großen und ganzen als Begleiterscheinung anderer, mächtigerer Prozesse. Es ist »vom Es durch Modifikationen abgeleitet, die ihm von der äußeren Welt auferlegt werden« und ist der »Repräsentant der äußeren Welt«.[9] »Was wir das Ich nennen, ist im wesentlichen passiv«, sagt Georg Groddeck, eine Feststellung, die Freud zustimmend zitiert.[10] Zwar wurde in der mittleren Periode der psychoanalytischen Theorie dem Ich verstärkt Bedeutung beigemessen, aber hauptsächlich als einem Aspekt des Studiums der Abwehrmechanismen; der ursprünglich von allen Seiten eingeengte Spielraum des Ichs erweiterte sich in erster Linie um die negativen Abwehrfunktionen. Es »steht im Dienste dreier Herren und wird entsprechend durch drei Gefahren bedroht: die Außenwelt, die Libido des Es, die Strenge des Über-Ichs«.[11] Freud bemerkte oft, daß das Ich schon sehr zufrieden sein könne, wenn es ihm gelingt, in seinem turbulenten Haus wenigstens eine gewisse Harmonie zu wahren.

Wenn wir einen Augenblick überlegen, wird uns klarwerden, welch großer Unterschied zwischen diesem Ich und der Ich-bin-Erfahrung besteht, dem Daseinsgefühl, von dem wir gesprochen haben. Das letztere ereignet sich auf einer fundamentaleren Ebene und ist eine Voraussetzung für die Ich-Entwicklung. Das Ich ist *ein* – traditionell, wie gesagt, relativ schwacher – *Teil,* während sich das Daseinsgefühl auf sämtliche Erfahrungen, sowohl unbewußte als auch bewußte, bezieht und keinesfalls bloß das Agens der Bewußtheit ist. Das Ich ist eine Reflexion der Außenwelt; das Daseinsgefühl wurzelt in der Erfahrung der eigenen Existenz, und wenn es lediglich eine Spiegelung, ein Widerschein der äußeren Welt ist, dann ist es eben nicht das Gefühl meiner eigenen Existenz. Mein Daseinsgefühl ist *nicht* meine Fähigkeit, die Außenwelt zu erkennen, zu bewerten, die Realität zu beurteilen; es ist vielmehr meine Fähigkeit, mich selbst als ein Individuum in der

Welt zu sehen, *mich als das Individuum zu erkennen, das diese Dinge tun kann.* In diesem Sinn ist es eine Voraussetzung dessen, was man als »Ich-Entwicklung« bezeichnet. Das Ich ist das *Subjekt* in der Subjekt-Objekt-Beziehung; das Daseinsgefühl entsteht auf einer Ebene, die *vor* dieser Dichotomie liegt. Dasein bedeutet nicht, »Ich bin das Subjekt«, sondern, »Ich bin das Individuum, das sich unter anderem als das Subjekt der Ereignisse erkennen kann«. Das Daseinsgefühl ist ursprünglich nicht gegen die Außenwelt gesetzt, aber es muß die Fähigkeit einschließen, sich nötigenfalls gegen die Außenwelt zu stellen, ebenso wie es die Fähigkeit einschließen muß, dem Nichtsein ins Auge zu sehen. Freilich erfordern sowohl das Ich als auch das Daseinsgefühl, daß im Kind irgendwann zwischen den ersten Lebensmonaten und dem Alter von zwei Jahren Selbst-Bewußtheit erwacht, ein Entwicklungsprozeß, der oft die »Entstehung des Ichs« genannt wird. Aber dies bedeutet nicht, daß beides gleichzusetzen ist. Vom Ich heißt es, daß es normalerweise in der Kindheit besonders schwach sei, schwach entsprechend dem relativ unausgeprägten Vermögen des Kindes, die Realität einzuschätzen und mit ihr in Beziehung zu treten; sein Daseinsgefühl kann dagegen besonders stark sein und erst später schwinden, wenn das Kind lernt, sich Anpassungstendenzen zu überlassen, seine Existenz als eine Reflexion der Einschätzung zu erleben, die andere von ihm haben, und wenn es einen Teil seiner Originalität und seines ursprünglichen Lebensgefühls einbüßt. Tatsächlich ist das Daseinsgefühl – das heißt, die ontologische Dimension – Voraussetzung der Ich-Entwicklung, so wie es Voraussetzung für die Lösung anderer Probleme ist.[12]

Ich bin mir bewußt, daß in der orthodoxen psychoanalytischen Tradition der späteren Jahrzehnte die Ich-Theorie ergänzt und erweitert wurde. Aber man kann einen so schwachen Monarchen nicht stärken, indem man ihn mit weiteren Kleidern schmückt, so passend diese Kleider auch zugeschnitten und aus so edlem Stoff sie auch gefertigt sein mögen. Das eigentliche und fundamentale Problem mit der Lehre vom Ich ist, daß sie die Subjekt-Objekt-Dichotomie im modernen Denken par excellence repräsentiert. Tatsächlich ist es nötig hervorzuheben: *Gerade die Tatsache, daß das Ich als schwach, passiv und abgeleitet angesehen wird, ist selbst ein Indiz und ein Symptom des Verlusts an Daseinsgefühl in unserer Zeit, ein Symptom der Verdrängung der ontologischen Dimension.* In dieser Sichtweise des Ichs zeigt sich die verbreitete Tendenz, den einzelnen in erster Linie als ein passives Opfer auf ihn einwirkender Kräfte zu sehen, ob diese Kräfte nun als das Es, der gigantische industrielle Moloch in Marxschen Begriffen oder die Auslöschung des Individuums als »einer unter vielen« im Meer des Konformismus, wie es Heidegger formuliert, identifiziert werden. Die Auffassung vom Ich als relativ schwach und ein Spielball des Es war bei Freud ein tiefgründiges Symbol der Fragmentierung des Menschen im viktorianischen Zeitalter und auch ein starkes Korrektiv zum oberflächlichen Voluntarismus seiner Zeit. Irrig ist es jedoch, dieses Ich zum Maßstab aller Dinge aufzuwerten. Das Daseinsgefühl, die ontologische Bewußtheit, muß als die Ebene unterhalb der Ich-Theorie angenommen werden, wenn sich diese Theorie widerspruchsfrei auf das Individuum als Mensch beziehen soll.

Wir kommen nun zu dem wichtigen Problem des *Nichtseins* oder, wie es in der existentialistischen Literatur heißt, des *Nichts*. Das »und« in der Überschrift dieses Kapitels, ›Sein *und* Nichtsein‹, drückt aus, daß das Nichtsein ein untrennbarer Teil des Seins ist. Um zu begreifen, was es bedeutet zu existieren, muß man begreifen, daß man *nicht* existieren könnte, da man in jedem Augenblick den schmalen Grat entlangwandert, der einen von der möglichen Auslöschung trennt, und niemals der Tatsache entrinnen kann, daß der Tod in einem unbekannten künftigen Augenblick eintreten wird. Die niemals automatisch gegebene Existenz kann nicht nur abgestreift oder verscherzt werden, sondern sie ist in der Tat in jedem Augenblick vom Nichtsein bedroht. Ohne diese Bewußtheit des Nichtseins – das heißt, die Bewußtheit der Gefährdung der eigenen Existenz durch Tod, Lebensangst und die weniger dramatischen, aber ständig drohenden Gefahren des Verlusts der eigenen Möglichkeiten durch Anpassung – ist die Existenz schal, unwirklich und durch einen Mangel an konkreter Selbst-Bewußtheit gekennzeichnet. Stellt man sich jedoch dem Nichtsein, gewinnt die Existenz an Vitalität und Unmittelbarkeit, und der einzelne erlebt ein gesteigertes Bewußtsein seiner selbst, seiner Welt und der anderen um sich herum.

Der Tod ist die offenkundigste Erscheinungsform der Bedrohung des Nichtseins. Freud erfaßte eine Schicht dieser Wahrheit in seinem Symbol des Todestriebes. Den Kräften des Lebens (Sein) stehen in jedem Augenblick, so meinte er, die Kräfte des Todes

(Nichtsein) gegenüber, und in jedem einzelnen Leben triumphieren am Ende die letzteren. Aber Freuds Konzept des Todestriebes ist eine ontologische Wahrheit und sollte nicht als eine abgewirtschaftete psychologische Theorie verstanden werden. Das Konzept des Todestriebes ist ein ausgezeichnetes Beispiel dafür, daß Freud über die pure Rationalität hinausging und die tragische Dimension des Lebens offenzuhalten suchte. Auch seine Betonung der Unvermeidlichkeit von Feindseligkeit, Aggression und Selbstzerstörung im Leben hat, so kann man es jedenfalls sehen, diese Bedeutung. Sicher, er formulierte diese Konzepte falsch, etwa, wenn er den »Todestrieb« in chemischen Kategorien interpretierte. Der Gebrauch des Wortes »Thanatos« in psychoanalytischen Kreisen als Parallele zu Libido ist ein Beispiel dieser fehlgeleiteten Phraseologie. Solche Irrtümer schleichen sich ein, wenn man ontologische Wahrheiten, zu denen Tod und Tragik zählen, in einen rein verstandesmäßigen Bezugsrahmen pressen und sie zu bloßen psychologischen Mechanismen reduzieren will. Auf dieser Basis konnten Karen Horney und andere dann folgerichtig argumentieren, Freud sei zu »pessimistisch« gewesen und habe Krieg und Aggression lediglich rationalisiert. Ich glaube, dies ist ein berechtigtes Argument gegen die üblichen, übersimplifizierten psychoanalytischen Deutungen, die nur noch technisch-rational ausgelegt sind; aber es ist kein stichhaltiges Argument gegen Freud selbst, der einen wahrhaftigen Begriff von Tragik zu bewahren suchte, auch wenn sein Bezugsrahmen zweideutig war. Er hatte in der Tat ein Gespür für das Nichtsein, trotz der Tatsache, daß er immer versuchte, es ebenso wie seinen Begriff des Seins der Rationalität unterzuordnen.

Es ist auch ein Irrtum, den »Todestrieb« nur in biologischen Kategorien zu sehen, was uns die Fessel eines Fatalismus anlegen würde. Die einzigartige und entscheidende Tatsache ist vielmehr, daß der Mensch das Lebewesen ist, das *weiß*, daß es sterben wird, und das seinen eigenen Tod vorhersieht. Die zentrale Frage ist somit, welchen Standpunkt ich zum Faktum des Todes einnehme: ob ich meine Existenz damit verbringe, vor dem Tod davonzulaufen oder aus der Verdrängung des Todes mit Hilfe von Rationalisierungen wie dem Glauben an automatischen Fortschritt oder die Vorsehung einen Kult zu machen, wie wir das in unserer westlichen Gesellschaft zu tun pflegen, oder ob ich den Tod aus dem Blickfeld rücke, indem ich sage: »Man stirbt« und dies zu einer

Angelegenheit allgemeiner Statistiken mache, die dazu dienen, die eine letztlich wichtige Tatsache zu verschleiern, daß ich selbst in einem unbekannten künftigen Augenblick sterben werde.

Die Existentialanalytiker vertreten dagegen die Auffassung, daß mein Leben die positivste Wirklichkeit gewinnt, wenn ich meinem Tod ins Auge sehe. Dadurch wird die individuelle Existenz real, absolut und konkret. Denn »der Tod als eine nicht relativierbare Möglichkeit macht mit dem Menschen eine Ausnahme und individualisiert ihn, gewissermaßen um ihm die Möglichkeit des Seins bei anderen (wie auch bei ihm selbst) begreiflich zu machen, wenn er die Unentrinnbarkeit seines eigenen Todes erkennt.«[13] Der Tod ist mit anderen Worten das eine Faktum meines Lebens, das nicht relativ, sondern absolut ist, und daß ich mir dessen bewußt bin, verleiht meiner Existenz und dem, was ich in jeder Stunde tue, eine absolute Qualität.

Wir brauchen aber gar nicht das extreme Beispiel des Todes heranzuziehen, um das Problem des Nichtseins zu entdecken. Vielleicht die allgegenwärtigste Form der Weigerung, sich dem Nichtsein zu stellen, ist in unserer Zeit der *Konformismus,* die Tendenz des Individuums, sich von den Wogen kollektiver Reaktionen und Haltungen mitreißen zu lassen, sich vom *Man* verschlingen zu lassen, mit dem entsprechenden Verlust der eigenen Bewußtheit, der eigenen Möglichkeiten und all dessen, was den oder die Betreffende als einzigartig und unverwechselbar kennzeichnet. Das Individuum entrinnt auf diese Weise vorübergehend der Angst vor dem Nichtsein, aber um den Preis, die eigenen Kräfte und das Existenzgefühl zu verwirken.

Positiv ausgedrückt, tritt die Bereitschaft, sich dem Nichtsein zu stellen, in der Fähigkeit zutage, Angst, Feindseligkeit und Aggression zu akzeptieren. Mit »akzeptieren« meine ich hier, diese ohne Verdrängung zu tolerieren und so weit wie möglich konstruktiv zu nutzen. Heftige Angst, Feindseligkeit und Aggression sind Zustände und Formen der Beziehung zu sich selbst und zu anderen, die das Dasein beeinträchtigen oder zerstören würden. Aber die eigene Existenz zu erhalten, indem man vor Situationen davonläuft, die Angst auslösen würden, oder indem man Situationen potentieller Feindseligkeit oder Aggression meidet, hat ein schales, schwaches, unwirkliches Daseinsgefühl zur Folge – was Nietzsche in seiner brillanten Schilderung der »impotenten Menschen« ansprach, die ihren Aggressionen ausweichen, indem sie diese verdrängen, und sich dann in einem Zustand »betäubter Ruhe« und frei-flottierenden Ressentiments befinden. Damit soll keineswegs der Unterschied zwischen den *neurotischen* und den *normalen* Formen von Angst, Feindseligkeit und Aggression verwischt werden. Es versteht sich, daß der einzige konstruktive Weg, sich mit neurotischer Angst, Feindseligkeit und Aggression auseinanderzusetzen, darin besteht, diese psychotherapeutisch zu klären und so weit wie möglich zu beseitigen. Aber diese Aufgabe ist doppelt schwierig und das ganze Problem verworren durch unsere Unfähigkeit, die normalen Formen dieser Zustände zu erkennen – »normal« in dem Sinn, daß sie der Drohung des Nichtseins innewohnen, mit der alle Lebewesen leben müssen. Ist es nicht eindeutig so, daß sich *neurotische* Formen von Angst, Feindseligkeit und Aggression gerade deshalb entwickeln, weil das Individuum außerstande war, die *normalen* Formen dieser Zustände und Verhaltensweisen zu akzeptieren und mit ihnen umzugehen? Paul Tillich hat weitreichende Konsequenzen für den therapeutischen Prozeß in seinem eindrucksvollen Satz erkennen lassen, den ich ohne weitere Ausdeutungen zitiere: »Die Selbstbejahung eines Lebewesens ist um so stärker, je mehr Nichtsein es in sich aufnehmen kann.«

Unsere Erörterung von Sein und Nichtsein führt uns nun an den Punkt, an dem wir die Natur der Angst tiefer verstehen können. Angst ist kein Affekt unter anderen Affekten, wie Lust oder Traurigkeit. Sie ist vielmehr ein ontologisches Merkmal des Menschen, das in seiner Existenz als solcher wurzelt. Sie ist beispielsweise keine periphere Bedrohung, die ich zur Kenntnis nehmen kann oder nicht, und keine Reaktion, die neben anderen Reaktionen klassifiziert werden kann; sie ist immer eine Bedrohung der Grundlage, des Zentrums meiner Existenz. Angst ist das *Erlebnis der Gefahr drohenden Nichtseins.*[1]

In seinen klassischen Beiträgen zum Verständnis der Angst hat Kurt Goldstein hervorgehoben, daß Angst nicht etwas ist, was wir »haben«, sondern etwas, das wir »sind«. Seine lebendige Beschreibung der Angst beim Ausbruch einer Psychose, wenn der Patient buchstäblich die Bedrohung der Selbstauflösung erlebt, veranschaulicht ganz klar, was er meint. Aber wie er selbst betont, ist diese Gefahr der Auflösung des Selbst nicht bloß auf Psychotiker beschränkt, sondern gilt auch für die neurotische und normale Form von Angst. Angst ist der subjektive Zustand des Individuums, das sich bewußt wird, daß seine Existenz zerstört werden kann, daß es sich selbst und seine Welt verlieren kann, daß es »nichts« werden kann.[2]

Dieses Verständnis der Angst als existentieller Kategorie verdeutlicht den Unterschied zwischen Angst und Furcht. Diese Unterscheidung ist weder eine Frage des Grades noch der Intensität der Erfahrung. Die Angst, die man empfindet, wenn ein Mensch, den man sehr schätzt, auf der Straße an einem vorübergeht, ohne ein Wort zu verlieren, ist beispielsweise nicht so intensiv wie die Furcht, die man erlebt, wenn der Zahnarzt den Bohrer in die Hand nimmt, um einem empfindlichen Zahn zu Leibe zu rücken. Aber die nagende Bedrohung, als die man das Ignoriertwerden auf der Straße empfinden mag, kann einen den ganzen Tag lang verfolgen und nachts in den Träumen quälen, während die Furcht, obwohl sie quantitativ größer war, in dem Augenblick verflogen ist, in dem man den Zahnarztstuhl verläßt. Der Unterschied ist, daß mich die Angst im Mark der eigenen Selbstachtung und des eigenen Selbstwertgefühls trifft, die der wichtigste Aspekt meiner Selbsterfahrung als Lebewesen sind. Furcht ist im Gegensatz dazu eine Bedrohung an der Peripherie meiner Existenz; sie kann objektiviert werden, ich kann mich gewissermaßen neben sie stellen und sie von außen betrachten. In mehr oder weniger hohem Maß verhindert Angst die Entdeckung meines Daseins, sie löscht mein Zeitgefühl aus, läßt die Erinnerung an die Vergangenheit verblassen und raubt mir die Zukunft[3] – was vielleicht der überzeugendste Beweis dafür ist, daß sie das Zentrum meines Daseins angreift. Solange wir der Angst unterliegen, sind wir gleichermaßen außerstande, uns vorzustellen, wie unsere Existenz »außerhalb« der Angst aussähe. Dies ist der Grund, warum Angst so schwer zu ertragen ist und warum Menschen, wenn sie die Wahl haben, große körperliche Schmerzen vorziehen, die dem außenstehenden Beobachter viel schlimmer erscheinen. Angst ist existentiell, Furcht nicht. Furcht kann als ein Affekt unter anderen Affekten, eine Reaktion unter anderen Reaktionen untersucht werden. Aber Angst ist nur als eine Bedrohung des Daseins selbst zu verstehen.

Dieses Verständnis der Angst als existentielles Merkmal beleuchtet erneut unsere Schwierigkeit mit Worten. Der von Freud, Binswanger, Goldstein und Kierkegaard benutzte deutsche Begriff der *Angst* hat keine englische Entsprechung. *Angst* ist eng verwandt mit »anguish« (das vom lateinischen »angustus«, »eng«, kommt, was seinerseits von »angere« abstammt, »schmerzhaft abschnüren«, »erwürgen«). Der englische Begriff »anxiety« ist ein viel schwächeres Wort.[4] Deshalb übersetzten manche Forscher *Angst* mit »dread«. Andere bevorzugten den Begriff »anxiety«,[5] aber wir befanden uns da in einem Dilemma. Die Alternative schien entweder zu sein, »anxiety« für einen verwässerten Affekt unter anderen Affekten zu verwenden, was zwar wissenschaftlich angeht, aber auf Kosten der Bedeutungstiefe dieses Wortes – oder einen Begriff wie »dread« zu gebrauchen, der literarische Kraft hat, aber keine Rolle als wissenschaftliche Kategorie spielt. Daher waren die Laborexperimente über Angst oft auch so jämmerlich weit davon entfernt, die Macht und die verheerenden Eigenschaften der Angst zu erfassen, die wir täglich in unserer klinischen Arbeit beobachten, und selbst klinische Diskussionen über neurotische Symptome und psychotische Zustände scheinen sich häufig an der Oberfläche des Problems zu bewegen. Das Resultat des existentiellen Verständnisses von Angst ist, dem Begriff seine ursprüngliche Mächtigkeit zurückzugeben. Angst ist die Erfahrung einer Bedrohung, die sowohl Seelenqualen als auch Schrecken einschließt, ja in der Tat die schmerzlichste und grundlegendste Bedrohung überhaupt darstellt, da es sich um die Gefahr handelt, das Dasein als solches zu verlieren. Nach meiner Ansicht käme es unserem psychologischen und psychiatrischen Umgang mit Angstphänomenen aller Art sehr zugute, wenn wir den Begriff auf seine ontologische Basis verlagerten.

Ein weiterer bedeutsamer Aspekt rückt jetzt ebenfalls klarer ins Bild – nämlich die Tatsache, daß zur Angst immer ein innerer Konflikt gehört. Geht es bei diesem Konflikt nicht genau um das, was wir als Sein und Nichtsein bezeichnet haben? Angst tritt an dem Punkt auf, wo das Individuum mit irgendeiner auftauchenden Chance oder Befähigung konfrontiert ist, einer Möglichkeit, seine Existenz zu erfüllen; aber gerade diese Möglichkeit erfordert die Zerstörung der gegenwärtigen Sicherheit, was die Tendenz fördert, die neue Möglichkeit zu verleugnen. Hierin liegt die Wahrheit der Metapher des Geburtstraumas als des Prototyps aller Angst – eine Interpretation, die durch die etymologische Wurzel des Wortes *Angst* als »Schmerz in der Enge«, »Ersticken« nahegelegt wird, die an die Beengungen während des Geburtsvorgangs erinnert. Diese Deutung der Angst als Geburtstrauma wurde bekanntlich von Otto Rank auf alle Formen der Angst ausgedehnt, eine Interpretation, der Freud in einem weniger umfassenden Sinn zustimmte. Es steht außer Zweifel, daß sie eine wichtige symbolische Wahrheit enthält, selbst wenn man sie nicht mit der konkreten Geburt des Säuglings verbindet. Wenn es keine Möglichkeit gäbe, sich zu öffnen, kein Potential, das danach schreit, »geboren« zu werden, dann würden wir keine Angst erleben. Dies ist der Grund, warum Angst so fundamental mit dem Problem der Freiheit verknüpft ist. Wenn das Individuum keine noch so geringe Freiheit besäße, ein neuentdecktes Potential zu verwirklichen, dann würde es keine Angst empfinden. Kierkegaard beschrieb Angst als »das Schwindelgefühl der Freiheit« und fügte noch ausdrücklicher hinzu: »Angst ist die Realität von Freiheit als Möglichkeit, bevor sich diese Freiheit materialisiert hat.« Goldstein veranschaulicht dies, indem er darauf hinweist, wie Menschen individuell und kollektiv auf Freiheit verzichten, in der Hoffnung, sich dadurch von unerträglicher Angst zu befreien. Als Beispiele zitiert er den Rückzug des Individuums hinter den eisernen Vorhang des Dogmas und das Faktum, daß sich in der Zeit zwischen den Weltkriegen breite Bevölkerungsschichten in Europa kollektiv dem Faschismus zuwandten.[6] Welche Beispiele man auch heranzieht, diese Diskussion verweist auf den positiven Aspekt der Angst. Denn das Erlebnis der Angst als solches beweist das Vorhandensein irgendeiner Chance, einer neuen Möglichkeit des Seins, in der Bedrohung des Nichtseins.

Wir haben festgestellt, daß das Individuum in einen Zustand der *Angst* gerät, wenn es mit der Möglichkeit konfrontiert wird, sein Potential auszuschöpfen. Wir stellen nun weiter fest, daß sich der einzelne, wenn er diese Möglichkeiten leugnet und sein Potential nicht ausschöpft, in eine Verfassung der *Schuld* begibt. Mit anderen Worten, auch Schuld ist ein ontologisches Merkmal der menschlichen Existenz.[7]

Nichts kann dies besser veranschaulichen als Medard Boss' Fallbericht über einen schweren Zwangsneurotiker, den er behandelte.[8] Dieser Patient, ein Arzt, der an Wasch- und Reinigungszwängen litt, hatte sich sowohl einer Freudschen als auch einer Jungschen Analyse unterzogen. Er hatte seit einiger Zeit einen immer wiederkehrenden Traum von Kirchtürmen, die in der Freudschen Analyse als Phallussymbole und in der Jungschen als religiöse Archetypen interpretiert worden waren. Der Patient konnte intelligent und ausführlich über diese Deutungen reden, aber sein neurotisches Zwangsverhalten blieb, nach vorübergehender Besserung, ebenso beeinträchtigend wie zuvor. In den ersten Monaten seiner Analyse bei Boss berichtete der Patient über einen mehrfach erlebten Traum, in dem er an eine Toilettentür kam, die stets verschlossen war. Boss beschränkte sich darauf, ihn jedes Mal zu fragen, warum die Tür verschlossen sein müsse – »an der Türklinke zu rütteln«, wie er es nannte. Schließlich hatte der Patient einen Traum, in dem er durch die Tür ging und sich dann, bis zu den Hüften in Exkrementen, in einer Kirche befand und mit einem Strick, der um seinen Leib geschlungen war, zum Glockenturm hochgezogen wurde. Der Patient empfand ein derartiges Zerren, daß er glaubte, in Stücke gerissen zu werden. Er machte danach eine viertägige psychotische Episode durch, während Boss an seinem Bett blieb; anschließend wurde die Analyse mit einem am Ende sehr erfolgreichen Ergebnis fortgesetzt.

Boss weist in seiner Erörterung dieses Falles darauf hin, daß sich der Patient schuldig fühlte, weil er ein wesentliches Potential in sich eingesperrt hatte. *Deshalb* hatte er Schuldgefühle. Wenn wir, wie es Boss formuliert, »vergessen zu sein« – indem wir versäumen, uns ganz zum Sein zu erwecken, indem wir es unterlassen, authentisch zu sein, indem wir in die konformistische Anonymität des *Man* schlüpfen –, dann haben wir tatsächlich unser Sein verfehlt und sind insofern Versager. »Wenn man sein Potential verschließt, dann steht man in der Schuld gegenüber den Gaben, die man in seinem Ursprung, in seinem ›Kern‹ erhalten hat. In diesem existentiellen Zustand des Schuldigseins wurzeln alle Schuldgefühle, welche tausendundeine konkrete Formen und Deformationen diese in der Wirklichkeit auch annehmen mögen.« Genau das war mit dem Patienten geschehen. Er hatte sowohl seine körperlichen als auch seine geistigen Erfahrungsmöglichkeiten unterdrückt (den »Trieb«-Aspekt und den »Gottes«-Aspekt, wie es Boss auch nennt). Der Patient hatte zuvor die Libido- und die Archetypus-Erklärungen angenommen und kannte sie nur zu gut; aber das ist ein bequemer Weg, meint Boss, sich dem Ganzen zu entziehen. Da der Patient die genannten beiden Aspekte nicht akzeptierte und in seiner Existenz verwirklichte, fühlte er sich schuldig, war er gegenüber sich selbst schuldig geworden. Dies war der »Anlaß« seiner Neurose und Psychose.

In einem Brief an Boss, den der Patient einige Zeit nach der Behandlung schrieb, erklärte er, der Grund, warum er seine Analität in seiner ersten Analyse nicht wirklich akzeptieren konnte, sei gewesen, daß er gespürt habe, »der Boden dafür war im Analytiker selbst nicht voll bereitet«. Der Analytiker hatte immer versucht, den Traum von den Kirchtürmen auf Genitalsymbole zu reduzieren und »das ganze Gewicht des Sakralen erschien ihm als bloßer Sublimierungsdunst«. Aber auch die ebenfalls symbolische archetypische Erklärung konnte niemals völlig mit dem Körperlichen integriert werden und verschmolz im übrigen auch niemals wirklich mit seinem religiösen Erleben.

Man beachte, daß Boss erklärt, der Patient *sei schuldig*, nicht bloß, daß er *Schuldgefühle habe*. Dies ist eine radikale Aussage mit weitreichenden Konsequenzen. Es ist ein existentieller Ansatz, der den dichten Nebel lichtet, welcher einen Großteil der psychologischen Auseinandersetzung mit Schuld umwabert – Diskussionen, die von der Annahme ausgehen, daß wir uns nur mit irgendwelchen vagen »Schuldgefühlen« befassen können, als ob es keine Rolle spielte, ob Schuld real ist oder nicht. Hat diese Reduktion von

Schuld auf bloße Schuldgefühle nicht erheblich zu dem Realitätsverlust und dem Gefühl des Illusionären in einem großen Teil der Psychotherapie beigetragen? Hat sie nicht auch tendenziell die Neurose des Patienten verstärkt, indem ihm stillschweigend der Weg eröffnet wurde, seine Schuld nicht ernst zu nehmen und seinen Frieden damit zu schließen, daß er tatsächlich sein eigenes Dasein verwirkt hat? Der Ansatz von Boss ist insofern radikal existentiell, als er die realen Phänomene mit Respekt behandelt, hier das reale Phänomen der Schuld. Und die Schuld ist auch nicht ausschließlich mit dem religiösen Aspekt der Erfahrung dieses Patienten – oder jedes anderen – verknüpft: Wir können ebenso schuldig werden, indem wir uns weigern, die analen, genitalen oder andere körperliche Aspekte des Lebens zu akzeptieren wie die geistigen oder spirituellen Aspekte. Dieses Verständnis von Schuld hat nicht das geringste mit einer urteilenden Haltung gegenüber dem Patienten zu tun. Es bedeutet nur, das Leben und die Erfahrungen des Patienten ernst zu nehmen und mit Respekt zu behandeln.

Wir haben lediglich eine Form von ontologischer Schuld angeführt – nämlich jene, welche durch die Nicht-Verwirklichung der eigenen Möglichkeiten entsteht. Es gibt auch noch andere. Eine ist die ontologische Schuld gegenüber seinen Mitmenschen, die dadurch entsteht, daß jeder einzelne von uns seine Mitmenschen zwangsläufig aus dem eigenen, begrenzten und voreingenommenen Blickwinkel sieht. Dies bedeutet, daß er dem wahren Bild seines Mitmenschen immer bis zu einem gewissen Grad Gewalt antut und den anderen nie ganz versteht beziehungsweise die Bedürfnisse des anderen nie voll erfüllt. Das ist keine Frage von moralischem Versagen oder Laschheit – obwohl es tatsächlich durch einen Mangel an moralischer Sensibilität erheblich verstärkt werden kann. Es ist ein unausweichliches Resultat der Tatsache, daß jeder von uns eine separate Individualität bildet und keine andere Wahl hat, als die Welt mit seinen eigenen Augen zu betrachten. Diese in unserer Daseinsstruktur wurzelnde Schuld ist eine der mächtigsten Quellen einer gesunden Bescheidenheit und einer unsentimentalen Haltung der Versöhnlichkeit gegenüber den eigenen Mitmenschen.

Die erste Form der oben erwähnten ontologischen Schuld – nämlich die Unterdrückung der eigenen Möglichkeiten – entspricht ungefähr der Sphäre unserer persönlichen Welt, die wir im neunten Kapitel als *Eigenwelt* beschreiben und definieren werden. Die zweite Form von Schuld könnte man der *Mitwelt* zuordnen, da es sich um Schuld handelt, die überwiegend gegenüber den Mitmenschen entsteht. (Auf die *Mitwelt* werde ich ebenfalls noch eingehen.) Es gibt eine dritte Form ontologischer Schuld, die sowohl die *Umwelt* als auch die beiden anderen Sphären betrifft – nämlich eine »Trennungsschuld« gegenüber der Natur als ganzer. Dies ist der komplexeste und umfassendste Aspekt ontologischer Schuld. Er mag verwirrend erscheinen, zumal es mir in diesem Abriß nicht möglich ist, ihn detailliert darzulegen; ich erwähne ihn der Vollständigkeit halber und im Interesse derjenigen, die sich mit Fragen der ontologischen Schuld tiefer beschäftigen möchten. Diese Schuld hinsichtlich unserer Trennung von der Natur dürfte weitreichender (wenn auch verdrängt) sein, als uns in unserem modernen wissenschaftlichen Zeitalter langsam bewußt wird. Einer der frühen griechischen Philosophen des Seins, Anaximander, hat ihr in einem klassischen Fragment beredt Ausdruck verliehen: »Der Ursprung der Dinge ist das Grenzenlose. Von wo sie herkommen, dorthin müssen sie auch notwendigerweise zurückkehren. Denn sie tun Buße und entschädigen einander für ihre Ungerechtigkeit in der Ordnung der Zeit.«

Ontologische Schuld hat unter anderem die folgenden Eigenschaften. *Erstens,* wir alle sind daran beteiligt. Niemandem bleibt es erspart, bis zu einem gewissen Grad die Realität seiner Mitmenschen zu entstellen, und niemand verwirklicht seine eigenen Möglichkeiten vollständig. Jeder Mensch steht immer in einer dialektischen Beziehung zu seinen Möglichkeiten, ein Faktum, das in dem Traum des Patienten von Boss dramatisch veranschaulicht wird, der sich zwischen Exkrementen und Glockenturm hin und her gerissen fühlt. *Zweitens,* ontologische Schuld entsteht nicht durch gesellschaftliche Verbote oder durch die Verinnerlichung kultureller Gebote; sie wurzelt in der Tatsache der Selbst-Bewußtheit. Ontologische Schuld besagt nicht: »Ich bin schuldig, weil ich gegen elterliche Verbote verstoße«, sie ergibt sich daraus, daß ich mich selbst als denjenigen sehen kann, der wählen oder nicht wählen kann. Jeder entwickelte Mensch trüge demnach seine ontologische Schuld, wenn deren *Inhalt* auch von Kultur zu Kultur unterschiedlich und weitgehend durch die Kultur vorgegeben wäre.

Drittens, ontologische Schuld ist nicht mit krankhafter oder neurotischer Schuld zu verwechseln. Wenn sie nicht akzeptiert, sondern verdrängt wird, kann sie sich in neurotische Schuld verwandeln. So wie neurotische Angst das Endprodukt normaler ontologischer Angst ist, der man sich nicht gestellt hat, so ist neurotische Schuld das Resultat nicht anerkannter ontologischer Schuld. Wenn sich der Betreffende diese bewußtmachen und sie akzeptieren kann (wie es Boss' Patient später tat), ist sie nicht krankhaft oder neurotisch. *Viertens,* ontologische Schuld führt nicht zur Symptombildung, sondern hat konstruktive Wirkungen auf die Persönlichkeit. Konkreter gesagt, kann und sollte sie zu Demut, Sensibilität in den persönlichen Beziehungen zu den Mitmenschen und erhöhter Kreativität im Umgang mit dem eigenen Potential führen.

Gleich hinter der Frage des Existentialtherapeuten nach dem Dasein eines Menschen kommt an zweiter Stelle seine Anteilnahme an dessen eigener Welt. »Um den Zwangsneurotiker zu verstehen«, schreibt Erwin Straus, »müssen wir zunächst seine Welt verstehen.« Und dies gilt sicher auch für alle anderen Arten von Patienten sowie im übrigen für jeden Menschen. Denn Zusammensein bedeutet, *zusammen in derselben Welt zu sein;* und jemanden zu erkennen, bedeutet, ihn im Kontext derselben Welt zu erkennen. Die Welt eines bestimmten Patienten muß von innen begriffen werden, muß so weit wie möglich aus dem Blickwinkel desjenigen erfaßt und gesehen werden, der darin existiert. »Wir Psychiater«, schreibt Binswanger, »haben viel zu große Aufmerksamkeit auf die Abweichungen unserer Patienten vom Leben in der Welt gerichtet, die allen gemeinsam ist, statt uns primär auf die eigene oder private Welt der Patienten zu konzentrieren, wie das erstmals systematisch durch Freud geschah.«[1]

Das Problem ist: Wie können wir die Welt des anderen verstehen? Sie kann weder als eine Ansammlung von Objekten verstanden werden, die wir von außen betrachten (in diesem Fall werden wir sie niemals wirklich verstehen), noch durch sentimentale Identifizierung (in diesem Fall bewirkt unser Verständnis nichts Gutes, denn wir haben es versäumt, die Realität unserer eigenen Existenz zu bewahren). Wahrlich ein schwieriges Dilemma! Was wir brauchen, ist ein Herangehen an die Welt, das das »Erzübel« unterläuft – nämlich die traditionelle Subjekt-Objekt-Dichotomie.

Der Grund, warum dieses Bemühen, den Menschen als Existenz in der Welt wiederzuentdecken, solches Gewicht hat, ist, daß es eines der akutesten Probleme des modernen Menschen unmittelbar berührt: Er hat *seine Welt,* sein Erlebnis von Gemeinschaft, *verloren.* Kierkegaard, Nietzsche und die Existentialisten, die ihnen folgten, wiesen beharrlich darauf hin, daß die Hauptursachen der Angst und Verzweiflung des modernen westlichen Menschen erstens der Verlust seines Daseinsgefühls und zweitens der Verlust seiner Welt seien. Die Existentialanalytiker glauben, viele Indizien dafür zu haben, daß diese Propheten recht hatten und daß der westliche Mensch des 20. Jahrhunderts nicht nur eine Entfremdung von der menschlichen Welt um sich herum erlebt, sondern auch an der inneren, quälenden Überzeugung leidet, der Natur so entfremdet zu sein wie etwa ein Strafgefangener, der nach langen Haftjahren wieder in die Außenwelt entlassen wird.

In den Büchern Frieda Fromm-Reichmanns und Harry Stack Sullivans wird der Zustand des Menschen beschrieben, der seine Welt verloren hat. Diese und andere Autoren zeigen, daß die Probleme der Einsamkeit, Isolierung und Entfremdung zunehmend eine Rolle in der psychiatrischen Literatur spielen. Die Annahme scheint gerechtfertigt, daß das Bewußtsein für diese Probleme nicht nur unter Psychiatern und Psychologen zugenommen hat, sondern auch in der übrigen Bevölkerung. Auf einen einfachen Nenner gebracht, spiegeln die Symptome der Isolierung und Entfremdung den Zustand eines Menschen wider, dessen Beziehung zur Welt zerbrochen ist. Einige Psychotherapeuten haben hervorgehoben, daß mehr und mehr Patienten schizoide Merkmale aufweisen und daß das »typische« seelische Problem unserer Zeit nicht die Hysterie ist, wie in Freuds Zeiten, sondern der schizoide Typus – das heißt, Menschen, die distanziert, beziehungslos und affektarm sind, zur Entpersönlichung neigen und ihre Probleme mit Hilfe von Intellektualisierung und abstrakten Formulierungen verbergen.[2]

Es gibt ferner etliche Anzeichen, daß am Gefühl der Isolierung, der Entfremdung des eigenen Selbst von der Welt, nicht nur Menschen in pathologischen Zuständen leiden, sondern auch zahllose »normale« Mitbürger. David Riesman präsentiert in seiner Studie ›Die einsame Masse‹ eine Menge sozio-psychologischer Daten, die vor Augen führen, daß der isolierte, einsame, entfremdete Persönlichkeitstyp nicht nur für neurotische Patienten kennzeichnend ist, sondern für die Gesamtbevölkerung, und daß die Tendenzen in dieser Richtung in den letzten Jahrzehnten zugenommen haben. Er trifft die bedeutsame Feststellung, daß diese Menschen in einer nur *technischen* Kommunikation mit ihrer Welt stehen; seine »außengeleiteten« Menschen (der für unsere Zeit charakteristische Typus) treten zu allem von der technischen, äußeren Seite her in Beziehung. Ihre Haltung ist beispielsweise nicht: »Das Stück hat mir gefallen«, sondern: »Das Stück war *gut gemacht*«, »der Artikel *gut geschrieben*« und so weiter. Andere Schilderungen dieses Zustands der persönlichen Isolierung und Entfremdung in unserer Gesellschaft geben Erich Fromm in ›Die Furcht vor der Freiheit‹, insbesondere im Hinblick auf sozio-politische Überlegungen; Karl Marx, speziell in bezug auf die Entmenschlichung, die aus der Tendenz im modernen Kapitalismus entsteht, alles in den äußerlichen, objektzentrierten Kategorien des Geldes zu werten; und Paul Tillich von einer spirituellen Position aus. ›Der Fremde‹ von Albert Camus und ›Das Schloß‹ von Franz Kafka sind schließlich überraschend ähnliche Illustrationen unserer These: Beide Werke zeichnen das lebendige und packende Bild eines Menschen, der ein Fremder in seiner Welt ist, ein Fremder für die anderen, die er lieben möchte oder zu lieben vorgibt; er zieht in einer Verfassung der Heimatlosigkeit, Verlorenheit und Ziellosigkeit umher, als habe er keine unmittelbare sinnliche Verbindung zu seiner Welt, als befinde er sich in einem Land, in dem er die Sprache nicht kennt und keine Hoffnung hat, sie zu erlernen, sondern immer dazu verdammt ist, in stummer Verzweiflung, ohne Verständigungsmöglichkeit, heimatlos und als Fremder umherzuwandern.

Doch das Problem dieses Weltverlusts beschränkt sich nicht auf einen Mangel an persönlichen Beziehungen oder auf die fehlende Kommunikation mit den Mitmenschen. Seine Wurzeln liegen tiefer als die soziale Ebene, in der Entfremdung auch von der Natur. Dies ist ein ganz spezielles Erlebnis der Isolierung, das als »epistemologische Einsamkeit« bezeichnet wurde.[3] Den ökonomischen, soziologischen und psychologischen Aspekten der Entfremdung liegt ein elementarer gemeinsamer Nenner zugrunde – nämlich die Entfremdung, welche die letzte Konsequenz einer im Laufe von vier Jahrhunderten vollzogenen Trennung des Menschen als Subjekt von der objektiven Welt ist. Diese Entfremdung hat sich mehrere Jahrhunderte lang in dem leidenschaftlichen Verlangen des Menschen geäußert, die Macht *über* die Natur zu erlangen, aber sie zeigt sich nunmehr in einer Entfremdung von der Natur und einem vagen, unartikulierten und halb unterdrückten Gefühl der Verzweiflung, keine reale Beziehung zur Natur, einschließlich des eigenen Körpers, mehr gewinnen zu können.

Diese Sätze mögen in einem Jahrhundert, das von derart zweifelsfreiem Vertrauen in die Wissenschaft geprägt ist, seltsam klingen. Aber betrachten wir die Sache etwas näher. Erwin Straus weist darauf hin, daß Descartes, der Vater des modernen Denkens, die Auffassung vertrat, das Ich und das Bewußtsein seien von der Welt und von anderen Menschen getrennt. Das heißt, das Bewußtsein ist abgeschnitten und steht allein. Die Empfindungen sagen uns nichts unmittelbar über die äußere Welt; sie liefern uns nur Daten, aus denen wir Schlüsse ziehen können. Descartes ist heute allgemein der Prügelknabe, dem die Dichotomie zwischen Subjekt und Objekt angelastet wird; aber er spiegelte nur den Geist seines Zeitalters wider und die untergründigen Tendenzen in der modernen Gesellschaft, die er mit eindrucksvoller Klarheit erkannte und beschrieb. Das Mittelalter, erklärt Straus weiter, werde im Gegensatz zu den »diesseitigen« Anliegen des modernen Menschen im allgemeinen als jenseitsorientiert angesehen. Aber in Wirklichkeit hätte die Seele des mittelalterlichen Christen, solange sie in der Welt existierte, eine echte Beziehung zur Welt gehabt. Die Menschen erlebten die Welt um sie herum als unmittelbar real (siehe Maler wie Giotto) sowie auch den Körper als unmittelbar und real (siehe den heiligen Franziskus). Seit Descartes hatten jedoch die menschliche Seele und die Natur nichts mehr miteinander zu tun. Die Natur gehört nun ausschließlich dem Bereich der *res extensa* an, die mathematisch zu verstehen ist. Wir kennen die Welt nur indirekt durch unsere Schlußfolgerungen. Dadurch entsteht das Problem, mit dem wir seither immer gerungen haben und dessen Konsequenzen in voller Tragweite erst im letzten Jahrhundert zutage traten. Straus macht deutlich, wie sehr die traditionellen Lehrbücher der Neurologie und Physiologie diese Doktrin akzeptierten und zu demonstrieren versuchten, daß das neurale Geschehen nur in einer »Zeichen«-Relation zur realen Welt stehe. Allein »unbewußte Schlußfolgerungen führen zur Annahme der Existenz einer äußeren Welt«.

Leser, die sich für die Ideengeschichte interessieren, werden sich an das wichtige und eindrucksvolle Symbol der gleichen Situation in der berühmten Lehre von Leibniz erinnern, daß die gesamte Realität aus *Monaden* bestehe. Die Monaden hatten keine Türen oder Fenster, durch die sie füreinander offen waren, sie waren voneinander getrennt und isoliert. Paul Tillich bemerkt dazu: »Jede einzelne Einheit ist in sich selbst einsam und ohne direkte Verbindung mit den anderen. Das Schreckliche an dieser Vorstellung wurde durch die Voraussetzung des Harmonieglaubens überwunden, daß in jeder Monade die ganze Welt potentiell enthalten ist und daß die Entwicklung eines jeden Individuums sich in natürlicher Harmonie mit der Entwicklung aller anderen vollzieht. Das ist das tiefste metaphysische Symbol für die Situation in der Frühzeit der bürgerlichen Kultur. Es traf für diese Situation zu, weil es noch eine gemeinsame Welt gab, obwohl die soziale Atomisierung schon im Wachsen war.«[4]

Diese Lehre von der »vorherbestimmten Harmonie« zwischen dem Menschen und der Welt ist ein Überbleibsel der religiösen Idee der Vorsehung. Descartes vertrat die ähnliche Auffassung, daß Gott – dessen Existenz er bewiesen zu haben glaubte – ein ausgewogenes Verhältnis zwischen dem Bewußtsein und der Welt gewährleiste. Die sozio-historische Situation in der Expansionsphase der Neuzeit war so beschaffen, daß der »Glaube« von Leibniz und Descartes *funktionierte* – das heißt, er spiegelte die Tatsache wider, daß es noch eine gemeinsame Welt gab. Aber heute ist Gott nicht nur »tot«, es wurde auch schon ein Requiem über seinem Grab gesungen; die völlige Isolierung und Entfremdung im Verhältnis zwischen dem Menschen und seiner Welt ist unübersehbar geworden. Weniger poetisch ausgedrückt: Als die humanistischen und jüdisch-christlichen Wertvorstellungen im Zuge der oben erörterten kulturellen Phänomene zerfielen, trat die tiefere und folgenschwere Bedeutung der Situation zutage.

Deshalb ist es keineswegs ein Zufall, daß sich der moderne Mensch der Natur entfremdet fühlt und daß jedes Bewußtsein für sich und allein steht. Dies hat sich in unserer Erziehung und in gewissem Maß auch in unserer Sprache niedergeschlagen. Es bedeutet, daß die Überwindung der Isolation keine einfache Aufgabe ist und etwas ungleich Fundamentaleres erfordert, als bloß einige unserer heutigen Ideen umzugruppieren.

Sehen wir uns nun an, wie die Existentialanalytiker den Menschen wiederentdecken wollen als Lebewesen, das in Wechselbeziehung mit seiner Welt steht, und wie sie die Welt wieder als sinnvoll für den Menschen zu erkennen versuchen. Sie meinen, daß der Mensch und seine Welt ein einheitliches, strukturiertes Ganzes seien; die Formulierung »In-der-Welt-Sein« drückt genau dies aus. Die zwei Pole, Selbst und Welt, stehen immer in einer dialektischen Beziehung zueinander. Selbst impliziert Welt und Welt Selbst; keines existiert ohne das andere, und beides ist nur in Kategorien des anderen verständlich. Es wäre beispielsweise sinnlos (obwohl wir es oft tun), das Verhältnis des Menschen zu seiner Welt primär als eine *räumliche* Beziehung zu begreifen. Die Formulierung »Zündholz *in* einer Schachtel« beinhaltet eine räumliche Relation, aber wenn wir von einem Menschen *in* seiner Wohnung oder seinem Büro oder *in* einem Hotel an der Küste sprechen, dann bedeutet dies etwas radikal anderes.[5]

Die Welt eines Menschen kann man nicht verständlich machen, indem man seine Umgebung beschreibt, ganz egal, wie komplex unsere Beschreibung auch ausfällt. Wie wir noch sehen werden, ist die Umwelt nur *ein* Modus von Welt, und die allgemeine Neigung, von einem Menschen *in* einer Umgebung zu sprechen oder zu fragen, welchen »Einfluß die Umgebung auf ihn hat«, stellt eine arge Übersimplifizierung dar. Selbst von einem biologischen Standpunkt aus ist es, so meint Jakob von Uexküll, berechtigt, ebensoviele Umwelten anzunehmen, wie es Tiere gibt; »es gibt nicht nur einen Raum und eine Zeit«, fährt er fort, »sondern soviele Räume und Zeiten, wie es Subjekte gibt«.[6] Wäre es daher nicht sehr viel richtiger zu sagen, daß jeder Mensch seine eigene Welt hat? Dies stellt uns freilich zugegebenermaßen vor kein geringes Problem; denn wir können die Welt weder in rein objektiven Begriffen beschreiben, noch ist sie auf unsere subjektive, vorstellungshafte Teilhabe an der uns umgebenden Struktur zu begrenzen, obwohl auch dies ein Teil des In-der-Welt-Seins ist.

Welt ist das Gefüge bedeutungsvoller Beziehungen, in denen ein Mensch existiert und an deren Gestaltung er mitwirkt. Welt schließt folglich die vergangenen Ereignisse ein, die meine Existenz bedingen, und die Unzahl bestimmender Einflüsse, die ständig auf mich einwirken. Aber dies gilt nur im Rahmen der *Beziehung, die ich zu ihnen habe,* meines Bewußtseins von ihnen, wie ich sie in mir trage, sie umgestalte, zwangsläufig forme und in jeder Minute prägend auf sie einwirke. Sich der eigenen Welt bewußt zu sein, bedeutet gleichzeitig, sie zu gestalten.

Welt beschränkt sich nicht auf die vergangenen determinierenden Ereignisse, sondern schließt auch alle Möglichkeiten ein, die sich vor einem Menschen eröffnen und nicht einfach in der historischen Situation gegeben sind. Welt ist somit nicht mit »Gesellschaft« gleichzusetzen. Sie schließt die Gesellschaft, die Kultur ein, aber auch noch viel mehr, etwa die *Eigenwelt* (die nicht auf eine bloße Verinnerlichung des Gesellschaftlichen reduziert werden kann) sowie alle künftigen Möglichkeiten des Individuums.[7] »Man würde eine Ahnung von der unvorstellbaren Reichhaltigkeit und Tiefe der Welt und ihren möglichen Bedeutungen für den Menschen bekommen«, schrieb Ernest Schachtel, »wenn man alle Sprachen und Kulturen kennte, nicht bloß intellektuell, sondern mit seiner gesamten Persönlichkeit. Dies würde die historisch erkennbare Welt des Menschen umfassen, aber nicht die Unendlichkeit künftiger Möglichkeiten.«[8] Es ist die »Offenheit der Welt«, wodurch sich die Welt des Menschen vor allem von den geschlossenen Welten der Tiere und Pflanzen unterscheidet. Damit leugnet man nicht die Endlichkeit des Lebens; wir sind alle begrenzt durch Alter und Tod und sind Hinfälligkeiten aller Art unterworfen. Worauf es ankommt, ist vielmehr, daß diese Möglichkeiten im Kontext der Unsicherheit unserer Existenz gegeben sind. In einem dynamischen Sinn bilden diese künftigen Möglichkeiten tatsächlich den bedeutsamsten Aspekt des Daseins jedes Menschen in der Welt. Denn sie sind das Potential, mit dem er »seine Welt erschafft oder gestaltet« – eine Formulierung, die von den Existentialtherapeuten mit Vorliebe gebraucht wird.

Welt ist niemals etwas Statisches, etwas, das der Betreffende dann bloß »akzeptiert«, an das er »sich anpaßt« oder das er »bekämpft«. Sie ist vielmehr ein dynamisches Geflecht, das ich, solange ich Selbst-Bewußtsein besitze, forme und gestalte. So spricht Binswanger von der Welt als »dasjenige, zu dem die Existenz emporgestiegen ist und in Einklang mit dem sie sich gestaltet hat«[9]; er hebt hervor, daß im Gegensatz zu einem Baum oder einem Tier, die gegenüber ihrer Umwelt an ihren »Bauplan« gebunden seien, die menschliche Existenz nicht nur zahlreiche Alternativen an Daseinsformen enthalte, sondern gerade in dieser mannigfachen Potentialität des Seins wurzele.

Der bedeutsame und sehr fruchtbare Gebrauch, den die Existentialtherapeuten von der Analyse der »Welt« des Patienten machen, wird deutlich in Roland Kuhns Studie über Rudolf, den Metzgerjungen, der auf eine Prostituierte schoß.[10] Kuhn faßt die Fakten zu diesem Fall folgendermaßen zusammen:

Am 23. März 1939 schoß Rudolf R., ein 21jähriger, fleißiger und unscheinbarer Metzgerlehrling, keine Vorstrafen, auf eine Prostituierte in der Absicht, sie zu töten. Er hatte am Morgen seinen Arbeitsplatz verlassen, seine Sonntagskleider angezogen, eine Pistole und Munition gekauft und war mit einer einfachen Fahrkarte nach Zürich gefahren. Dort streunte er den ganzen Tag durch die Straßen und kehrte in verschiedenen Lokalen ein, ohne viel zu trinken. Um fünf Uhr nachmittags lernte er in einer Bar eine Prostituierte kennen, begleitete sie in ihr Zimmer, hatte Geschlechtsverkehr mit ihr, und nachdem sie sich beide wieder angekleidet hatten, feuerte er den Schuß auf sie ab. Sie wurde von der Kugel getroffen, aber nur leicht verletzt. Kurz nach der Tat stellte sich Rudolf der Polizei.

Kuhn bemerkt, daß Rudolf zu dieser Zeit den Tod seines Vaters betrauerte, und bemüht sich, die »Welt des Trauernden« zu verstehen. Den Akt des Trauerns um seine Mutter, die gestorben war, als er vier Jahre alt war, hatte Rudolf vermieden und verdrängt. Seither lebte er in einer »Welt der Trauer« – das heißt, er war generell depressiv und schien sich überhaupt nicht freuen zu können. Nach dem Tod seiner Mutter hatte er mehrere Jahre in ihrem Bett geschlafen; er schien nach ihr zu suchen – oder nach einer Gelegenheit, die Trauer zu erleben und sich auf diese Weise von ihr zu befreien. Kuhn zitiert Rilke: »Töten ist eine Form unserer umherschweifenden Trauer.« Der Fall, wie Kuhn ihn schildert, ist zu komplex, um hier resümiert zu werden. Aber nach der Lektüre der Studie hat der Leser völliges Verständnis für Rudolfs »Welt der Trauer« und seinen Mordversuch an der Prostituierten als Akt der Trauer um seine Mutter. Ich glaube nicht, daß diese Klarheit durch irgendeine andere Methode als die Beschreibung »des Patienten in seiner Welt« gewonnen werden könnte.

Die Existentialanalytiker unterscheiden, wie wir gesehen haben, drei Erscheinungsformen der Welt – das heißt, drei gleichzeitig vorhandene Aspekte der Welt –, welche die Existenz jedes Menschen kennzeichnen. Erstens ist da die *Umwelt*, die uns umgebende natürliche Welt. Zweitens gibt es die *Mitwelt*, die Welt der Lebewesen unserer eigenen Spezies, die Welt unserer Mitmenschen. Und das dritte ist die *Eigenwelt*, die Welt der Beziehung zu mir selbst.

Die erste, die *Umwelt*, ist das, was im allgemeinen Sprachgebrauch als Welt gilt – nämlich die Welt der Objekte um uns herum, die biologische Welt. Alle Organismen haben eine *Umwelt*. Bei Tieren und Menschen schließt die *Umwelt* biologische Bedürfnisse, Triebe und Instinkte ein – die Welt, in der man auch existieren würde, wenn man, hypothetisch gesprochen, kein Selbst-Bewußtsein hätte. Es ist die Welt der Naturgesetze und natürlichen Kreisläufe, des Schlafens und Wachens, des Geborenwerdens und Sterbens, der Begierde und Befriedigung, die Welt des Endlichen und der biologischen Determiniertheit, die Welt, in die jeder von uns durch seine Geburt »geworfen« wird und an die wir uns alle in irgendeiner Weise anpassen müssen. Die Existentialanalytiker vernachlässigen keineswegs die Realität der natürlichen Welt; »die Naturgesetze sind so gültig wie eh und je«, formulierte es Kierkegaard. Sie stimmen weder mit den Idealisten überein, die die materielle Welt auf ein hergeleitetes Phänomen reduzieren, noch mit den Intuitionisten, die sie als rein subjektiv betrachten, noch mit irgend jemandem, der die Bedeutung der Welt biologischer Festlegungen unterschätzen würde. Tatsächlich ist die Bereitschaft, die objektive Welt der Natur ernst zu nehmen, eines der kennzeichnenden Merkmale der Existentialanalyse. Bei der Lektüre existentialanalytischer Schriften habe ich oft den Eindruck, daß die Vertreter dieser Denkrichtung die *Umwelt*, die materielle Welt, mit größerem Realismus zu erfassen vermögen als jene, die sie in »Triebe« und »Substanzen« unterteilen, gerade weil die Existentialanalytiker sich nicht auf die *Umwelt allein* beschränken, sondern sie auch im Kontext des menschlichen Selbst-Bewußtseins sehen.[1] Boss' Verständnis des Patienten mit dem Traum von den Exkrementen und dem Kirchturm (siehe Kapitel 7) ist ein ausgezeichnetes Beispiel dafür. Existentialanalytiker beharren entschieden darauf, daß es eine Übersimplifizierung und ein grundlegender Irrtum wäre, den Menschen so zu behandeln, als sei die *Umwelt* die einzige Sphäre der Existenz, oder an ihn die Kategorien anzulegen, die auf die *Umwelt* passen, um alle menschlichen Erfahrungen auf dieses Prokrustesbett zu zwingen. In diesem Zusammenhang sind die existentiellen Denker *empirischer* – das heißt, respektvoller gegenüber den realen menschlichen Phänomenen – als die Mechanisten, Positivisten oder Behavioristen.

Die *Mitwelt* ist die Welt des Austauschs und der Beziehungen mit anderen Menschen. Aber sie ist nicht zu verwechseln mit »dem Einfluß der Gruppe auf das Individuum«, »der Kollektivseele« oder den verschiedenen Formen von »sozialem Determinismus«. Das Charakteristische der *Mitwelt* erschließt sich, wenn wir uns den Unterschied zwischen einer Herde von Tieren und einer Gemeinschaft von Menschen verdeutlichen. Howard Liddell hat darauf hingewiesen, daß für die Schafe, die er erforschte, der »Herdeninstinkt darin besteht, die Umwelt konstant zu halten«. Außer in den Paarungs- und Säugezeiten kann eine solche Herde ebensogut von einigen Schäferhunden oder von Kindern gehütet werden, vorausgesetzt, daß diese Umwelt konstant gehalten wird. In einer Gruppe von Menschen laufen jedoch unendlich komplexere Interaktionen ab, wobei die Bedeutung der anderen Gruppenmitglieder teilweise durch meine eigene Beziehung zu ihnen bedingt ist. Genaugenommen sollten wir sagen, Tiere haben eine *Umwelt*, Menschen haben eine *Welt*. Denn »Welt« schließt das Bedeutungsgefüge ein, das durch die Wechselbeziehung der darin vorhandenen Personen geformt wird. So hängt die Bedeutung der Gruppe für mich teilweise davon ab, wie ich mich in diese einbringe. Deshalb kann auch Liebe niemals auf einer rein biologischen Ebene verstanden werden, sondern sie hängt von solchen Faktoren wie persönlicher Entscheidung und Engagement für den anderen ab.[2]

Die Kategorien von »Anpassung« und »Adaptation« sind völlig angebracht im Kontext der *Umwelt*. Ich passe mich an das kalte Wetter und an die periodischen Bedürfnisse meines Körpers nach Schlaf an; das Entscheidende ist, daß das Wetter durch meine Anpassung weder verändert noch überhaupt davon berührt wird. Anpassung vollzieht sich zwischen zwei Objekten oder einer Person und einem Objekt. Aber in bezug auf die *Mitwelt* sind die Kategorien von Anpassung und Adaptation nicht angebracht; der Begriff *Beziehung* ist hier die richtige Kategorie. Wenn ich fordere, daß sich ein anderer Mensch an mich anpaßt, dann behandle ich ihn nicht als Person, als *Dasein*, sondern als manipulierbares Instrument; und sogar wenn ich mich an mich selbst anpasse, benutze ich mich dabei als ein Objekt. Man kann von Menschen niemals zutreffend als von »Sexualobjekten« sprechen; sobald eine Person ein Sexualobjekt ist, betrachtet man sie nicht mehr als eine Person. *Das Wesen von Beziehung besteht darin, daß sich in der Begegnung beide Menschen verändern.* Vorausgesetzt, die Beteiligten sind nicht schwer krank und haben einen gewissen Grad an Bewußtsein, bedeutet Beziehung immer gegenseitige Wahrnehmung; und damit beginnt bereits der Vorgang der wechselseitigen Beeinflussung durch die Begegnung.

Die *Eigenwelt* ist schließlich die Existenz-Ebene, die in der modernen Psychologie und Tiefenpsychologie am ungenügendsten bearbeitet oder verstanden wird; tatsächlich ist es berechtigt zu sagen, daß sie beinahe ignoriert wird. *Eigenwelt* setzt Selbst-Bewußtheit und Selbst-Bezogenheit voraus, sie ist einzig und allein beim Menschen vorhanden. Aber sie ist nicht bloß ein subjektives, inneres Erleben; sie ist vielmehr die Basis, von der aus wir die reale Welt in der richtigen Perspektive sehen, die Basis, von der aus wir zu anderen in Beziehung treten. Sie ist das Begreifen dessen, was etwas in der Welt – dieser Strauß Blumen, dieser andere Mensch – für *mich* bedeutet. Suzuki hat bemerkt, daß in östlichen Sprachen wie dem Japanischen Adjektive immer den Hinweis auf das »für mich« einschließen. Das heißt, »Diese Blume ist schön« bedeutet, »*Für mich* ist diese Blume schön«. Unsere westliche Spaltung zwischen Subjekt und Objekt hat uns im Gegensatz dazu zu der Annahme verführt, daß wir am meisten aussagen, wenn wir völlig losgelöst von uns selbst erklären, daß die Blume schön sei, als ob eine Feststellung um so wahrer wäre, je weniger wir selbst damit zu tun haben! Dieses Ausblenden der *Eigenwelt* trägt nicht nur zu sterilem Intellektualismus und Verlust an Vitalität bei, sondern hat offensichtlich auch viel mit der Neigung heutiger Menschen zu tun, das Gefühl für die Realität ihrer eigenen Erfahrungen zu verlieren.

Es sollte klar sein, daß diese drei Erscheinungsformen der Welt immer in Wechselbeziehung zueinander stehen und einander bedingen. In jedem Augenblick existiere ich beispielsweise in der

Umwelt, der biologischen Welt. Aber wie ich mich zu meinem Bedürfnis nach Schlaf oder zum Wetter oder zu irgendeinem Instinkt einstelle – das heißt, wie ich in meiner eigenen Selbst-Bewußtheit diesen oder jenen Aspekt der *Umwelt* sehe –, entscheidet darüber, was diese für mich bedeuten, und bedingt, wie ich darauf reagieren werde. Der Mensch lebt gleichzeitig in der *Umwelt*, der *Mitwelt* und der *Eigenwelt*. Dies sind keineswegs drei verschiedene Welten, sondern drei gleichzeitige Erscheinungsweisen des Daseins in der Welt.

Mehrere Konsequenzen ergeben sich aus der Beschreibung der drei Erscheinungsformen von Welt. Die eine ist, daß die Realität des Daseins in der Welt verlorengeht, wenn *einer dieser drei Modi auf Kosten der anderen beiden in den Vordergrund rückt*. In diesem Zusammenhang vertritt Binswanger die Auffassung, daß sich die klassische Psychoanalyse nur mit der *Umwelt* befasse. Die Genialität und der Wert des Werkes von Freud liegen in der enthüllenden Erkenntnis des Menschen in seiner *Umwelt*, der Welt der Instinkte und Triebe, der äußeren Zufälligkeiten und biologischen Festlegungen. Aber die traditionelle Psychoanalyse hat nur einen verschwommenen Begriff von *Mitwelt*, der Welt der Wechselbeziehungen von Personen als Subjekten. Man könnte argumentieren, daß eine solche Psychoanalyse die *Mitwelt* in dem Sinne einbeziehe, daß die Individuen einander aus der schieren Notwendigkeit finden müssen, biologische Bedürfnisse zu befriedigen – daß also libidinöse Triebe soziale Ventile erfordern und soziale Beziehungen notwendig machen. Doch das heißt, die *Mitwelt* schlicht von der *Umwelt* abzuleiten, die *Mitwelt* zu einem Sekundärphänomen der *Umwelt* zu machen; und es bedeutet, daß wir uns gar nicht wirklich mit der *Mitwelt* befassen, sondern nur mit einer anderen Form von *Umwelt*.

Es ist klar, daß die zwischenmenschlich orientierten Schulen der Psychologie über eine theoretische Grundlage für den direkten Umgang mit der *Mitwelt* verfügen. Dies zeigt sich, um nur ein Beispiel zu nehmen, etwa an Sullivans interpersoneller Theorie. Obwohl sie nicht miteinander identifiziert werden sollten, haben das Konzept der *Mitwelt* und die interpersonelle Theorie viel miteinander gemein. Die Gefahr ist hier jedoch, daß die zwischenmenschlichen Beziehungen hohl und steril werden, wenn die *Eigenwelt* ihrerseits außer acht gelassen wird. Bekanntlich wandte Sullivan sich gegen das Konzept der individuellen Persönlichkeit und bemühte sich, das Selbst in Begriffen der »widergespiegelten Bewertung« und sozialen Kategorien zu definieren – das heißt, der Rollen, die der oder die Betreffende in der interpersonellen Welt spielen.[3] Theoretisch leidet dieser Ansatz an beträchtlicher logischer Inkonsequenz und widerspricht geradezu diametral anderen wichtigen Beiträgen Sullivans. Praktisch tendiert er dazu, das Selbst zu einem Spiegel der es umgebenden Gruppe zu machen, es seiner Vitalität und Originalität zu berauben und die interpersonelle Welt auf bloße »soziale Beziehungen« zu reduzieren. Es bereitet einer Haltung den Boden, die den Zielen Sullivans und anderer interpersoneller Denker völlig entgegengesetzt ist – nämlich dem sozialen Konformismus. Die *Mitwelt* absorbiert nicht automatisch die *Umwelt* oder die *Eigenwelt*.

Aber wenn wir uns dem Modus der *Eigenwelt* selbst zuwenden, begeben wir uns in das unerforschte Grenzgebiet der psychotherapeutischen Theorie. Was bedeutet es, vom »Selbst in Beziehung zu sich selbst« zu sprechen? Was geschieht bei den Phänomenen des Bewußtseins, des Selbst-Gewahrseins? Was geht bei der »Einsicht« vor sich, wenn sich die innere Gestalt eines Menschen wandelt? Und was bedeutet schließlich »Selbst-Erkenntnis«? Jedes dieser Phänomene läuft in fast jedem Augenblick bei jedem von uns ab; sie liegen uns in der Tat näher als unsere Atmung. Doch vielleicht gerade weil sie uns so nahe sind, weiß niemand, was sich bei diesen Ereignissen abspielt. Diese Erscheinungsweise des Selbst in Beziehung zu sich selbst war der Aspekt menschlicher Erfahrung, den Freud niemals wirklich erfaßte, und es ist zweifelhaft, ob irgendeine andere Schule bisher eine Basis für den adäquaten Umgang damit gefunden hat. *Eigenwelt* ist sicherlich der am schwersten faßbare Modus angesichts unserer westlichen Technologie-Versessenheit. Es könnte gut sein, daß die *Eigenwelt* jener Bereich ist, in dem sich in den nächsten Jahrzehnten der wichtigste Klärungsprozeß vollzieht.

Eine weitere Konsequenz dieser Analyse der Daseinsformen in der Welt ist, daß wir dadurch eine Grundlage für das psychologische Verständnis von Liebe erhalten. Die menschliche Erfahrung der Liebe kann offensichtlich in Kategorien der *Umwelt* nicht angemessen beschrieben werden. Die interpersonellen Schulen, die hauptsächlich in der *Mitwelt* zu Hause sind, haben sich mit der Liebe beschäftigt, besonders Sullivan in seinem Konzept der Bedeutung enger Freundschaften und Fromm mit seiner Analyse der

Schwierigkeiten des Liebens in unserer heutigen entfremdeten Gesellschaft. Aber wir haben Grund zu bezweifeln, daß es in diesen oder anderen Schulen bisher ein theoretisches Fundament gibt, auf dem wir weiterarbeiten könnten. Der allgemeine Vorbehalt, den ich oben ausgesprochen habe, gilt hier ebenfalls – nämlich, daß Liebe ohne einen angemessenen Begriff von *Umwelt* ihre Vitalität einbüßt und daß ihr ohne *Eigenwelt* die Kraft und die Fähigkeit fehlt, sich selbst zu erweitern und zu bereichern.

Jedenfalls darf die *Eigenwelt* im Verständnis der Liebe nicht fehlen. Nietzsche und Kierkegaard versicherten ständig, zu lieben setze voraus, daß man bereits ein »wahres Individuum«, der »einsame Einzelne« geworden sei, der »das tiefe Geheimnis begriffen hat, daß man, auch wenn man einen anderen liebt, sich selbst genügen muß«[4]. Ihnen selbst gelang es ebensowenig wie anderen Existentialisten zu lieben, aber sie halfen, die »psychochirurgischen« Eingriffe am Menschen des 19. Jahrhunderts auszuführen, die Blockaden beseitigten und Liebe ermöglichten. Auch Binswanger und andere existentielle Therapeuten sprechen häufig von Liebe. Und obwohl es durchaus fragwürdig ist, wie sie in bestimmten therapeutischen Fällen konkret mit Liebe umgingen, liefern sie uns dennoch die theoretische Grundlage dafür, in der Psychotherapie schließlich angemessen auf Liebe einzugehen.

In vielen der psychologischen und psychiatrischen Diskussionen über die Liebe ist in Amerika ein Fehlen der *tragischen* Dimension zu spüren. Um Tragik auf irgendeine Weise ins Blickfeld rücken zu können, ist es erforderlich, das Individuum in den drei Erscheinungsformen von Welt zu begreifen – der Welt der biologischen Triebe, des Schicksals und des Determinismus *(Umwelt)*; der Welt der Verantwortlichkeit gegenüber den Mitmenschen *(Mitwelt)*; und der Welt, in der sich das Individuum des Schicksals bewußt werden kann, mit dem es im jeweiligen Augenblick allein ringt *(Eigenwelt)*. Die *Eigenwelt* ist essentiell für jede Erfahrung von Tragik, denn das Individuum muß sich seiner persönlichen Identität inmitten ungeheurer natürlicher und sozialer Kräfte bewußt sein, die schicksalhaft auf es einwirken. Man hat zu Recht gesagt, daß den Amerikanern der Sinn für Tragik fehle – und daß sie deshalb im Drama und anderen Kunstformen wenige echte Tragödien hervorbrächten –, weil ihnen der Sinn für die eigene Identität und das Bewußtsein des Individuums fehle.

Der nächste Beitrag der Existentialanalytiker, den wir uns vor Augen führen wollen, ist ihre besondere Einstellung zur *Zeit*. Sie haben erkannt, daß die tiefsten menschlichen Erfahrungen wie Angst, Trauer und Freude stärker an die Dimension der Zeit als an die des Raumes gebunden sind. Sie stellen deshalb freimütig die Zeit in das Zentrum ihres Menschenbildes und gehen daran, sie nicht in der traditionellen Weise als Gegenstück zum Raum zu studieren, sondern in ihrer eigenen existentiellen Bedeutung für den Patienten.

Ein Beispiel dafür, wie diese Einstellung zur Zeit psychologische Probleme zu erhellen vermag, gibt eine faszinierende Fallstudie von Eugen Minkowski.[1] Minkowski, der im Anschluß an seine psychiatrische Ausbildung nach Paris ging, war von der Einsicht in die Bedeutsamkeit der zeitlichen Dimension, die Henri Bergson damals verkündete, für das Verständnis psychiatrischer Patienten beeindruckt.[2] Minkowski lebte mit seinem Patienten zusammen. In seinen eigenen Worten:

Ein Glücksfall – oder genauer, einer der Wechselfälle des Lebens – zwang mich im Jahr 1922, zwei Monate mit einem Patienten als dessen persönlicher Arzt zuzubringen ...

Der Patient, ein 62jähriger Mann, der das Bild einer depressiven Psychose mit Wahnvorstellungen bot, äußerte Gedanken von Schuld und Untergang ... Die Menschen sähen ihn auf der Straße merkwürdig an, seine Dienstboten seien bestochen, ihm nachzuspionieren und ihn zu verraten, jeder Zeitungsartikel sei gegen ihn gerichtet und Bücher seien ausschließlich gegen ihn und seine Familie erschienen ...

Ich hatte Gelegenheit, ihn täglich zu begleiten, nicht in einer psychiatrischen Klinik oder einem Sanatorium, sondern in einer normalen Umgebung ... Ich konnte den Patienten nicht nur beobachten, sondern hatte in fast jedem Augenblick die Möglichkeit, sein Seelenleben und das meine zu vergleichen. Es war wie zwei Melodien, die gleichzeitig gespielt werden; obwohl diese beiden Melodien so disharmonisch sind wie nur möglich, stellt sich dennoch ein gewisses Gleichgewicht zwischen den Noten der einen und der anderen her und gestattet uns, etwas tiefer in die Seele unseres Patienten einzudringen.

... Worin besteht eigentlich die Dissonanz zwischen seiner Seele und unserer eigenen?

Wir fragen uns, was ist eine Wahnvorstellung? Ist sie wirklich nichts weiter als eine Störung der Wahrnehmung und des Urteils? Dies führt uns zu unserem gegenwärtigen Problem zurück – nämlich, worin besteht die Dissonanz zwischen der Seele des Patienten und unserer eigenen?

Als ich eintraf, erklärte er, seine Hinrichtung werde bestimmt in dieser Nacht stattfinden. In seiner Panik war er außerstande zu schlafen und hielt auch mich die ganze Nacht wach. Ich tröstete mich mit dem Gedanken, am Morgen werde er ja sehen, daß alle seine Befürchtungen umsonst gewesen seien. Die gleiche Szene wiederholte sich aber am nächsten und am übernächsten Tag, bis ich nach drei oder vier Tagen die Hoffnung aufgab, während sich seine Haltung keinen Deut veränderte. Was war geschehen? Als normaler Mensch hatte ich einfach aus den beobachteten Tatsachen rasch meine Schlüsse über die Zukunft gezogen. Ich wußte jetzt, daß er Tag für Tag fortfahren würde zu schwören, er werde in dieser Nacht zu Tode gefoltert werden, und das tat er auch, ohne einen Gedanken an die Gegenwart oder die Vergangenheit zu verschwenden ... Diese Übertragung aus Vergangenheit und Gegenwart in die Zukunft fehlte ihm völlig.

... Diese Denkweise ... zeugte von einer tiefgreifenden Störung in seiner allgemeinen Einstellung zur Zukunft; die Zeit, die wir normalerweise zu einem fortschreitenden Ganzen integrieren, war hier in isolierte Fragmente aufgespalten.

Minkowski erläutert, daß der Patient in diesem Fall »keine Beziehung zur Zeit herstellen konnte« und daß jeder Tag eine abgeschiedene Insel ohne Verbindung zur Vergangenheit und Zukunft für ihn war. Traditionellerweise würde ein Therapeut einfach argumentieren, der Patient könne kein Verhältnis zur Zukunft, keinen Zeitbezug herstellen, *weil* er diese Wahnvorstellungen habe. Minkowski schlägt das genaue Gegenteil vor. »Könnten wir«, fragt er, »nicht vielmehr annehmen, *die fundamentalere Störung sei seine verzerrte Einstellung zur Zukunft, während die Wahnvorstellung nur eine ihrer Manifestationen ist?*« Minkowskis origineller Ansatz hellt schlagartig diese dunklen, unerforschten Bereiche der Zeit auf und befreit uns aus den Grenzen und Fesseln des traditionellen klinischen Denkens.

Als ich diesen Fall las, kam mir eine Parallele zu meiner eigenen psychotherapeutischen Arbeit in den Sinn. Das heißt, ich entdeckte mit einiger Überraschung, daß die Schlacht schon halb gewonnen ist, wenn wir dem unter schweren Angstzuständen oder Depressionen leidenden Patienten helfen können, sich auf einen Punkt zu konzentrieren, an dem er von seiner Angst oder Depression *frei* sein wird. Das Entscheidende an schwerer Angst und Depression ist, daß sie unser ganzes Selbst einschließt, daß sie uns allgegenwärtig erscheint, *universell*, wie Minkowski sagt. Aber der

Unterricht zum Beispiel, den der Patient halten muß und der ihm solche Angst macht, ist irgendwann vorbei, oder die gefürchtete Unterredung mit seinem Chef geht vorüber. Und was wird er dann empfinden? Dieser Blick auf einen Punkt in der Zeit, an dem er von seiner Depression oder Angst *frei* sein wird, gibt dem Patienten eine Perspektive, versetzt ihn gewissermaßen auf eine höhere Warte; und dies kann genügen, um die Ketten der Angst oder Depression zu sprengen. Der Patient kann sich entspannen und faßt neue Hoffnung.

Wenn Psychotherapeuten in ihrer ausschließlichen Ausrichtung auf den Inhalt der Depression oder Angst die Zeitdimension vergessen haben, so trifft dies auf die Dichter, die den konkreten existentiellen Erfahrungen oft näher sind, gewiß nicht zu. Shakespeare läßt die akut depressive Figur des Macbeth in den berühmten Strophen nicht über sein Verbrechen, das heißt, die *inhaltliche* Dimension, nachsinnen, sondern über die *zeitliche* Dimension:

> Das »Morgen« – und das Morgen – und das Morgen
> Kriecht seinen Schneckengang von Tag zu Tag
> Zur letzten Silbe hin im Buch der Zeit;
> Und alle »Gestern« leuchteten uns Narren
> Den Weg zu Tod und Staub.

Diese neue Einstellung zur Zeit beginnt mit der Feststellung: Die wesentlichste Tatsache der Existenz ist ihr ständiges *Werden* – das heißt, sie entwickelt sich immer in der Zeit und ist niemals als ein festliegender Punkt zu definieren.[3] Die existentiellen Therapeuten vertreten buchstäblich eine Psychologie des *Seins*, nicht des »Ist«, des »War« oder fixierter, anorganischer Kategorien. Ihre Konzepte wurden zwar vor mehreren Jahrzehnten erarbeitet, doch es ist überaus bedeutsam und kennzeichnend, daß experimentalpsychologische Arbeiten wie die von Mowrer und Liddell ihre Schlußfolgerungen veranschaulichen und bestätigen. Am Ende einer seiner wichtigsten Schriften erklärt Mowrer, die Zeit sei die charakteristische Dimension der menschlichen Persönlichkeit. »Die Zeitbindung« – das heißt, die Fähigkeit, die Vergangenheit als Teil der gesamten Ursachenkette, in der lebende Organismen agieren und reagieren, in die Gegenwart einzubeziehen, sowie die Fähigkeit, im Hinblick auf die langfristige Zukunft zu handeln – sei »das Wesen sowohl des Denkens als auch der Persönlichkeit«.[4] Liddell hat gezeigt, daß Schafe, wenn sie Bestrafung erwarten, einen Zeitraum von etwa einer Viertelstunde überblicken können und Hunde etwa eine halbe Stunde; aber ein Mensch kann die Vergangenheit vieler tausend Jahre in die Gegenwart als Daten einbeziehen, die seine augenblicklichen Handlungen leiten. Und er kann sich genauso in seiner bewußten Phantasie in die Zukunft projizieren, nicht nur eine Viertelstunde, sondern Wochen, Jahre und Jahrzehnte. Die unmittelbaren Grenzen der Zeit zu überschreiten, das eigene Erleben selbst-bewußt im Lichte der fernen Vergangenheit und Zukunft zu sehen, in diesen Dimensionen zu agieren und zu reagieren, von einer tausend Jahre zurückliegenden Vergangenheit zu lernen und die ferne Zukunft zu gestalten – diese Fähigkeit ist das einzigartige Merkmal der menschlichen Existenz.

Die existentiellen Therapeuten stimmen mit Bergson überein, daß »Zeit das Herz der Existenz« sei und daß wir den Fehler begangen haben, uns primär in räumlichen Begriffen gemäß der »res extensa« zu sehen, als wären wir Objekte, die wie Substanzen an diesem oder jenem Ort anzutreffen sind. Durch diese Fehleinschätzung verlieren wir unsere ursprüngliche und reale existentielle Beziehung zu uns selbst, ja auch zu anderen Personen um uns herum. Infolge dieser Überbetonung des räumlichen Denkens, meint Bergson, sind die »Momente, in denen wir uns selbst erfassen, selten, und daher sind wir selten frei«.[5] Oder, wenn wir die Zeit berücksichtigt haben, dann geschah dies im Sinne der aristotelischen Definition, von der die Tradition des westlichen Denkens geprägt wurde: »Denn die Zeit ist das, was in der Bewegung gemessen wird gemäß dem, was früher und was später ist.«

Das Auffallende an dieser Beschreibung der »Uhrzeit« ist, daß es sich um eine räumliche Analogie handelt und man sie sich am besten in Form einer Reihe von Blöcken oder gleichmäßig angeordneten Punkten auf einer Uhr oder einem Kalender vorstellen kann. Diese Auffassung von Zeit paßt am ehesten zur *Umwelt*, das heißt in eine Sicht des Menschen als einer Größe, die den verschiedenen konditionierenden und determinierenden Kräften der Natur und den Einwirkungen von Trieben ausgesetzt ist. Aber in der *Mitwelt*, dem Modus der persönlichen Beziehungen und der Liebe, hat die Bedeutung eines Ereignisses viel weniger mit der quantitativen Zeit zu tun; das Wesen oder der Grad einer Liebe können beispielsweise niemals an der Zahl von Jahren gemessen werden, die man einen geliebten Menschen kennt. Es stimmt zwar, daß

Mitwelt viel mit Uhrzeit zu tun hat: Viele Menschen verkaufen ihre Zeit auf einer Stundenbasis, und ihr tägliches Leben verläuft nach Stundenplänen. Ich beziehe mich jedoch eher auf die innere Bedeutung von Ereignissen. »Dem Glücklichen schlägt keine Stunde«, sagt ein deutsches Sprichwort. Die bedeutsamsten Ereignisse in der psychischen Existenz eines Menschen sind wahrscheinlich gerade die »unvermittelten«, die das übliche stetige Fortschreiten der Zeit durchbrechen.

Die *Eigenwelt* schließlich, die Welt der Selbstbezogenheit, der Selbst-Bewußtheit und der Einsicht in die Bedeutung eines Ereignisses für das eigene Selbst, hat praktisch nicht den geringsten Bezug zur aristotelischen Uhrzeit. Das Wesentliche der Selbst-Bewußtheit und der Einsicht ist, daß sie »da« sind – augenblicklich, unmittelbar –, und der Moment der Bewußtheit hat seine Bedeutung für alle Zeiten. Man kann dies leicht erkennen, wenn man darauf achtet, was im Augenblick einer Einsicht oder in einem Moment der Selbst-Erfahrung in einem vorgeht; die Einsicht kommt plötzlich, sie wird gewissermaßen »ganz geboren«. Und man wird entdecken, daß die Einsicht nicht klarer wird, wenn man eine Stunde lang darüber meditiert, wiewohl sich einem dadurch viele weitere Konsequenzen offenbaren mögen – ja es kann beunruhigend sein, daß man nach Ablauf einer Stunde oft nicht mehr so klar sieht wie am Anfang.

Die existentiellen Therapeuten beobachteten auch, daß die tiefsten seelischen Erfahrungen merkwürdigerweise diejenigen sind, welche die Beziehung des Individuums zur Zeit erschüttern. Schwere Angst und Depression löschen die Zeit aus, vernichten die Zukunft. Oder es könnte auch sein, wie Minkowski meint, daß das gestörte Verhältnis des Patienten zur Zeit, seine Unfähigkeit, eine Zukunft zu »haben«, seine Angst und Depression auslöst. In beiden Fällen ist der schmerzhafteste Aspekt der Lage des Leidenden, daß er außerstande ist, sich einen künftigen Moment in der Zeit vorzustellen, in dem er frei von Angst oder Depression sein wird. Eine ähnlich enge Wechselbeziehung erleben wir zwischen der Störung der Zeitfunktion und neurotischen Symptomen. Verdrängung und andere Vorgänge des Abblockens von Bewußtheit sind im Grunde Methoden, die übliche Beziehung der Vergangenheit zur Gegenwart aufzuheben. Da es zu schmerzhaft oder in anderer Weise zu bedrohlich für den einzelnen wäre, bestimmte Aspekte seiner Vergangenheit in seinem gegenwärtigen Bewußtsein zu bewahren, muß er die Vergangenheit wie einen Fremdkörper in sich tragen, als eine abgekapselte fünfte Kolonne, die fortan in neurotischen Symptomen zwanghaft nach Ausbruchsmöglichkeiten sucht.

Wie man die Sache auch ansieht, das Problem der Zeit hat eine sonderbare Bedeutung für das Verständnis der menschlichen Existenz.[6] Der Leser mag mir in diesem Punkt zustimmen, aber das Gefühl haben, wir stünden vor einem Rätsel, wenn wir die Zeit in anderen als räumlichen Kategorien zu verstehen suchen. Er mag die Unsicherheit von Augustinus teilen, der schrieb: »Wenn mich niemand fragt, was Zeit ist, dann weiß ich es, aber wenn ich in Antwort auf jemandes Frage eine Erklärung geben möchte, dann weiß ich es nicht.«

Einer der spezifischen Beiträge der Existentialanalytiker zu diesem Problem ist, daß sie, nachdem sie die Zeit in das Zentrum der psychologischen Betrachtung gerückt haben, annehmen, nicht die Gegenwart oder Vergangenheit, sondern die *Zukunft* sei das beherrschende zeitliche Moment für den Menschen. Persönlichkeit könne nur verstanden werden, wenn wir sie auf dem Übergang in ihre Zukunft sehen; ein Mensch könne sich selbst nur begreifen, indem er sich vorwärts projiziert. Dies ist ein Nebeneffekt der Tatsache, daß der Mensch immer im Werden begriffen ist, sich immer in die Zukunft entfaltet. Das Selbst ist in seiner Potentialität zu sehen. *»Ein Selbst ist in jedem Augenblick, in dem es existiert, im Prozeß des Werdens«*, schrieb Kierkegaard, *»denn das Selbst ... ist nur das, was werden soll.«* Die Existentialisten meinen dabei nicht »ferne Zukunft« oder etwas, das dazu dienen könnte, die Zukunft zur Flucht aus Vergangenheit oder Gegenwart zu benutzen; sie halten uns nur vor Augen, daß sich der Mensch, solange er über Selbst-Bewußtheit verfügt und nicht durch Angst oder neurotische Starrheit gelähmt ist, immer in einem dynamischen Selbstverwirklichungsprozeß befindet, immer forschend, immer suchend, sich selbst formend und in die unmittelbare Zukunft voranschreitend.

Sie vernachlässigen nicht die Vergangenheit, aber sie glauben, sie nur im Lichte der Zukunft verstehen zu können. Vergangenheit ist die Domäne der *Umwelt*, der bedingenden, naturgeschichtlichen, determinierenden Kräfte, die auf uns einwirken. Aber da wir nicht ausschließlich in der *Umwelt* leben, sind wir niemals bloß Opfer automatisch wirkender Kräfte aus der Vergangenheit. *Die deter-*

minierenden Ereignisse der Vergangenheit gewinnen ihre Bedeutung aus der Gegenwart und Zukunft. Wie Freud formulierte, haben wir Angst *aus Furcht, daß* etwas in der Zukunft geschehen könnte. Das Wort aus der Vergangenheit sei ein Orakel, bemerkte Nietzsche. »Nur als Erbauer der Zukunft, als Kenner der Gegenwart, werdet ihr es verstehen.« Jegliche Erfahrung hat einen geschichtlichen Charakter, aber der Irrtum besteht darin, die Vergangenheit nach mechanischen Kategorien zu betrachten. Die Vergangenheit ist weder das »Jetzt, das war«, noch eine Ansammlung isolierter Ereignisse, noch ein ruhendes Reservoir von Erinnerungen, vergangenen Einflüssen oder Eindrücken. Die Vergangenheit ist vielmehr die Domäne der Kontingenz (in der Philosophie versteht man darunter die Möglichkeit, daß eine Sache anders beschaffen sein könnte, als sie es tatsächlich ist; Anm. d. Übers.), in der wir Ereignisse akzeptieren und aus der wir Ereignisse auswählen, um unsere Möglichkeiten zu verwirklichen und in der unmittelbaren Zukunft Befriedigung und Sicherheit zu erlangen. Dieses Reich der Vergangenheit, der Naturgeschichte und des »Geworfenseins« ist, wie Binswanger feststellt, jene Sphäre der Existenz, welche die klassische Psychoanalyse als ihr ureigenstes Forschungs- und Untersuchungsgebiet in Anspruch genommen hat.

Aber sobald wir uns mit der Erkundung der Vergangenheit eines Patienten in der Psychoanalyse befassen, stoßen wir auf zwei sehr merkwürdige Umstände. Der erste ist das offenkundige, alltägliche Phänomen, daß die Ereignisse der Vergangenheit, an die der Patient sich erinnert, nur in einem sehr geringen, falls überhaupt einem zwingenden Zusammenhang mit den tatsächlichen Geschehnissen stehen, die ihm als Kind zugestoßen sind. Ein einziges Erlebnis in einem bestimmten Alter wird erinnert, und tausend andere Dinge werden vergessen, und gerade die am häufigsten vorkommenden Ereignisse, wie das tägliche Aufstehen am Morgen, hinterlassen in der Regel den geringsten Eindruck. Alfred Adler wies darauf hin, daß Gedächtnisbildung ein kreativer Prozeß sei, daß wir uns an das erinnern, was Bedeutung für unseren »Lebensstil« hat, und daß die gesamte »Form« des Gedächtnisses deshalb ein Spiegel des individuellen Lebensstils sei. Was ein Individuum *zu werden* sucht, bestimmt, an welches *Gewesene* es sich erinnert. In diesem Sinne prägt die Zukunft die Vergangenheit.

Der zweite Umstand ist dies: *Ob sich ein Patient an die bedeutsamen Ereignisse der Vergangenheit auch nur erinnern kann, hängt von seiner Entscheidung in bezug auf die Zukunft ab.* Jeder Therapeut weiß, daß Patienten endlos Erinnerungen wiederkäuen können, ohne daß irgendeine Erinnerung sie je bewegt, das heißt, die ganze Erzählung bleibt flach, folgenlos und ermüdend. Von einem existentiellen Standpunkt aus gesehen ist das Problem keineswegs, daß diese Patienten zufällig eine armselige Vergangenheit zu ertragen hatten; es besteht vielmehr darin, daß sie sich nicht für die Gegenwart oder Zukunft engagieren können oder wollen. Ihre Vergangenheit wird nicht lebendig, weil ihnen in der Zukunft nichts wichtig genug ist. Ein gewisses Maß an Hoffnung und Engagement, um auf eine Veränderung in der unmittelbaren Zukunft hinzuarbeiten – sei es durch Überwindung von Angst oder anderen schmerzlichen Symptomen oder durch innere Sammlung zu weiterer Kreativität –, ist notwendig, bevor irgendein Aufdecken der Vergangenheit wirklichen Wert hat.

Eine praktische Konsequenz dieser Analyse von Zeit ist, daß sich die Psychotherapie nicht auf die üblichen Lehren vom automatischen historischen Fortschritt verlassen kann. Die Existentialanalytiker nehmen die Geschichte sehr ernst,[7] aber sie protestieren gegen jegliche Tendenz, den unmittelbaren, beängstigenden Problemen der Gegenwart auszuweichen, indem man sich hinter den Festlegungen der Vergangenheit verschanzt. Sie sind gegen die Lehre, daß das Individuum automatisch von den Kräften der Geschichte vorangetragen wird, ob diese Doktrin nun die Form des religiösen Glaubens an Prädestination oder Vorsehung annimmt, die Form der abgewirtschafteten marxistischen Doktrin des historischen Materialismus, verschiedener psychologischer Doktrinen der Determiniertheit oder die häufigste Form eines solchen Geschichtsdeterminismus in unserer Gesellschaft, des Glaubens an den automatischen technischen Fortschritt. Kierkegaard äußerte sich sehr eindringlich zu diesem Punkt: »Was auch ein Geschlecht lernen möge vom andern, das eigentlich Humane lernt kein Geschlecht von dem vorausgehenden ... Lieben, das hat kein Geschlecht von dem andern gelernt, kein Geschlecht kommt dazu, woanders anzufangen als mit dem Anfang, kein späteres Geschlecht hat eine kürzere Aufgabe als das vorausgehende ... Was das Humane angeht, so fängt jedes Geschlecht ganz von neuem an, hat keine andere Aufgabe als jedes vorausgehende Geschlecht, auch nicht darüber hinaus, wofern nicht das vorausgehende die Aufgabe verriet und sich selber betrog.«[8]

Diese Schlußfolgerung ist besonders relevant für die Psychotherapie, weil die Psychoanalyse und andere Formen von Psychotherapie vielfach zur neuen technischen Autorität hochstilisiert werden, die dem einzelnen die Bürde des Liebenlernens abnimmt. Dabei liegt es auf der Hand, daß jegliche Therapie nicht mehr tun kann, als einem Menschen zu helfen, die Blockaden zu beseitigen, die ihn daran hindern zu lieben. Sie kann das eigene Lieben nicht ersetzen, und sie schadet dem Patienten letztlich, wenn sie das Bewußtsein seiner eigenen Verantwortung in dieser Hinsicht abschwächt.

Ein letzter Beitrag dieser existentiellen Analyse der Zeit liegt in ihrem Verständnis des Vorgangs der Einsicht. Kierkegaard gebraucht den reizvollen Begriff *Augenblick,* im Englischen gewöhnlich mit *the pregnant moment* (wörtlich: der schwangere Moment) übersetzt. Dies ist der gegenwärtige Moment, in dem jemand plötzlich die Bedeutung eines wichtigen Ereignisses in der Vergangenheit oder Zukunft begreift. Die »Schwangerschaft« besteht darin, daß dies niemals ein intellektueller Akt allein sein kann. Das Erfassen der neuen Bedeutung stellt einen immer vor die Möglichkeit und Notwendigkeit einer persönlichen Entscheidung, einer Veränderung der Gestalt, einer Neuorientierung der Person gegenüber der Welt und der Zukunft. Dies wird von den meisten Menschen als der Augenblick geschärftester Bewußtheit erlebt; in der psychologischen Literatur ist vom »Aha«-Erlebnis die Rede. Auf philosophischer Ebene beschreibt Paul Tillich dies als den Moment, in dem die »Ewigkeit die Zeit berührt«, und für diesen Augenblick hat er den Begriff des *Kairos,* der »erfüllten Zeit« geprägt. In der Religion und der Literatur wird dieser Augenblick, in dem die Ewigkeit die Zeit berührt, als Offenbarung bezeichnet.

11 Das Überschreiten des Gegebenen

Ein letztes Kennzeichen des menschlichen Daseins, das ich erörtern möchte, ist die Fähigkeit, die unmittelbare Situation zu transzendieren. Wenn man den Menschen als Zusammenballung verschiedener Substanzen zu analysieren versucht, braucht man sich nicht mit der beunruhigenden Tatsache auseinanderzusetzen, daß sich die Existenz immer in einem Prozeß der Selbsttranszendenz, der Selbstüberschreitung befindet. Aber wenn wir eine bestimmte Person als existierend, dynamisch, in jedem Moment im Werden begriffen verstehen wollen, dann können wir diese Dimension nicht umgehen. Diese Fähigkeit ist bereits in dem Wort *existieren* enthalten, das wörtlich »hervortreten« bedeutet. Existieren umfaßt ein ständiges Werden, Wachsen und Sich-Entfalten, eine fortwährende Evolution, ein Überschreiten der eigenen Vergangenheit und Gegenwart in die Zukunft. So drückt das Wort »transcendere« – wörtlich »darüber- oder hinübersteigen« – genau das aus, was jeder Mensch in jedem Augenblick tut, wenn er nicht ernsthaft krank oder vorübergehend durch Angst oder Verzweiflung blokkiert ist. Man kann diese fortwährende Evolution in allen Lebensvorgängen beobachten. Nietzsche läßt Zarathustra ausrufen: »Und dies Geheimnis redete das Leben selber zu mir: ›Siehe‹, sprach es, ›ich bin das, was sich immer selber überwinden muß‹.« Aber dies gilt noch viel radikaler für die menschliche Existenz, in der die Fähigkeit zur Selbst-Bewußtheit eine qualitative Erweiterung des Bewußtseinsspektrums bewirkt und dadurch die Bandbreite der Möglichkeiten, die unmittelbare Situation zu überschreiten, erheblich ausdehnt.

Das Wort *transzendieren* ist vielen Mißverständnissen ausgesetzt und ruft in der Tat häufig heftige Ablehnung hervor.[1] In den Vereinigten Staaten wird dieser Begriff auf vage und ätherische Dinge beschränkt, die, wie Francis Bacon bemerkte, besser der Dichtkunst vorbehalten bleiben, »wo Transzendenzen eher erlaubt sind«; oder er wird mit Kantschen A-priori-Annahmen assoziiert oder mit dem neuenglischen Transzendentalismus oder religiöser Jenseitigkeit oder mit unempirischen Dingen, die ohne Bezug zu konkreten Erfahrungen sind. Ich meine aber etwas anderes als all dies.

Es wurde darüber hinaus die Auffassung vertreten, das Wort habe seine Nützlichkeit eingebüßt und ein anderes sollte gefunden werden. Das wäre in Ordnung, wenn ein anderes zur Verfügung stünde, das angemessen die überaus wichtige unmittelbare menschliche Erfahrung beschreibt, die dieser Begriff ausdrückt, so wie er von Kurt Goldstein und existentialanalytischen Autoren gebraucht wird; denn jede adäquate Beschreibung des Menschen erfordert, daß die Erfahrung der »Grenzüberschreitung« einbezogen wird. Ein gewisses Mißtrauen gegenüber diesem Begriff ist insofern angebracht, als er dazu dienen kann, jedes beliebige Thema aus seinem unmittelbaren Umfeld herauszuheben, in dem es sinnvoll erörtert werden könnte, und somit zu Obskurantismus führen kann. Im Englischen wird das transzendentale Ding, auf das man es abgesehen hat, wie »Self« oder »Wholeness«, dann oft mit einem großen Anfangsbuchstaben versehen, offenbar, um der Sache einen göttlichen Anstrich zu verleihen. Man muß einräumen, daß dieser Begriff in der existentialistischen Literatur gelegentlich mit ähnlichem Effekt verwendet wird, besonders, wenn die »transzendentellen Kategorien« Husserls bemüht werden, ohne Erklärung, was sie bedeuten sollen. Andere, weniger berechtigte Einwände gegen den Begriff können dadurch entstehen, daß die Fähigkeit, die gegenwärtige Situation zu transzendieren, eine verwirrende vierte Dimension, eine *Zeit*dimension ins Spiel bringt, und dies ist eine ernste Bedrohung der traditionellen Art und Weise, Menschen in Kategorien statischer Substanzen zu beschreiben. Der Begriff wird auch von denjenigen abgelehnt, die keinen Unterschied zwischen tierischem und menschlichem Verhalten machen wollen oder die die menschliche Psyche nur mittels mechanischer Modelle zu verstehen suchen. Die Fähigkeit, die wir erörtern wollen, bereitet jenen Ansätzen tatsächlich Schwierigkeiten, da sie etwas ist, das allein den Menschen auszeichnet.

Die neurobiologische Grundlage dieser Fähigkeit hat Kurt Goldstein in klassischer Weise beschrieben. Goldstein stellte fest, daß seine hirnverletzten Patienten – hauptsächlich Soldaten, denen Teile des vorderen Kortex weggeschossen worden waren – die Fähigkeit zu abstrahieren, in Kategorien »des Möglichen« zu denken, verloren hatten. Sie waren an die unmittelbare konkrete Situation gefesselt, in der sie sich befanden. Wenn ihre Schränke in Unordnung waren, wurden sie von heftiger Angst und Verhaltensstörungen erfaßt. Sie legten einen zwanghaften Ordnungssinn an den Tag – der ein Mittel ist, sich in jedem Augenblick starr an die konkrete Situation zu halten. Wenn man sie aufforderte, ihren Namen auf ein Blatt Papier zu schreiben, dann schrieben sie ihn charakteristischerweise an den äußersten Rand, als stelle jedes Hervorwagen aus der Geborgenheit der Ecke eine zu große Gefahr dar. Es war, als drohte ihnen die Auflösung des Selbst, wenn sie nicht in jedem Augenblick auf die unmittelbare Situation bezogen blieben, als ob sie »ein Selbst sein« nur könnten, wenn das Selbst an die konkreten Dinge im Raum gebunden blieb. Goldstein vertritt die Ansicht, daß den normalen Menschen genau diese Fähigkeit auszeichne, zu abstrahieren, Symbole zu gebrauchen, sich über die unmittelbaren Grenzen der jeweiligen Zeit und des jeweiligen Raumes hinaus zu orientieren und in Kategorien »des Möglichen« zu denken. Die verletzten oder »kranken« Patienten waren durch einen Verlust ihres Spektrums von Möglichkeiten gekennzeichnet. Ihr Welt-Raum war geschrumpft, ihre Zeit beschnitten, und sie erlitten einen entsprechenden radikalen Verlust an Freiheit.

Die Fähigkeit des normalen Menschen, die gegenwärtige Situation zu transzendieren, zeigt sich in den verschiedensten Verhaltensbereichen. Einer davon ist die Fähigkeit, die Grenzen des gegenwärtigen Augenblicks in der Zeit zu überschreiten – wie wir im letzten Kapitel erörtert haben – und die ferne Vergangenheit sowie die langfristige Zukunft in das unmittelbare Dasein einzubeziehen. Sie zeigt sich auch an der einzigartigen menschlichen Fähigkeit, in Symbolen zu denken und zu sprechen. Die Vernunft und der Gebrauch von Symbolen wurzeln in dem Vermögen, über ein konkretes Objekt oder eine Lautfolge hinauszugehen, sagen wir, diese Platte, auf der meine Schreibmaschine steht, und die eine Silbe, aus der das Wort »Tisch« besteht, und sich mit anderen darauf zu einigen, daß damit eine ganze Klasse von Objekten bezeichnet wird.

Die Fähigkeit zum Transzendieren tritt besonders in den sozialen Beziehungen zutage, im Verhältnis des normalen Menschen zur Gemeinschaft. Tatsächlich setzt das ganze Geflecht von Vertrauen und Verantwortung in den menschlichen Beziehungen die Fähigkeit des einzelnen voraus, sich so »zu sehen, wie er von anderen gesehen wird«; so formuliert es Robert Burns als Antwort auf die Frage, was ihn von einer Feldmaus unterscheidet – sich selbst als jemanden zu sehen, der die Erwartungen seiner Mitmenschen erfüllt und zu deren Wohl handelt oder nicht. Ebenso wie diese Fähigkeit, die Situation zu transzendieren, bei den Hirnverletzten bezüglich der *Umwelt* beeinträchtigt ist, wie wir bei Goldsteins Patienten sahen, ist sie bei den psychopathischen Störungen im Hinblick auf die *Mitwelt* verringert. Dies sind Störungen, bei denen die Fähigkeit, sich selbst so zu sehen, wie man von anderen gesehen wird, entweder fehlt oder nicht genügend Gewicht hat; von diesen Menschen heißt es dann, daß sie »gewissenlos« seien. Der Begriff *Gewissen* (conscience) ist interessanterweise in vielen Sprachen das gleiche oder ein ähnliches Wort wie *Bewußtsein* (consciousness), beide haben die Wurzel »mit-wissen«. Nietzsche bemerkte: »Der Mensch ist das Tier, das Versprechungen machen kann.« Damit meinte er nicht Versprechungen im Sinne von sozialem Druck oder die schlichte Verinnerlichung sozialer Anforderungen (dies sind übersimplifizierte Arten, Gewissen zu beschreiben, Irrtümer, die entstehen, wenn man *Mitwelt* getrennt von *Eigenwelt* sieht). Er meinte vielmehr, daß sich ein einzelner der Tatsache bewußt sein kann, daß er sein Wort gegeben hat, daß er sich als denjenigen sehen kann, der eine Übereinkunft trifft. Versprechungen zu machen, Verantwortung zu übernehmen, setzt daher eine bewußte Selbst-Bezogenheit sowie einen Rückbezug des Handelns auf das Selbst voraus und ist etwas ganz anderes als simples angelerntes »Sozialverhalten«, das heißt, nach den Erfordernissen der Gruppe, der Herde oder eines Bienenvolkes zu handeln. Im gleichen Sinne schreibt Sartre, daß Unehrlichkeit ein spezifisch menschliches Verhalten sei: »Die Lüge ist ein Verhalten der Transzendenz.«

Erwin Straus beschreibt den Menschen als »das fragende Lebewesen«, den Organismus, der im Augenblick, da er existiert, sich selbst und sein eigenes Dasein hinterfragen kann.[2] Tatsächlich wurzelt der gesamte existentielle Ansatz in dem immer wieder merkwürdigen Phänomen, daß der Mensch ein Geschöpf ist, das, wenn es sich selbst verwirklichen soll, sein eigenes Sein nicht nur in Frage stellen *kann*, sondern *muß*. Hier wird klar, daß die Erörterung dynamischer Kräfte der sozialen Anpassung wie »Introjektion«, »Identifizierung« und so weiter allzu vereinfacht und unzulänglich gerät, wenn sie die zentrale Tatsache außer acht läßt, nämlich die Fähigkeit des Menschen, sich im jeweiligen Augenblick bewußt zu sein, daß er es ist, der den sozialen Erwartungen entspricht und der sich dafür (oder dagegen) entscheidet, sein Verhalten nach einem bestimmten Vorbild auszurichten. Dies ist der

Unterschied zwischen unreflektierter sozialer Konformität auf der einen und der Freiheit, Originalität und Kreativität der echten sozialen Reaktion auf der anderen Seite. Letztere ist das einzigartige Kennzeichen des Menschen, der im Lichte »des Möglichen« handelt.

Selbst-Bewußtsein beinhaltet Selbst-Transzendenz. Das eine hat keine Realität ohne das andere. Vielen Lesern wird klargeworden sein, daß die Fähigkeit, die unmittelbare Situation zu überschreiten, in ganz besonderem Maße *Eigenwelt* voraussetzt – das heißt, jenen Verhaltensmodus, in dem ein Mensch sich gleichzeitig als Subjekt und Objekt sieht. Die Fähigkeit, die Situation zu überschreiten, ist ein untrennbarer Bestandteil der Selbst-Bewußtheit, denn es liegt auf der Hand, daß das bloße Gewahrsein des eigenen Selbst als Existenz in der Welt die Fähigkeit beinhaltet, sich und die Situation von außen zu betrachten und sich anhand einer unbegrenzten Vielzahl von Möglichkeiten einzuschätzen und zu steuern. Die Existentialanalytiker bestehen darauf, daß die Fähigkeit des Menschen zur Überschreitung der unmittelbaren Situation das Zentrum der menschlichen Erfahrung bilde und nicht umgangen oder übersehen werden könne, ohne das Bild des Betreffenden zu verzerren, beziehungsweise unwirklich und vage zu machen. Dies ist besonders stichhaltig und richtig, wenn wir an die Erfahrungen in der Psychotherapie denken. All die spezifisch neurotischen Phänomene wie die Abspaltung des Unbewußten vom Bewußtsein, Verdrängung, Blockierung von Bewußtheit, Selbsttäuschung durch Symptome und so weiter, sind Formen des »neurotischen« Mißbrauchs der fundamentalen Fähigkeit des Menschen, zu sich selbst und seiner Welt gleichzeitig als Subjekt und Objekt in Beziehung zu treten. So schrieb Lawrence Kubie: »Der neurotische Prozeß ist immer ein symbolischer Prozeß; und die Spaltung in parallele, aber interagierende Ströme bewußter und unbewußter Prozesse beginnt ungefähr dann, wenn das Kind anfängt, die Rudimente der Sprache zu entwickeln ... Man könnte deshalb sagen, daß der neurotische Prozeß der Preis ist, den wir für unser kostbarstes menschliches Erbe bezahlen, nämlich unsere Fähigkeit, unsere Gedanken in Form von Symbolen zu erleben und zu kommunizieren.«[3] Das Wesentliche am Gebrauch von Symbolen ist, wie ich zu zeigen versuchte, die Fähigkeit, die unmittelbare, konkrete Situation zu transzendieren.

Wir verstehen nun, warum Medard Boss und die anderen existentiellen Psychiater und Psychologen diese Fähigkeit, die unmittelbare Situation zu transzendieren, zum grundlegenden und einzigartigen Kennzeichen der menschlichen Existenz erklären. »Transzendenz und In-der-Welt-Sein sind Bezeichnungen für die identische Daseinsstruktur, welche die Grundlage für jede Art von Einstellung und Verhalten ist.«[4] Boss kritisiert in diesem Zusammenhang, daß Binswanger von verschiedenen Arten der »Transzendenz« spreche – sowohl von der »Transzendenz der Liebe« als auch von der »Transzendenz der Sorge«. Das kompliziere die Sache unnötig, meint Boss; und es sei unsinnig, von »Transzendenzen« im Plural zu sprechen. Wir können nur sagen, meint Boss, daß der Mensch die Fähigkeit habe, die unmittelbare Situation zu überschreiten, weil er über die Fähigkeit zur *Sorge* verfüge – das heißt, genauer gesagt, die Fähigkeit, sein Dasein zu verstehen und die Verantwortung dafür zu übernehmen (dieser Begriff der *Sorge* stammt von Heidegger und ist ein Grundbegriff des existentiellen Denkens; er wird oft auch in der Form von *Fürsorge* gebraucht). *Sorge* ist für Boss die übergeordnete Kategorie und schließt Liebe, Haß, Hoffnung und selbst Gleichgültigkeit ein. Alle Haltungen sind entweder von Sorge oder deren Fehlen gekennzeichnet. Nach dem Verständnis von Boss sind die Fähigkeiten des Menschen, *Sorge* zu tragen und die unmittelbare Situation zu überschreiten, zwei Seiten derselben Medaille.

Ich muß dabei hervorheben, daß diese Fähigkeit, die unmittelbare Situation zu überschreiten, keine beliebige Fähigkeit unter anderen ist. Vielmehr ist sie in der ontologischen Natur des Menschseins inbegriffen. Abstraktion und Objektivierung sind Zeugnisse dessen. Doch wie es Heidegger formuliert: »Transzendenz besteht nicht aus Objektivierung, aber Objektivierung setzt Transzendenz voraus.« Das bedeutet, die Tatsache, daß der Mensch zu sich selbst in Beziehung treten kann, verleiht ihm unter anderem die Fähigkeit, seine Welt zu objektivieren, in Symbolen zu denken, zu sprechen und so weiter. Das meint Kierkegaard, wenn er uns mahnt, daß wir, um das Selbst zu verstehen, klar sehen müssen: Die Phantasie »ist keine Fähigkeit wie die anderen Fähigkeiten – wenn man so will, ist sie die Fähigkeit *instar omnium*. Welches Gefühl, welche Erkenntnis, welchen Willen ein Mensch hat, beruht doch schließlich und letztlich darauf, welche Phantasie er hat, das will besagen, darauf, wie sie sich reflektieren, das heißt auf der Phantasie ... Die Phantasie ist die Möglichkeit aller Reflexion; und die

Intensität dieses Mediums ist die Möglichkeit von der Intensität des Selbst.«[5]

Ich möchte noch verdeutlichen, was ich bisher stillschweigend vorausgesetzt habe – nämlich, daß diese Fähigkeit, die unmittelbare Situation zu transzendieren, die Grundlage der menschlichen Freiheit ist. Zu den einzigartigen Merkmalen des Menschen gehört sein riesiges Spektrum von Möglichkeiten in jeder Situation, das seinerseits abhängt von seiner Selbst-Bewußtheit, seiner Fähigkeit, in der Phantasie die verschiedenen Reaktionsalternativen in einer bestimmten Situation durchzuspielen. Jakob von Uexküll stellt in seinem Bild des Waldes die verschiedenen Umwelten einander gegenüber, die Lebewesen mit unterschiedlichen »Interessen« im gleichen Wald vorfinden. Das Insekt im Baum hat eine Umwelt; das verliebte Mädchen, das im Wald spazierengeht, hat eine andere; der Waldarbeiter, der kommt, um Bäume als Brennholz zu fällen, hat eine weitere; der Künstler, der kommt, um den Wald zu malen, hat wieder eine andere. Binswanger benutzt diese Metapher[6], um die Vielzahl von Möglichkeiten zu veranschaulichen, zwischen denen der Mensch unter den vielen Beziehungen zwischen Selbst und Welt wählen kann. Sie alle hängen von unseren – auf die Vorstellungskraft gegründeten – Möglichkeiten zur Transzendenz ab – das heißt dazu, unsere eigenen Absichten auf die Szene vor uns zu projizieren. Auf vielerlei Weise kann der Mensch unter den verschiedensten Selbst-Welt-Beziehungen wählen. Das »Selbst« ist die Fähigkeit, sich selbst in diesen vielen Möglichkeiten zu sehen.

Diese Freiheit gegenüber der Welt, fährt Binswanger fort, sei das Kennzeichen des psychisch gesunden Menschen; starr auf eine spezifische »Welt« beschränkt zu sein, wie Ellen West es war, sei das Zeichen einer psychischen Störung. Das Wesentliche sei »die Freiheit in der Gestaltung der Welt« oder die Bereitschaft, »Welt geschehen zu lassen«, wie es Binswanger formuliert. »So tief verwurzelt«, bemerkt er, »ist das Wesen der Freiheit als eine Notwendigkeit im Dasein, daß sie auch auf das Dasein selbst verzichten kann.«[7]

Die meisten, die Werke über Existentialanalyse als Anleitungen zur Behandlungstechnik lesen, werden zwangsläufig enttäuscht sein. Sie werden keine eigens entwickelten praktischen Methoden darin finden.[1] Viele Existentialanalytiker haben kein besonderes Interesse an technischen Fragen. Der Hauptgrund dafür, daß diese Psychiater und Psychologen an der Ausarbeitung einer Technik weniger interessiert sind und dies auch nicht zu entschuldigen suchen, ist, daß die Daseinsanalyse ein Schlüssel zum Verständnis der menschlichen Existenz und kein System technischer Tricks ist. Ihre Vertreter glauben, daß eines der größten Hindernisse für das Verständnis des Menschen in der westlichen Kultur (wenn nicht das allergrößte) gerade die Überbetonung der Technik sei, eine Überbetonung, die mit der Neigung einhergeht, den Menschen als ein Objekt zu betrachten, das kalkuliert, manipuliert und »analysiert« werden muß.[2] Wir haben im Westen zu der Auffassung tendiert, das *Verständnis folge der Technik*; wenn wir die richtige Technik hätten, könnten wir das Rätsel des Patienten auflösen oder »ihn durchschauen«. Der existentielle Ansatz vertritt genau die gegenteilige Meinung – nämlich, daß die *Technik dem Verständnis folgt*. Die zentrale Aufgabe und Verantwortung des Therapeuten ist es demnach, den Patienten als eine Existenz und als eine Existenz in *seiner* Welt zu verstehen. Alle technischen Probleme sind diesem Verständnis untergeordnet. Ohne dieses Verstehen sind die Methoden bestenfalls nutzlos und schlimmstenfalls ein Mittel, die Neurose zu »strukturieren«, zu verfestigen. Mit ihm ist das Fundament dafür gelegt, daß der Therapeut dem Patienten helfen kann, seine eigene Existenz zu erkennen und zu erleben, und das ist der entscheidende Vorgang in der Therapie. Dies ist keine Abwertung disziplinierter Technik. Sie wird damit nur in die richtige Perspektive gerückt.

Es ist von Anfang an klar, daß das, was die existentielle Therapie von anderen unterscheidet, nicht darin besteht, was der Therapeut im einzelnen tut, um beispielsweise Angst zu überwinden oder mit Widerstand fertigzuwerden, die Lebensgeschichte zu erfahren und so weiter. Der Unterschied liegt vielmehr im *Kontext* seiner Therapie. Wie ein existentieller Therapeut einen bestimmten Traum oder einen Wutausbruch des Patienten interpretiert, unterscheidet sich vielleicht nicht von dem, was ein klassischer Psychoanalytiker sagen würde, wenn man beides isoliert betrachtet. Aber der Kontext der existentiellen Therapie wäre eben ein ganz anderer. Sie würde sich immer auf die Fragen konzentrieren, welches Licht dieser Traum auf die Existenz dieses speziellen Patienten in seiner Welt wirft; was er darüber aussagt, *wo* er sich im Augenblick befindet und worauf er sich zubewegt; und so weiter. Der Kontext ist der Patient, nicht als ein Bündel psychischer Triebkräfte oder Mechanismen, sondern als ein Mensch, der im Hier-und-Jetzt etwas wählt, sich für etwas engagiert und auf ein Ziel ausrichtet. Der Kontext ist dynamisch, unmittelbar wirklich und gegenwärtig.

Ich werde versuchen, einige Schlußfolgerungen für die therapeutische Technik zu umreißen, die ich aus meiner Kenntnis der Werke von Existentialtherapeuten abgeleitet habe, und werde aus meiner eigenen Erfahrung berichten, inwiefern ich als Therapeut, der im weitesten Sinn psychoanalytisch ausgebildet ist, von ihren Akzentsetzungen profitiert habe. Eine systematische Zusammenfassung zu versuchen, wäre anmaßend und unmöglich zu leisten, aber ich hoffe, die folgenden Punkte werden zumindest einige der wichtigen therapeutischen Konsequenzen verdeutlichen. Es sollte dabei jedoch klar sein, daß der wesentliche Beitrag dieses Ansatzes sein vertieftes Verständnis der menschlichen Existenz ist und daß es uns nicht weiterbringt, über isolierte Techniken der Therapie zu sprechen, wenn das Verständnis, das ich in den vorangegangenen Kapiteln zu wecken suchte, nicht stets im Hintergrund vorhanden ist.

Die erste Konsequenz ist die Variabilität der Techniken unter den existentiellen Therapeuten. Boss benutzt beispielsweise Couch und freie Assoziation in der traditionellen Freudschen Manier und läßt eine Menge Ausagieren von Übertragung zu. Andere würden so weit davon abweichen, wie sich die verschiedenen Schulen ohnehin voneinander unterscheiden. Aber der entscheidende Punkt ist, daß die existentiellen Therapeuten einen definitiven Grund zur Anwendung einer bestimmten Technik bei einem bestimmten Patienten haben. Sie wenden sich entschieden gegen den Gebrauch von Techniken einfach aufgrund von Routine, Gewohnheit oder Tradition. Ihr Ansatz lehnt zugleich die Aura von Verschwommenheit und Unwirklichkeit ab, die viele therapeutischen Sitzungen umgibt, insbesondere bei den eklektischen Schulen, die sich angeblich von den Fesseln einer traditionellen Technik befreit haben und aus allen Richtungen etwas wählen, als ob deren unterschiedliche Voraussetzungen keine Rolle spielten. Die existentielle Therapie zeichnet sich durch Realitätssinn und Konkretheit aus.

Ich würde das oben Gesagte positiv so formulieren: Die existentielle Technik sollte flexibel und wandlungsfähig sein, sie sollte sich von Patient zu Patient und bei ein und demselben Patienten von einer Phase zur anderen unterscheiden. Das spezifische Vorgehen, das in einer bestimmten Situation anzuwenden ist, sollte aufgrund folgender Fragen festgelegt werden: Was ist am besten geeignet, die Existenz dieses speziellen Patienten in diesem Augenblick seiner Geschichte zu enthüllen? Was erhellt am besten sein Dasein in der Welt? Niemals rein »eklektisch« arbeitend, setzt diese Flexibilität ein klares Verständnis der Grundannahmen jeder Methode voraus. Nehmen wir an, ein Sexualtherapeut der Richtung von Alfred Kinsey, ein traditioneller Freudianer und ein Existentialanalytiker haben es mit einem Fall sexueller Verdrängung zu tun. Für den Kinseyaner würde es darum gehen, ein Sexualobjekt zu finden – was mit menschlicher Sexualität wenig zu tun hätte. Der traditionelle Freudianer würde die psychischen Folgen der Sexualverdrängung sehen, aber primär nach Ursachen in der Vergangenheit suchen und vielleicht fragen, wie dieser Fall sexueller Verdrängung qua Verdrängung zu überwinden sei. Der existentielle Therapeut würde die sexuelle Verdrängung als ein Zurückhalten von »potentia« der Existenz des oder der Betreffenden ansehen; und obwohl er sich, je nach den Umständen, direkt mit dem Sexualproblem befassen würde oder nicht, würde er darin keinen Verdrängungsmechanismus als solchen sehen, sondern eine Einengung des Daseins dieses Menschen in seiner Welt.

Die zweite Konsequenz ist, daß die psychische Dynamik ihre Bedeutung immer aus der existentiellen Situation des eigenen, unmittelbaren Lebens des Patienten gewinnt. Die Schriften einer Reihe existentieller Psychotherapeuten wie van den Berg, Viktor Frankl, Medard Boss und insbesondere das Werk von Ronald D. Laing sind in diesem Zusammenhang bedeutsam. Manche vertreten die Auffassung, daß Freuds Praxis richtig gewesen sei, daß aber seine die Praxis erklärenden Schriften falsch seien. Andere sind Freudianer in der Technik, stellen aber die Theorien und Konzepte der orthodoxen Psychoanalyse auf ein existentialistisches Fundament. Nehmen wir beispielsweise die *Übertragung*, eine Entdeckung Freuds, die viele für sehr wertvoll halten. Was wirklich geschieht, ist nicht, daß der neurotische Patient Gefühle, die er gegenüber Mutter oder Vater hatte, auf seine Frau oder seinen Therapeuten überträgt. Der Neurotiker ist vielmehr jemand, der sich in bestimmten Bereichen niemals über die begrenzten und beschränkten Erfahrungsweisen hinausentwickelte, die für das Kleinkind typisch sind. Daher sieht er auch in späteren Jahren seine Frau oder seinen Therapeuten durch die gleiche blickverengende und -verzerrende »Brille«, durch die er Vater oder Mutter wahrnahm. Wir haben es mit einem Problem der Wahrnehmung und der Beziehung zur Welt zu tun. Dies macht das Konzept der Übertragung im Sinne einer Verschiebung ablösbarer Gefühle von einem Objekt auf ein anderes überflüssig. Die neue Basis dieses Konzepts befreit die Psychoanalyse von der Last unlösbarer Probleme.

Sehen wir uns auch die Verhaltensweisen an, die man als *Verdrängung* und *Widerstand* bezeichnet. Für Freud hing die Verdrängung mit bürgerlichen Moralbegriffen zusammen – wie zum Beispiel dem Bedürfnis des Patienten, ein akzeptables Bild von sich selbst zu bewahren und deshalb Gedanken, Begierden und dergleichen zu unterdrücken, die nach dem bürgerlichen Moralkodex unstatthaft sind. Die Existentialtherapeuten betrachten den Konflikt grundlegender, als ein Problem der Annahme oder Ablehnung der eigenen Möglichkeiten durch den Patienten. Wir müssen uns immer wieder die Frage stellen: Was hält den Patienten davon ab, seine Möglichkeiten in Freiheit zu verwirklichen? Das mag etwas mit der bürgerlichen Moral zu tun haben, aber da spielt auch noch viel mehr hinein: Es führt unmittelbar zu der existentiellen Frage der Freiheit des Betreffenden. Bevor Verdrängung möglich oder vorstellbar ist, muß ein Mensch irgendeine Möglichkeit des Annehmens oder Ablehnens haben – das heißt, ein Maß an Freiheit. Ob er sich dieser Freiheit bewußt ist oder sie artikulieren kann, ist eine andere Frage; das ist nicht maßgeblich. *Verdrängen ist nichts anderes, als sich blind zu machen für die eigene Freiheit.* Das ist das Wesen dieser Dynamik. Diese Freiheit zu verdrängen oder zu leugnen, setzt sie somit bereits als eine Möglichkeit voraus. Ich möchte hervorheben, daß der psychische Determinismus immer ein sekundäres Phänomen ist und allenfalls für einen begrenzten Bereich gilt. Die primäre Frage ist, wie der einzelne grundsätzlich mit der Freiheit, seine Anlagen zu verwirklichen, umgeht, wobei die Verdrängung eine mögliche Form des Umgangs ist.

Was den *Widerstand* betrifft, müssen wir uns fragen: Wodurch wird ein solches Phänomen möglich? Die Antwort lautet, es handelt sich um eine Folge der Tendenz des Patienten, sich von der *Mitwelt* absorbieren zu lassen, in das »Man«, die anonyme Masse zurückzurutschen und den einzigartigen und originären Möglichkeiten zu entsagen, über die er verfügt. Somit ist die »soziale Konformität« eine allgegenwärtige Form des Widerstands im Leben, und selbst das Annehmen der Lehren und Interpretationen des Therapeuten kann ein Ausdruck von Widerstand sein.

Ich möchte hier nicht weiter auf die Frage eingehen, was diesen Phänomenen zugrundeliegt. Ich möchte nur demonstrieren, wie Therapeuten im Umgang mit der Dynamik von Übertragung, Widerstand und Verdrängung stets den existentiellen Ansatz im Auge behalten. *Sie sehen jede Triebdynamik in ihrer ontologischen Bedeutung* Jede Verhaltensweise wird im Lichte der Existenz des Patienten als menschliches Wesen betrachtet und verstanden. Dies zeigt sich auch daran, daß der Therapeut die Triebe, die Libido und so weiter immer als *Potentiale und Chancen* für die Existenz begreift. Boss will auf diese Weise »die krampfhafte Geistesakrobatik der alten psychoanalytischen Theorie beseitigen, welche die Phänomene vom Wechselspiel irgendwelcher Kräfte oder Antriebe dahinter abzuleiten suchte«. Er leugnet nicht die Kräfte als solche, meint aber, sie seien nicht als »Energieumwandlung« oder nach einem anderen, ähnlich naturwissenschaftlichen Modell zu verstehen, sondern nur als die »potentia« der Existenz des Betreffenden. »Diese Befreiung von unnötigen Konstrukten erleichtert das Verständnis zwischen Patient und Arzt. Es läßt auch die Pseudowiderstände verschwinden, die eine berechtigte Abwehr der Analysanden gegen die Vergewaltigung ihres Wesens darstellten.« Boss meint deshalb, die »Grundregel« der Analyse einhalten zu können – die eine Bedingung, die Freud für die Analyse stellte, nämlich, daß der Patient in völliger Aufrichtigkeit ausspreche, was in ihm vorgeht –, und zwar effektiver als in der traditionellen Psychoanalyse; denn er hört sich die Mitteilungen des Patienten mit Respekt an und nimmt sie ernst, statt sie durch Vor-Urteile zu sieben oder durch besondere Deutungen zu zerstören. Boss behauptet, nichts anderes zu tun, als die tiefere Bedeutung von Freuds Erkenntnissen ans Licht zu bringen und sie auf die nötige umfassende Grundlage zu stellen. Überzeugt, daß Freuds Entdeckungen in einem tieferen Sinn verstanden werden müssen, als ihre mangelhafte Formulierung nahelegt, verweist Boss darauf, daß Freud selbst in der Analyse nicht bloß ein passiver »Spiegel« für den Patienten gewesen sei, wie es in der Psychoanalyse traditionell gefordert wird, sondern »durchsichtig«, ein Vehikel und Medium, durch das der Patient sich selbst sieht.

Die dritte Konsequenz der existentiellen Therapie ist die Hervorhebung der *Präsenz*. Damit meinen wir, daß die Beziehung zwischen Therapeut und Patient als real angesehen wird, das heißt, der Therapeut ist nicht bloß ein schattenhafter Reflektor, sondern ein lebendiger Mensch, der in der jeweiligen Behandlungsstunde nicht mit seinen eigenen Problemen beschäftigt ist, sondern damit, das Dasein des Patienten so weit wie möglich zu verstehen und zu erleben. Der Weg zu dieser Betonung der Präsenz wurde durch unsere frühere Erörterung des fundamentalen existentiellen Gedankens der Wahrheit in der Beziehung bereitet. Ich habe dort darauf hingewiesen, daß die Wahrheit aus existentieller Sicht immer die *Beziehung* einer Person zu etwas oder jemand beinhaltet und daß der Therapeut Teil des Beziehungs»feldes« des Patienten ist. Ich habe auch davon gesprochen, daß dies nicht nur der beste Zugang des Therapeuten zum Verständnis des Patienten ist, sondern daß er den Patienten nicht wirklich *erkennen* kann, wenn er nicht ein Teil dieses Feldes wird.

Einige Zitate sollen verdeutlichen, was diese Präsenz bedeutet. Karl Jaspers hat bemerkt: »Was uns entgeht! Welche Chancen des Verstehens lassen wir vorübergehen, weil es uns in einem einzigen entscheidenden Augenblick bei all unserem Wissen an der schlichten Tugend einer *vollen menschlichen Präsenz* mangelte!«[3] In ähnlichem Sinn, aber detaillierter schreibt Binswanger in seiner Abhandlung über Psychotherapie zum Gewicht der Rolle des Therapeuten in der Beziehung:

Wenn eine solche (psychoanalytische) Behandlung scheitert, neigt der Analytiker zu der Annahme, daß der Patient nicht imstande sei, seinen Widerstand gegen den Arzt, beispielsweise als »Vaterfigur« zu überwinden. Ob eine Analyse Erfolg haben kann oder nicht, hängt jedoch oft nicht davon ab, ob ein Patient *überhaupt* fähig ist, ein solches übertragenes Vaterbild zu überwinden, sondern von der Gelegenheit, die ihm *dieser spezielle Arzt gibt*, dies zu tun; es kann mit anderen Worten die Ablehnung des Therapeuten als Person sein, die Unmöglichkeit, einen echten kommunikativen Rapport mit ihm herzustellen, was ihn am Durchbrechen der »ewigen« Wiederholung des Vater-Widerstandes hindert. In diesen »Mechanismus« und die ihm innewohnende mechanische *Wiederholung* verrannt, ist die psychoanalytische Lehre, wie wir wissen, insgesamt merkwürdig blind gegenüber der gesamten Kategorie des *Neuen,* eigentlich *Kreativen* überall im Leben der Psyche. Sicher entspricht es nicht immer den Tatsachen, wenn man das Scheitern der Behandlung nur dem Patienten zuschreibt; die Frage, die vom Arzt immer als erste zu stellen ist, lautet, ob der Fehler nicht bei ihm liegen könnte. Ich meine hier keinen technischen Fehler, sondern den viel fundamentaleren Fehler, der in der Unfähigkeit besteht, im Patienten den göttlichen »Funken« zu wecken oder erneut zu entzünden, den nur echte Kommunikation von Existenz zu Existenz erzeugen kann und der mit seinem Licht und seiner Wärme allein auch die fundamentale Macht besitzt, den Erfolg jeder Therapie zu garantieren – die Macht, einen Menschen aus der blinden Isolierung, dem »idios kosmos« des Heraklit, zu befreien, vom bloßen Vegetieren in seinem Körper, seinen Träumen, seinen persönlichen Wünschen, seiner Eitelkeit und seinem Dünkel, und ihn für ein Leben der »koinonia«, der echten Gemeinschaft, reif zu machen.[4]

Präsenz ist nicht zu verwechseln mit einer sentimentalen Einstellung zum Patienten, sondern sie hängt eindeutig und schlüssig mit dem Menschenbild des Therapeuten zusammen. Sie ist bei Therapeuten verschiedener Schulen und unterschiedlicher Überzeugungen zu finden – deren Unterschiede alles betreffen mögen außer dem einen zentralen Problem: ihre Annahmen darüber, ob der Mensch ein zu analysierendes Objekt oder ein zu verstehendes Lebewesen ist. Jeder Therapeut arbeitet in dem Maße existentiell, in dem er bei all seinem technischen Training und seiner Kenntnis von Übertragung und Triebdynamik noch fähig ist, mit dem Patienten in Beziehung zu treten als »eine Existenz, die mit einer anderen kommuniziert«, in Binswangers Worten. Nach meiner eigenen Erfahrung hatte speziell Frieda Fromm-Reichmann diese Fähigkeit; sie pflegte zu sagen: »Der Patient braucht ein Erlebnis, keine Erklärung.« Erich Fromm, als weiteres Beispiel, unterstreicht die Bedeutung der Präsenz nicht nur ähnlich wie Jaspers in dem obigen Zitat, sondern er erhebt sie zu einem zentralen Punkt seiner psychoanalytischen Lehre. Carl Rogers ist das lebende Exempel eines Therapeuten, der meines Wissens niemals persönlichen Kontakt mit den Existentialanalytikern hatte, aber mit seiner *»apologia pro vita sua«* ein sehr existentielles Dokument seines Lebens als Therapeut verfaßt hat:

Ich bringe mich in die therapeutische Beziehung mit der Hypothese oder dem Glauben ein, daß meine Zuneigung, mein Vertrauen und mein Verständnis der inneren Welt des anderen Menschen zu einem bedeutsamen Prozeß des Werdens führen wird. Ich trete in die Beziehung nicht als Wissenschafter und nicht als Arzt ein, der zutreffend diagnostizieren und heilen kann, sondern als Person, die eine persönliche Beziehung eingeht. Sofern ich den Klienten nur als ein Objekt sehe, wird dieser dazu neigen, nur ein Objekt zu werden.

Ich riskiere mich selbst, denn wenn das, was bei der sich vertiefenden Beziehung entsteht, ein Scheitern, eine Regression, eine Ablehnung von mir und der Beziehung durch den Klienten ist, dann habe ich das Gefühl, mich selbst oder einen Teil meiner selbst zu verlieren. Manchmal ist dieses Risiko sehr real, und es ist sehr schmerzhaft zu erleben. Ich lasse mich auf die Unmittelbarkeit der Beziehung ein, in der mein gesamter Organismus ins Spiel kommt und empfänglich für die Beziehung ist, nicht bloß mein Bewußtsein. Ich reagiere nicht bewußt in einer planmäßigen oder analytischen Weise, sondern einfach impulsiv auf das andere Individuum, wobei meine Reaktion (aber nicht bewußt) auf meiner gesamten organismischen Sensibilität für diese andere Person beruht. Ich lebe die Beziehung auf dieser Grundlage.[5]

Es gibt konkrete Unterschiede zwischen Rogers und den existentiellen Therapeuten wie die Tatsache, daß ein Großteil seiner Arbeit auf relativ kürzerfristigen therapeutischen Beziehungen beruht, während die Behandlung bei den in diesem Buch genannten existentiellen Therapeuten in der Regel langfristig verläuft. Rogers' Sichtweise ist manchmal naiv optimistisch, während der existentielle Ansatz mehr auf die tragischen Krisen des Lebens ausgerichtet ist, und so weiter. Bedeutsam sind jedoch Rogers' Grundgedanken, daß die Therapie ein »Prozeß des Werdens« sei, daß die Freiheit und das innere Wachstum des Individuums das Entscheidende seien, sowie die implizite Prämisse von der Würde des Menschen, die Rogers' Werk auszeichnet. All diese Konzepte stehen der existentialistischen Einstellung zum Menschen sehr nahe.

Bevor ich mich vom Thema der *Präsenz* abwende, noch drei Warnungen. Erstens bedeutet diese Hervorhebung der Beziehung keineswegs eine Übervereinfachung oder oberflächliche Verkürzung; sie ist kein Ersatz für Disziplin oder Gründlichkeit der Ausbildung. Vielmehr werden dadurch diese Dinge in ihren Kontext gestellt – nämlich Disziplin und Gründlichkeit der Ausbildung auf ein Verstehen des Menschen in seinem Menschsein gerichtet. Der Therapeut ist vermeintlich ein Experte. Aber wenn er nicht zuallererst ein Mensch ist, dann wird sein Expertentum bedeutungslos, möglicherweise schädlich sein. Das Charakteristische des existentiellen Ansatzes ist, daß das Verständnis des Menschseins nicht länger eine bloße »Gabe«, eine Intuition oder etwas dem Zufall Überlassenes ist. Es ist das »eigentliche Studium des Menschen«, wie es Alexander Pope formulierte, und wird zum Zentrum eines gründlichen und wissenschaftlichen Interesses im weiteren Sinne.

Die existentiellen Analytiker tun mit der Struktur der menschlichen Existenz dasselbe, was Freud mit der Struktur des Unbewußten machte – nämlich, sie entheben sie der Sphäre von Zufallstreffern besonders intuitiver Individuen, betrachten sie als ein zu erforschendes und zu verstehendes Gebiet und machen sie bis zu einem gewissen Grad lehrbar.

Eine zweite Warnung ist, daß durch die Betonung der Wirklichkeit von Präsenz nicht die – recht verstanden – überaus bedeutsamen Wahrheiten in Freuds Übertragungskonzept überflüssig werden. Es ist täglich zu beobachten, daß sich Patienten, ja in gewissem Maß alle Menschen, gegenüber dem Therapeuten oder dem Ehepartner so verhalten, als wären diese ihr Vater oder ihre Mutter oder jemand sonst, und dies durchzuarbeiten, ist von entscheidender Bedeutung. Aber in der existentiellen Therapie wird die »Übertragung« in den neuen Zusammenhang *eines Geschehens in einer realen Beziehung zwischen zwei Menschen* gestellt. Fast alles, was der Patient in einer bestimmten Sitzung gegenüber dem Therapeuten äußert oder tut, enthält ein Element der Übertragung. Aber nichts ist je »bloß Übertragung«, die dem Patienten erklärt werden muß, wie man ein arithmetisches Problem erklären würde. Das Konzept der »Übertragung« als solches ist oft als ein willkommener Schutzschild benutzt worden, hinter dem sich sowohl Therapeut als auch Patient verstecken, um die beängstigendere Situation einer direkten Konfrontation zu vermeiden. Für mich mag es eine Erleichterung sein, und es mag tatsächlich auch stimmen, wenn ich mir etwa im Zustand besonderer Ermüdung sage, die Patientin stelle nur deshalb so große Ansprüche an mich, weil sie sich beweisen will, daß sie die Liebe ihres Vaters erringen könne. Aber das Entscheidende ist, daß sie dies in diesem konkreten Augenblick mit *mir* macht, und die Gründe, warum dies in diesem Moment der Begegnung ihrer und meiner Existenz geschieht, sind nicht erschöpfend durch das zu erklären, was sie mit ihrem Vater tat. Jenseits aller Überlegungen von unbewußter Determinierung – die in ihrem partiellen Kontext richtig sind – trifft sie die Entscheidung, dies im gegebenen Augenblick zu tun. Darüber hinaus: Das einzige, was die Patientin innerlich ergreifen und es ihr langfristig ermöglichen wird, sich zu ändern, ist, voll und tief zu erleben, daß sie genau das in diesem konkreten Moment mit einer konkreten Person, nämlich mit mir, macht.[6] Ein Teil des »sense of timing«, des Gespürs für den richtigen Zeitpunkt in der Therapie, das bei den existentiellen Therapeuten besonders ausgeprägt entwickelt ist, besteht darin, den Patienten so lange erleben zu lassen, was er tut, bis ihn die Erfahrung wirklich packt.[7] Dann und nur dann wird eine Erklärung des *Warum* helfen. Für die erwähnte Patientin kann es in der Tat schockierend sein, sich bewußt zu werden, daß sie diese besondere bedingungslose Liebe von dieser konkreten Person in dieser bestimmten Stunde fordert, und danach – oder möglicherweise nur Stunden später – könnte sie sich die lange vorausgegangenen Ereignisse in ihrer frühen Kindheit bewußtmachen. Sie kann dann erkunden und es aufs neue durchleben, wie als Kind die Enttäuschung an ihr nagte, daß es ihr nicht gelang, die Aufmerksamkeit ihres Vaters zu erringen. Wenn sie dagegen einfach gesagt bekommt, daß dies ein Übertragungsphänomen sei, dann hat sie damit eine interessante intellektuelle Lektion erhalten, die sie jedoch existentiell völlig kalt läßt.

Drittens ist darauf hinzuweisen, daß die *Präsenz* in einer Sitzung keinesfalls bedeutet, daß der Therapeut sich selbst oder seine Gedanken und Gefühle dem Patienten aufdrängt. Es ist eine höchst interessante Bestätigung dieser Auffassung, daß Carl Rogers, der in dem oben angeführten Zitat ein so lebendiges Bild der Präsenz zeichnet, genau der Psychologe ist, der am uneingeschränktesten darauf bestanden hat, daß sich der Therapeut nicht selbst in den Vordergrund drängen dürfe, sondern jederzeit den Affekten des Patienten und den von ihm eingeschlagenen Wegen folgen müsse. In der Beziehung lebendig zu sein, bedeutet keineswegs, daß der Therapeut dem Patienten für eine Plauderei zur Verfügung steht. Er weiß, daß Patienten auf tausenderlei Arten versuchen, sich mit dem Therapeuten einzulassen, um ihren eigenen Problemen auszuweichen. Und der Therapeut kann durchaus auch schweigen, in dem Bewußtsein, daß es ein Aspekt seines Anteils an der Beziehung ist, als Projektionsfläche zu dienen. Der Therapeut ist das, was Sokrates als »Geburtshelfer« bezeichnete – völlig real in seinem »Da-Sein«, aber mit dem konkreten Ziel da, dem anderen zu helfen, etwas aus seinem Inneren ans Licht zu bringen.

Die vierte Konsequenz für die Technik in der existentiellen Analyse folgt unmittelbar aus meiner Erörterung der Präsenz: Die Therapie wird versuchen, jene Verhaltensweisen »hinwegzuanalysieren«, die Präsenz zerstören. Der Therapeut muß sich seinerseits bewußt sein, was ihn selbst daran hindert, voll präsent zu sein. Ich weiß nicht, in welchem Zusammenhang Freud bemerkte, er ziehe es vor, daß die Patienten auf der Couch liegen, weil er es nicht ertragen könne, neun Stunden täglich angestarrt zu werden. Aber es ist zweifellos wahr, daß jeder Therapeut – dessen Aufgabe zumindest schwierig und mühsam ist – in vielen Augenblicken versucht ist, die Angst und das mögliche Unbehagen angesichts einer Konfrontation mit verschiedenen Mitteln zu vermeiden. Ich bin bereits darauf eingegangen, daß eine wirkliche Konfrontation zwischen zwei Menschen starke Angst auslösen kann. Es ist daher nicht überraschend, daß es viel bequemer ist, sich selbst zu schützen, indem man im anderen nur einen »Patienten« sieht oder sich ausschließlich auf bestimmte Verhaltensmechanismen konzentriert. Die *technische* Sichtweise gegenüber dem anderen Menschen ist vielleicht das nächstliegende angstvermindernde Mittel des Therapeuten. Sie hat ihren legitimen Platz. Der Therapeut soll ja ein Experte sein. Aber Technik darf nicht als ein Mittel benutzt werden, um Präsenz abzublocken. Wann immer der Therapeut merkt, daß er rigide oder mit vorgestanzten Formeln reagiert, tut er gut daran, sich zu fragen, ob er nicht versucht, Angst zu vermeiden, und als Folge davon die existentielle Wirklichkeit der Beziehung aus den Augen verliert. Die Situation des Therapeuten gleicht der des Künstlers, der viele Jahre disziplinierten Studiums mit dem Erlernen von Technik zugebracht hat. Aber er weiß, daß in dem Augenblick seine Vision aussetzt, in dem er sich bei der Arbeit an einem Bild von Gedanken an die Technik beherrschen läßt. Der kreative Prozeß, der ihn absorbieren und die Subjekt-Objekt-Spaltung überschreiten sollte, ist dann vorübergehend unterbrochen; er hat es nur noch mit Objekten zu tun und ist selbst zu einem Manipulator von Objekten geworden.

Die fünfte Konsequenz hat mit dem Ziel des therapeutischen Prozesses zu tun. Das Ziel der Therapie ist, daß der Patient *seine Existenz als wirklich erlebt.* Das Ziel ist, daß er sich seiner Existenz so voll wie möglich bewußt wird, und das schließt ein, sich seiner verborgenen Kräfte bewußt zu werden und die Fähigkeit zu erlangen, ihnen gemäß zu handeln. Das Kennzeichen des Neurotikers ist, daß sich seine Existenz »verdüstert« hat, wie es die existentiellen Analytiker formulieren, daß sie trübe geworden ist, schnell bedroht und bewölkt, und daß sie ihm keine innere Rechtfertigung für seine Handlungen gewährt. Die Aufgabe der Therapie ist es, sein Dasein zu erhellen. Der Neurotiker läßt sich zu sehr von der *Umwelt* und zu wenig von der *Eigenwelt* leiten. Wenn die *Eigen-*

welt in der Therapie für ihn wirklich wird, neigt der Patient dazu, die *Eigenwelt* des Therapeuten für stärker zu halten als seine eigene. Binswanger weist darauf hin, daß man vor der Tendenz des Patienten auf der Hut sein müsse, die *Eigenwelt* des Therapeuten zu übernehmen, und daß die Therapie nicht zu einem Machtkampf zwischen den zwei *Eigenwelten* werden dürfe. Die Funktion des Therapeuten ist es, *da zu sein* (mit all den Anklängen von *Dasein*), in der Beziehung präsent, während der Patient seine *Eigenwelt* findet und auszuleben lernt.

Eine persönliche Erfahrung mag einen Zugang dazu veranschaulichen, den Patienten existentiell zu begreifen. Wenn der Patient hereinkommt und sich hinsetzt, habe ich oft den Impuls verspürt, ihn nicht zu fragen: »*Wie* geht es Ihnen?«, sondern: »*Wo* sind Sie gerade?« Der Gegensatz dieser Fragen – keine der beiden würde ich wohl laut stellen – verdeutlicht, worum es geht. Wenn ich den Patienten in dieser Sitzung erlebe, möchte ich nicht bloß wissen, wie er sich fühlt, sondern vielmehr, *wo er ist,* wobei dieses »Wo« seine Gefühle einschließt, aber auch noch viel mehr – ob er distanziert ist oder voll präsent; ob er auf mich und seine Probleme zugeht oder von beidem weg; ob er vor seiner Angst davonläuft; ob seine besondere Höflichkeit beim Eintreten oder sein scheinbarer Eifer, Dinge aufzudecken, mich in Wirklichkeit veranlassen sollen zu übersehen, daß er gerade dabei ist, um etwas Wichtiges einen Bogen zu schlagen; wo er im Verhältnis zu der Freundin steht, über die er beim letzten Mal gesprochen hat, und so weiter. Ich wurde mir dieser Frage nach dem »Wo« des Patienten bewußt, bevor ich das Werk der existentiellen Therapeuten näher kannte. Sie illustriert eine spontane existentialistische Einstellung.

Aus dem Gesagten ergibt sich, daß alle Deutungen von Mechanismen oder Dynamiken, die in der existentiellen Therapie wie in jeder anderen erfolgen, immer in einem bestimmten Kontext stehen, im Kontext dieses Menschen, der sich seiner Existenz bewußt wird. Nur auf diese Weise werden die Mechanismen für den Patienten greifbar werden, wird er sich von ihnen betroffen fühlen. Sonst könnte er ja genausogut – und das tun heute tatsächlich die meisten Patienten – über den Mechanismus in einem Buch nachlesen. Dieser Punkt ist von besonderem Gewicht, weil es genau das Problem vieler Patienten ist, daß sie sich als Opfer von Mechanismen sehen und darstellen. Dies ist ihre Art, sich als wohlinformierte Bürger der westlichen Kultur des 20. Jahrhunderts der

Konfrontation mit ihrer eigenen Existenz zu entziehen, ihre Methode, ontologische Bewußtheit zu verdrängen. Dies geschieht sicherlich unter dem Anspruch, sich selbst gegenüber »objektiv« zu sein. Aber ist es nicht in der Therapie wie im Leben ein systematisch angewandtes, gesellschaftlich akzeptiertes Mittel, Selbstentfremdung zu rationalisieren? Sogar das Motiv für den Beginn einer Therapie kann genau das sein – ein akzeptables System zu finden, mit dessen Hilfe man fortfahren kann, sich selbst als einen Mechanismus zu betrachten, mit sich selbst umzugehen wie mit einem Automobil, bloß erfolgreicher als bisher. Wenn wir annehmen, und wir haben Grund dazu, daß der fundamentale neurotische Prozeß in unserer Zeit die Verdrängung des ontologischen Bewußtseins ist – der Verlust an Daseinsgefühl, verbunden mit dem Abstumpfen von Bewußtheit und der Unterdrückung verborgener Kräfte, in denen dieses Dasein sich manifestiert –, dann würden wir der Neurose des Patienten unmittelbar in die Hand spielen, soweit wir ihn neue Möglichkeiten lehren, sich selbst als einen Mechanismus zu betrachten. Hier zeigt sich, wie Psychotherapie die Fragmentierung der Kultur widerspiegeln kann, indem sie nämlich die Neurose strukturiert, statt sie zu kurieren. Der Versuch, einem Patienten bei einem sexuellen Problem zu helfen, indem man es lediglich als einen Mechanismus erklärt, ist, als bringe man einem Landwirt Bewässerungsmethoden bei, während man ihm gleichzeitig das Wasser abgräbt.

Dies wirft einige weitreichende Fragen zum Wesen der »Heilung« in der Psychotherapie auf. Es bedeutet unter anderem, daß die Funktion des Therapeuten nicht darin besteht, die neurotischen Symptome des Patienten »zu heilen«, auch wenn die meisten Menschen aus diesem Motiv in die Therapie kommen. Tatsächlich spiegelt das Faktum, daß dies ihr Beweggrund ist, ihr Problem wider. Die Therapie zielt auf etwas Fundamentaleres ab: dem Betreffenden zu helfen, seine Existenz zu erleben, und jede dauerhafte Heilung von Symptomen kann nur ein Nebenprodukt dessen sein. Allein schon die allgemeine Vorstellung von »Heilung« – nämlich, möglichst zufriedenstellend angepaßt zu werden – ist eine Leugnung von *Dasein,* des Daseins jedes einzelnen Patienten. Die Art von Heilung, die aus Anpassung besteht, die einen befähigt, sich in die Gesellschaft einzufügen, kann durch eine technische Ausrichtung der Therapie erzielt werden, denn genau dies ist das zentrale Thema unserer Gesellschaft, daß wir in einer kalkulierten, kontrollierten und technisch gut geregelten Weise leben sollen. Der Patient akzeptiert dann widerstandslos eine beschränkte Welt, denn seine Welt ist jetzt identisch mit der Gesellschaft. Und da die Angst nur mit der Freiheit kommt, überwindet der Patient natürlich seine Angst; er ist von seinen Symptomen befreit, weil er auf die Möglichkeiten verzichtet, die ihn ängstigen. Eine derartige »Heilung« basiert auf dem Verzicht auf Dasein, der Aufgabe von Existenz, auf der Einengung und Einzäunung von Existenz. So gesehen, werden Psychotherapeuten zu Vollstreckungsgehilfen der Gesellschaft, einer Gesellschaft, deren besondere Aufgabe es ist, Menschen an sich anzupassen; die Psychotherapie wird zu einem Ausdruck der Fragmentierung unserer Zeit statt zu einem Mittel für ihre Überwindung. Wie wir vorhin gesehen haben, gibt es historisch eindeutige Anzeichen dafür, daß dies in verschiedenen psychotherapeutischen Schulen passiert, und nach aller Wahrscheinlichkeit wird diese Tendenz sich in Zukunft noch verstärken. Gewiß ist fraglich, wie weit diese Befreiung von Konflikten durch Verzicht auf eigenes Dasein gehen kann, ohne in Einzelnen und Gruppen eine untergründige Verzweiflung hervorzurufen, einen Groll, der sich später in Selbstzerstörung äußert, denn die Geschichte hat immer wieder gezeigt, daß sich das menschliche Bedürfnis nach Freiheit früher oder später Bahn bricht. Aber in unserer derzeitigen historischen Situation kommt erschwerend hinzu, daß die Gesellschaft selbst um dieses Ideal der technischen Anpassung herum errichtet wurde und so viele eingebaute Mittel zum Betäuben der Verzweiflung bietet, daß die schädlichen Wirkungen eine Zeitlang unsichtbar bleiben können.

Andererseits kann dem Begriff *Heilung* auch eine tiefere und wahrhaftigere Bedeutung gegeben werden – nämlich, sich auf die Erfüllung der eigenen Existenz auszurichten. Dies mag durchaus als ein Nebenprodukt die Heilung von Symptomen einschließen – offensichtlich ein Desiderat; ich habe ja schon erklärt, daß dies definitiv nicht das Hauptziel der Therapie ist. Das Wesentliche ist, daß der Betreffende sein ureigenstes *Dasein* entdeckt.

Die sechste Konsequenz, die den Prozeß der existentiellen Therapie kennzeichnet, ist die Wichtigkeit des *Engagements*. Der Boden für diese Einsicht wurde bereits an zahlreichen Stellen in den vorangegangenen Kapiteln bereitet, insbesondere bei der Erörterung von Kierkegaards Vorstellung, daß Wahrheit nur insoweit existiert, als der einzelne sie im Handeln selbst erzeugt. Die Bedeutung des Engagements liegt nicht darin, daß es vage »etwas Gutes« oder ethisch Gebotenes ist. Es ist eine notwendige Voraussetzung für das Erkennen von Wahrheit. Damit kommen wir an einen entscheidenden Punkt, der meines Wissens in den Schriften über Psychotherapie niemals vollständig berücksichtigt wurde – nämlich, daß der *Entschluß dem Wissen vorausgeht.* Therapeuten sind normalerweise von der Annahme ausgegangen, der Patient werde, sobald er mehr und mehr Wissen und Einsicht über sich selbst gewinnt, die richtigen Entscheidungen fällen. Dies ist eine Halbwahrheit. Die zweite Hälfte der Wahrheit wird in der Regel übersehen – nämlich, daß sich *der Patient erst dann gestatten kann, Einsicht oder Wissen zu erlangen, wenn er bereit ist, Entschlüsse zu fassen, wenn er eine entschlossene Haltung zum Leben einnimmt und die nötigen Weichenstellungen bereits vorgenommen hat.*

Mit »Entschluß« meine ich hier nicht den großen Sprung ins kalte Wasser – etwa zu heiraten oder in die Fremdenlegion einzutreten. Die Möglichkeit oder Bereitschaft, solche »Sprünge« zu machen, ist eine notwendige Voraussetzung für die entschlossene Haltung, aber der große Sprung als solcher ist nur insoweit vernünftig, als er auf den kleinen, von Tag zu Tag getroffenen Entscheidungen basiert. Sonst ist der plötzliche Entschluß das Ergebnis unbewußter Vorgänge, die zwanghaft im Unterbewußten ablaufen, bis sie den Punkt erreichen, an dem sie zum Ausbruch kommen – beispielsweise in Form einer »Konversion«, das heißt, einer somatischen Symptombildung. Ich gebrauche den Begriff *Entschluß* im Sinne einer entschlossenen Einstellung zur Existenz, einer Bereitschaft zum Engagement. So gesehen, folgen eben Wissen und Einsicht dem Entschluß und nicht umgekehrt. Jeder Therapeut kennt Fälle, in denen sich ein Patient im Traum bewußt wird, daß ihn sein Chef ausbeutet, und er am nächsten Tag beschließt, seine Stelle zu kündigen. Aber genauso wichtig sind die Fälle, die in der Regel wenig beachtet werden, weil sie unseren üblichen Vorstellungen von Kausalität widersprechen, in denen der Patient den Traum erst haben kann, sobald er seinen Entschluß faßt. Er ringt sich beispielsweise dazu durch, seine Stelle aufzugeben, und dann kann er sich gestatten, in seinen Träumen zu erkennen, daß er von seinem Chef ständig ausgebeutet wurde.

Mit einer interessanten Parallele dieses Phänomens haben wir es zu tun, wenn wir bemerken, daß sich ein Patient nicht daran erinnern kann, was in seiner Vergangenheit wichtig und bedeutsam war, bevor er bereit ist, einen Entschluß hinsichtlich der Zukunft zu fassen. Das Gedächtnis arbeitet nicht einfach auf der Grundlage seiner »Speicherinhalte«; es funktioniert aufgrund der eigenen Entscheidungen in Gegenwart und Zukunft. Es ist oft gesagt worden, daß die eigene Vergangenheit die Gegenwart und Zukunft bestimme. Ich möchte unterstreichen, daß die eigene Gegenwart und Zukunft – wie ich im Augenblick mit meiner Existenz umgehe – auch die Vergangenheit bestimmt. Das heißt, sie bestimmt, woran ich mich aus meiner Vergangenheit erinnere, welche Teile dieser Vergangenheit ich (bewußt oder unbewußt) auswähle, um mich *jetzt* beeinflussen zu lassen, und damit die spezifische Gestalt, die meine Vergangenheit annimmt.

Engagement ist darüber hinaus kein rein bewußtes oder willentliches Phänomen. Es ist auch auf sogenannten »unbewußten« Ebenen vorhanden. Wenn es einem Menschen an Engagement fehlt, dann können beispielsweise seine Träume blutleer, fade und verarmt sein. Aber wenn er eine entschlossene Haltung zu sich selbst und seinem Leben einnimmt, erfüllen seine Träume oft die kreative Aufgabe, sich hinsichtlich seiner Zukunft zu erforschen, zu formen und zu gestalten, oder – was vom neurotischen Standpunkt aus dasselbe ist – die Träume bemühen sich, krankhaft auszuweichen, Ersatz zu schaffen und zu verschleiern. Worauf es ankommt, ist, daß man sich in beiden Fällen auf das Problem eingelassen hat.

Hinsichtlich des Bestrebens, dem Patienten zu einer engagierten Haltung zu verhelfen, sollte ich zunächst hervorheben, daß die existentiellen Therapeuten damit keinesfalls einen Aktivismus meinen. Es geht nicht um den »Entschluß als Abkürzung«, nicht um verfrühtes Handeln, denn Handeln kann leichter sein und Angst schneller beschwichtigen als der langwierige und mühsame Prozeß der Selbsterforschung. Es geht vielmehr um die Einstellung zum Dasein, den selbstbewußten Menschen, der seine Existenz ernst nimmt. Die Momente des Engagements und des Entschlusses sind Augenblicke, in denen die Dichotomie zwischen Subjekt und Objekt in der Einheit der Handlungsbereitschaft überwunden wird. Wenn ein Patient ein bestimmtes Thema endlos intellektuell erörtert, ohne daß es ihn je erschüttert oder real für ihn wird, fragt sich der Therapeut: Was tut er existentiell durch dieses Gerede? Das Gerede kann durchaus die Funktion haben, die Realität zu verschleiern, was in der Regel als unvoreingenommene Untersuchung der Fakten rationalisiert wird. Üblicherweise wird die Auffassung vertreten, der Patient werde solches Gerede aufgeben, wenn ihn ein Erlebnis von Angst, inneres Leid oder eine äußere Bedrohung so schocken, daß er wirklich bereit ist, sich um Hilfe zu bemühen, und ihm den nötigen Ansporn für den schmerzhaften Prozeß des Aufdeckens von Illusionen, des inneren Wandels und Wachstums geben. Es stimmt, daß dies von Zeit zu Zeit geschieht. Und der existentielle Therapeut kann dem Patienten helfen, sich der Wirkung solcher Erfahrungen auszusetzen, indem er ihm hilft, die Fähigkeit zum Schweigen zu entwickeln (das eine andere Form von Kommunikation ist), so daß er nicht mehr das Reden dazu gebraucht, den Schock der Begegnung mit der Einsicht abzuwenden.

Aber im Prinzip halte ich die Schlußfolgerung, daß wir untätig warten müssen, bis Angst auftritt, nicht für angemessen. Wenn wir annehmen, das Engagement des Patienten hänge davon ab, ob er von äußerem oder innerem Schmerz getrieben wird, befinden wir uns in mehreren schwierigen Dilemmata. Entweder tritt die Therapie auf der Stelle, bis die Angst oder die Schmerzen groß genug sind, oder wir lösen selbst Angst aus (was ein fragwürdiges Verfahren ist). Andererseits können allein die Ermutigung und die Beschwichtigung der Angst, die der Patient in der Therapie erlebt, sich gegen seine engagierte Mitarbeit bei weiterer Hilfe auswirken sowie Verzögerung und Aufschieben seiner Persönlichkeitsentwicklung zur Folge haben.

Das Engagement muß eine positive Grundlage haben. Wir müssen uns fragen: Was ist der Grund, weshalb der Patient nicht irgendeinen Bereich in seiner Existenz gefunden hat, für den er sich bedingungslos engagieren kann? In der früheren Erörterung von Nichtsein und Tod habe ich darauf hingewiesen, daß wir alle ständig mit der Gefahr des Nichtseins konfrontiert sind, sofern wir uns gestatten, diese Tatsache anzuerkennen. Das zentrale Symbol dafür ist der Tod, aber die drohende Vernichtung des Seins ist auch in tausend anderen Formen präsent. Der Therapeut erweist dem Patienten einen schlechten Dienst, wenn er ihm die Erkenntnis nimmt, daß es durchaus im Bereich des Möglichen liegt, seine Existenz zu verwirken oder zu verlieren, und daß er just in diesem Augenblick im Begriff sein könnte, genau dies zu tun. Dieser Punkt ist besonders wichtig, da Patienten häufig eine unausgesprochene Überzeugung mit sich herumtragen, die zweifellos mit kindlichen Omnipotenzphantasien in bezug auf die Eltern zu tun hat: daß der Therapeut schon irgendwie dafür sorgen wird, daß ihnen nichts Böses geschieht, und daß sie deshalb ihre eigene Existenz nicht allzu ernst zu nehmen brauchen. Diese Tendenz gewinnt in der Therapie häufig die Oberhand und verwässert Angst, Verzweiflung und die tragischen Aspekte des Lebens. Stimmt es nicht als ein allgemeines Prinzip, daß wir Angst nur in dem Maß hervorzurufen brauchen, wie wir sie bereits verwässert haben? Das Leben selbst produziert genügend – und die einzig wirklichen – Krisen; und es spricht sehr für die existentielle Orientierung in der Therapie, daß sie sich diesen tragischen Realitäten unmittelbar konfrontiert. Der Patient kann sich in der Tat selbst zerstören, wenn er sich dafür entscheidet. Der Therapeut sagt das vielleicht nicht: es entspricht einfach den Tatsachen, und das Entscheidende ist, daß diese nicht vertuscht werden. Die symbolische Handlung des Selbstmords als eine *Möglichkeit* des Menschen hat einen weitreichenden positiven Wert. Nietzsche bemerkte einmal, der Gedanke an Selbstmord habe viele Leben gerettet. Ich zweifle, ob sich jemand in voller Ernsthaftigkeit das Leben nimmt, bevor ihm bewußt wird, daß es tatsächlich in seiner Macht steht, in den Tod zu gehen.[8]

Der Tod in allen seinen Aspekten ist das Faktum, das die erlebte Gegenwart zu etwas von absolutem Wert macht. Ein Student formulierte es so: »Ich weiß nur zwei Dinge – erstens, daß ich eines Tages tot sein werde, und zweitens, daß ich jetzt nicht tot bin. Die einzige Frage ist, was ich zwischen diesen beiden Punkten tun soll.« Ich kann auf dieses Thema hier nicht weiter eingehen und möchte nur hervorheben, daß der Kern des existentiellen Ansatzes darin besteht, die Existenz ernst zu nehmen.

Zum Abschluß zwei letzte Warnungen. Die eine betrifft eine Gefahr, die im existentiellen Ansatz liegt, die Gefahr der *Allgemeinheit.* Es wäre in der Tat bedauerlich, wenn die existentiellen Konzepte zum Gegenstand von Diskussionen unter Therapeuten würden, ohne ihre konkrete, reale Bedeutung zu beachten. Denn zugegebenermaßen besteht die Versuchung, sich in den vielschichtigen Sphären, mit denen es die existentielle Analyse zu tun hat, in Worten zu verlieren. Man kann sich hinter der Philosophie genauso verschanzen wie hinter der Technik. Vor der Verlockung, die Tendenz zum Intellektualisieren mit existentiellen Konzepten nur weiter zu nähren, heißt es daher besonders auf der Hut zu sein;

denn diese Konzepte können, da sie sich auf Dinge beziehen, die mit dem Zentrum der persönlichen Realität zu tun haben, um so verführerischer die Illusion erwecken, man setze sich mit der Realität auseinander. Manche Leser haben vielleicht den Eindruck, daß ich dieser Versuchung nicht ganz entgangen bin. Ich könnte die Notwendigkeit anführen, viele Dinge auf gedrängtem Raum zu erklären, aber es geht hier nicht um mildernde Umstände. Es geht darum, daß, je mehr die existentielle Bewegung in der Psychotherapie an Einfluß gewinnt – eine Entwicklung, die ich sehr begrüßen würde –, ihre Anhänger sich vor dem Gebrauch ihrer Konzepte im Dienste der intellektuellen Distanzierung hüten müssen. Gerade aus den genannten Gründen sind die existentiellen Therapeuten sehr darauf bedacht, für Klarheit in den Äußerungen des Patienten zu sorgen, und sie achten stets darauf, daß die unerläßliche Wechselbeziehung zwischen Sprechen und Handeln niemals übersehen wird. Das »Wort muß Fleisch werden«. Das Entscheidende ist, existentiell *zu sein.*

Die zweite Warnung hat mit der existentiellen Einstellung zum *Unbewußten* zu tun. Im Prinzip leugnen die meisten Existentialanalytiker dieses Konzept. Sie weisen auf all die logischen und psychologischen Schwierigkeiten mit der Lehre vom Unbewußten hin, und sie verwahren sich dagegen, das Dasein in Bestandteile aufzuspalten. Was wir als das Unbewußte bezeichnen, erklären sie, ist immer noch ein Teil dieser konkreten Person; *Dasein* in jedem lebendigen Sinn ist im Kern unteilbar.

Nun muß man einräumen, daß die Lehre vom Unbewußten notorisch den zeitgenössischen Tendenzen entgegengekommen ist, das Verhalten zu rationalisieren, der Realität der eigenen Existenz auszuweichen und sich so zu benehmen, als wäre man nicht selbst derjenige, der lebt und handelt. (Der Durchschnittsbürger, der den Jargon aufgeschnappt hat, sagt: »Das war mein Unbewußtes.«) Die Existentialanalytiker haben nach meiner Ansicht recht mit ihrer Kritik an der Lehre vom Unbewußten als willkommenem Blankoscheck, der mit jeder kausalen Erklärung ausgefüllt werden kann, oder als einem Reservoir, aus dem jederlei deterministische Theorie abzuzweigen ist. Aber diese Einwände betreffen die »Keller«-Auffassung vom Unbewußten, und man sollte ihnen nicht gestatten, den großen Fortschritt vergessen zu lassen, den die historische Entdeckung des Unbewußten in Freuds Theorie darstellte. Freuds große und unwiderrufliche Leistung bestand darin, die Sphäre der menschlichen Persönlichkeit über den unmittelbaren Voluntarismus und Rationalismus des viktorianischen Menschen hinaus zu erweitern, und zwar um die »Tiefen« – das heißt, das Irrationale, die sogenannten verdrängten, feindseligen und inakzeptablen Impulse, die vergessenen Aspekte der Erfahrung und so weiter. Das Symbol für diese ungeheure Erweiterung der Domäne der Persönlichkeit war »das Unbewußte«.

Ich möchte hier nicht in die komplexe Erörterung dieses Konzepts vom Unbewußten eintreten. Ich möchte nur eine Position skizzieren. Es ist richtig, die abgewirtschaftete Blankoscheck-Version dieser Theorie abzulehnen. Aber die beträchtliche Erweiterung des Persönlichkeitsbildes, in der die eigentliche Bedeutung dieses Konzepts liegt, sollte nicht verlorengehen. Binswanger bemerkt, die existentiellen Therapeuten könnten zur Zeit auf die Idee des Unbewußten nicht verzichten. Ich vertrete die Auffassung, daß das Dasein unteilbar ist, daß das Unbewußte Bestandteil jedes Menschen ist, daß die Kellertheorie des Unbewußten logisch falsch und praktisch nicht konstruktiv ist – daß aber die Bedeutung dieser Entdeckung, nämlich die radikale Erweiterung der Existenz, zu den großen Erkenntnissen unserer Zeit zählt und daher unverzichtbar ist.

Anmerkungen

Der Autor bedankt sich bei Basic Books, Inc., New York, für die Genehmigung zum überarbeiteten Nachdruck von ›Origins of the Existential movement in Psychology‹ und ›Contributions of Existential Psychotherapy‹ aus Rollo May, Ernest Angel, Henri Ellenberger (Hrsg.): Existence: A New Dimension in Psychology and Psychiatry. Basic Books, New York 1958.

Vorwort

1. Nach Walter A. Kaufmann: Nietzsche. Philosoph – Psychologe – Antichrist. Wissenschaftliche Buchgesellschaft, Darmstadt 1982, S. 193f.

1 Grundlagen der Psychotherapie

1. Sigmund Freud: The Problem of Anxiety, New York 1936, ist eine Sammlung der Freudschen Arbeiten zur Angst, die in dieser Zusammenstellung nur in englischer Sprache vorliegt.

2 Der Fall von Mrs. Hutchens

Diesem Kapitel liegt ein Aufsatz zugrunde, der ursprünglich im American Journal of Orthopsychiatry, 30, 1960, S. 685–695 erschienen ist.

3 Ursprünge und Bedeutung der Existentialpsychologie

1. Ludwig Binswanger: Existential Analysis and Psychotherapy. In: Frieda Fromm-Reichmann und Jacob Moreno (Hrsg.): Progress in Psychotherapy. Grune & Stratton, New York 1956, S. 144.
2. Persönliche Mitteilung von Dr. Lefebre, einem existentiellen Psychotherapeuten, der ein Schüler von Karl Jaspers und Medard Boss war.
3. Binswanger: Existential Analysis, a.a.O., S. 145. Deutsch nach Dieter Wyss: Die tiefenpsychologischen Schulen von den Anfängen bis zur Gegenwart. Vandenhoeck & Ruprecht, Göttingen 5. Auflage 1975/76, S. 290.
4. Ludwig Binswanger: The Case of Ellen West. In: Rollo May, Ernest Angel und Henri Ellenberger (Hrsg.): Existence, a.a.O., S. 237–364. Deutsche Erstveröffentlichung: Der Fall Ellen West. In: Schweizer Archiv für Neurologie und Psychiatrie 53, 1944, S. 255–277; 54, S. 69–117, S. 330–360; 1945, 55, S. 16–40.
5. Sigmund Freud: Vorlesungen zur Einführung in die Psychoanalyse (1917). Studienausgabe, Band 1, 9. Auflage, S. Fischer, Frankfurt 1980.

6. Binswanger: The Case of Ellen West, a.a.O., S. 294.
7. Ludwig Binswanger: Sigmund Freud: Reminiscences of a Friendship, übers. v. Norbert Guterman, Grune & Stratton, New York 1957. Deutsch nach Martin Grotjahn: Freuds Briefwechsel. In: Kindlers Psychologie des 20. Jahrhunderts, Band 1: Tiefenpsychologie, Beltz, Weinheim 1982, S. 49.
8. Helen Sargent: Methodological Problems in the Assessment of Intrapsychic Change in Psychotherapy; unveröffentlichtes Manuskript.
9. Existence, a.a.O., S. 92–127.
10. Gordon Allport: Becoming, Basic Considerations for a Psychology of Personality. Yale University Press, New Haven 1955.
11. Dazu braucht man nur die Urheber der neuen Theorien zu nennen: Sigmund Freud, Alfred Adler, C. G. Jung, Otto Rank, Wilhelm Stekel, Wilhelm Reich, Karen Horney, Erich Fromm etc. Die beiden Ausnahmen bilden, soweit mir bekannt ist, die Schulen von Harry Stack Sullivan und Carl Rogers, wobei der erstere in indirekter Beziehung zu dem aus der Schweiz stammenden Adolph Meyer stand. Auch Rogers bestätigt teilweise meine Behauptung, denn obwohl sein Ansatz klare und konsequente theoretische Schlußfolgerungen über die menschliche Natur enthält, lag sein Schwerpunkt immer auf der »angewandten«, nicht der »rein wissenschaftlichen« Seite, und seine Theorie über die menschliche Natur verdankt Otto Rank sehr viel.
12. Zitiert nach Paul Tillich: Existential Philosophy. In: Journal of the History of Ideas 5, 1944, S. 44–70. Deutsch: Ludwig Feuerbach: Grundsätze der Philosophie der Zukunft. In: Sämtliche Werke, hrsg. v. W. Bolin und F. Jodl, Band 2, Stuttgart 1904, S. 314.
13. John Wild: The Challenge of Existentialism. Indiana University Press, Bloomington 1955. Die moderne Physik mit Heisenberg, Bohr und ähnlichen Trends änderte sich zu diesem Zeitpunkt parallel zu einem Flügel der existentialistischen Entwicklung. Ich spreche oben von den traditionellen Ideen der westlichen Wissenschaft.
14. Kenneth W. Spence: Behavior Theory and Conditioning. Yale University Press, New Haven 1956.
15. Paul Tillich: Existential Philosophy, a.a.O. Deutsch: Existenzphilosophie. In: Gesammelte Werke. Evangelisches Verlagswerk, Stuttgart 1959–1975, Band 4, S. 146.
16. Wer mehr über die existentielle Bewegung wissen möchte, sei auf die Schriften Paul Tillichs verwiesen. Das obige historische Material verdanke ich zu einem Großteil dem angeführten Werk Tillichs.
17. Martin Heidegger: Sein und Zeit. Max Niemeyer, 15. Aufl. Tübingen 1979. Heidegger lehnte die Bezeichnung »Existentialist« ab, nachdem sie mit dem Werk Sartres identifiziert worden war. Er sah sich selbst als Philologen oder Ontologen. Wie dem auch sei, wir müssen existentiell genug sein, uns nicht in Kontroversen über Etiketten zu verstricken, sondern uns an Sinn und Geist des Werkes dieser Männer zu halten statt nur an die Buchstaben. Auch Martin Buber war nicht erfreut, wenn man ihn als Existentialisten apostrophierte, obwohl sein Werk klare Affinitäten mit dieser Bewegung aufweist. Leser, denen die Begriffe auf diesem

Gebiet Schwierigkeiten bereiten, befinden sich in der Tat in guter Gesellschaft!

18. Paul Tillichs ›Der Mut zum Sein‹ (Steingrüben, Stuttgart 1953) ist existentiell als eine lebendige Auseinandersetzung mit Krisen im Gegensatz zu Büchern *über* Existentialismus. Tillich sollte ebensowenig wie die meisten der erwähnten Denker als *bloßer* Existentialist bezeichnet werden, denn der Existentialismus ist eine Art des Herangehens an Probleme und gibt selbst keine Antworten oder Normen vor. Tillich bietet sowohl rationale Normen – das Grundmuster der Vernunft tritt in seinen Analysen immer hervor – als auch religiöse Normen. Manche Leser werden den religiösen Elementen in ›Der Mut zum Sein‹ nicht zustimmen können. Es ist jedoch auf die höchst wesentliche Tatsache hinzuweisen, daß diese religiösen Ideen, ob man mit ihnen übereinstimmt oder nicht, einen authentischen existentiellen Ansatz darstellen. Dies zeigt sich an Tillichs Begriffen »Gott über Gott« und »absoluter Glaube«, das heißt, Glaube nicht *an* irgendwelche Inhalte oder *an* jemanden, sondern Glaube als ein Daseinszustand, eine Art der Beziehung zur Realität, die gekennzeichnet ist durch Mut, Annehmen, volles Engagement. Die theistischen Argumente für die »Existenz Gottes« sind nicht nur sinnlos, sondern sie exemplifizieren den negativsten Aspekt der westlichen Gewohnheit, uns Gott als eine Substanz oder ein Objekt vorzustellen, welche in einer Welt von Objekten existieren und denen gegenüber wir Subjekte sind. Dies sei »schlechte Theologie«, bemerkt Tillich, und führe zu dem »Gott, von dem Nietzsche sagte, er müsse getötet werden, weil niemand ertragen kann, daß er zu einem bloßen Objekt absoluten Wissens und absoluter Beherrschung gemacht wird«.
19. Paul Tillich: Existentialist Aspects of Modern Art. In: Carl Michalson (Hrsg.): Christianity and the Existentialists. Scribners, New York 1956, S. 138.
20. José Ortega y Gasset: The Dehumanization of Art, and Other Writings on Art and Culture. Doubleday Anchor, New York 1956, S. 135–137.
21. Blaise Pascal: Gedanken. Birksfelden-Basel: Schibli-Doppler, o.J.
22. Es ist daher nicht überraschend, daß diese Einstellung zum Leben viele heutige Menschen anspricht, die sich der emotionalen und geistigen Dilemmata bewußt sind, in denen wir uns befinden. So erklärt beispielsweise Norbert Wiener, obwohl sich die Implikationen seiner wissenschaftlichen Arbeit radikal von den Anliegen der Existentialisten unterscheiden mögen, in seiner Autobiographie ›I Am a Mathematician‹ (Doubleday, New York), daß ihn seine wissenschaftliche Tätigkeit persönlich zu einem »positiven« Existentialismus geführt habe. »Wir kämpfen nicht um einen bestimmten Sieg in der unbestimmten Zukunft«, schreibt er. »Es ist der größtmögliche Sieg *zu sein* und *gewesen zu sein.* Keine Niederlage kann uns des Erfolgs berauben, einen Moment der Zeit in einem Universum existiert zu haben, das uns gleichgültig erscheint.« (Hervorhebung durch Rollo May.)
23. Witter Bynner: The Way of Life. According to Laotzu, an American Version. John Day, New York 1946.
24. Siehe William Barrett (Hrsg.): Zen Buddhism. The Selected Writings of D. T. Suzuki. Doubleday Anchor, New York 1956, S. XI.

4 Die Entstehung von Existentialismus und Psychoanalyse aus der gleichen gesellschaftlichen Situation

1. Sören Kierkegaard: Die Krankheit zum Tode. Deutscher Taschenbuch Verlag, München 1976.
2. Ernest Schachtel: On Affect, Anxiety and the Pleasure Principle. In: Metamorphosis. Basic Books, New York 1959, S. 1–69.
3. Ernst Cassirer: An Essay on Man. Yale University Press, New Haven 1944, S. 21.
4. Max Scheler: Die Stellung des Menschen im Kosmos. Nymphenburger, München 1947, S. 9f.
5. Sigmund Freud: Das Unbehagen in der Kultur (1930). Studienausgabe, Band 9, S. Fischer, Frankfurt 1979.
6. Kaufmann: Nietzsche, a.a.O.

5 Kierkegaard, Nietzsche und Freud

1. Rollo May: The Meaning of Anxiety. Revidierte Ausgabe, Norton, New York 1977, S. 36–52 (deutsch: Antwort auf die Angst. Deutsche Verlags-Anstalt, Stuttgart 1982). Diese Seiten seien als kurzer Überblick zur Bedeutung der Ideen Kierkegaards empfohlen. Seine zwei wichtigsten psychologischen Werke sind *›Der Begriff der Angst‹* und *›Die Krankheit zum Tode‹*. Beide sind im Deutschen Taschenbuch Verlag in einem Band erschienen (München 1976) – Anm. d. Übers.
2. Kaufmann: Nietzsche, a.a.O., S. 187.
3. Allein das Anwachsen der Wahrheit kann bewirken, daß sich die Menschen unsicherer fühlen, wenn sie die objektive Zunahme der Wahrheit als Ersatz für ihr eigenes Engagement betrachten, für die Herstellung einer Beziehung zur Wahrheit in ihrer eigenen Erfahrung. »Wer die heutige Generation beobachtet hat«, schrieb Kierkegaard, »wird gewiß nicht leugnen, daß ihre Inkongruenz und der Grund für ihre Angst und Unruhe dies ist: daß in der einen Richtung die Wahrheit an Umfang, Menge und teilweise auch an abstrakter Klarheit zunimmt, während die Gewißheit ständig abnimmt.«
4. Siehe Walter Lowrie: A Short Life of Kierkegaard. Princeton University Press, Princeton 1942.
5. Sören Kierkegaard: Philosophische Brocken und Unwissenschaftliche Nachschrift. Deutscher Taschenbuch Verlag, München 1976, S. 340. (Bei Kierkegaard ist diese ganze Passage kursiv; ich habe die Hervorhebung zu Kontrastzwecken auf das neue Element beschränkt – nämlich das subjektive Verhältnis zur Wahrheit.) Es ist höchst interessant, daß das Beispiel, das Kierkegaard nach den obigen Sätzen anführt, die Erkenntnis Gottes ist. Er weist darauf hin – eine Überlegung, die endlose Verwirrung und müßige Streitigkeiten hätte verhindern können –, daß das Bemühen, Gott als ein »Objekt« zu beweisen, völlig fruchtlos ist und daß die Wahrheit vielmehr im Wesen der Beziehung liegt (»selbst wenn er

sich so zur Unwahrheit verhielte«). Es sollte klar sein, daß Kierkegaard nicht impliziert, es sei gleichgültig, ob etwas objektiv wahr ist oder nicht. Das wäre absurd. Er spricht von »der Wahrheit, die sich zur Existenz wesentlich verhält«, wie er in einer Fußnote erklärt.

6. Siehe Martin Heidegger: On the Essence of Truth. In: Werner Brock (Hrsg.): Existence and Being. Regnery, South Bend, Ind. 1949. Deutsch: Vom Wesen der Wahrheit. Frankfurt/Main 1943.
7. Aus einer hektographierten Rede Werner Heisenbergs an der Washington University, St. Louis, im Oktober 1954.
8. Es sollte möglich sein, in Wahrnehmungsexperimenten zu demonstrieren – vielleicht ist es schon geschehen –, daß die Genauigkeit der Wahrnehmung durch das Interesse und die Anteilnahme des Beobachters gesteigert wird. Bereits in den Rorschach-Reaktionen gibt es Anzeichen, daß bei den Karten, auf die der Proband emotional anspricht, seine Formwahrnehmung schärfer und genauer wird. (Ich spreche nicht von neurotischen Emotionen; damit kommen andere Faktoren ins Spiel.)
9. Sowohl Kierkegaard als auch Nietzsche wußten, daß »der Mensch nicht in unreflektierte Unmittelbarkeit zurückfallen kann, ohne sich selbst zu verlieren; aber er kann diesen Weg bis zu Ende gehen, nicht, indem er die Reflexion zerstört, sondern, indem er zu der Basis in sich selbst gelangt, in der die Reflexion wurzelt.« Dies schrieb Karl Jaspers in seiner erhellenden Erörterung der Ähnlichkeiten zwischen Kierkegaard und Nietzsche, die er für die beiden bedeutendsten Figuren des 19. Jahrhunderts hält. Siehe sein Buch ›Vernunft und Existenz‹, Kap. 1 (Piper, 4. Auflage, München 1960).
10. Die existentiellen Denker insgesamt halten diesen Verlust an Bewußtsein für das zentrale tragische Problem unserer Zeit, das keineswegs auf den psychologischen Kontext der Neurose zu beschränken sei. Jaspers glaubt tatsächlich, daß die Kräfte, die das persönliche Bewußtsein in unserer Zeit zerstören, die molochartigen Prozesse des Konformismus und Kollektivismus, leicht zu einem noch radikaleren Verlust individuellen Bewußtseins auf seiten des modernen Menschen führen könnten.
11. Kierkegaard und Nietzsche teilen auch die zweifelhafte Ehre, von manchen angeblich wissenschaftlichen Kreisen als pathologisch abgetan zu werden! Ich gehe davon aus, daß dieses fruchtlose Thema keiner weiteren Erörterung bedarf; Binswanger zitiert Gabriel Marcel in einer Schrift über diejenigen, die Nietzsche wegen seiner Psychose am Ende seines Lebens nicht ernst nehmen: »Man hat die Freiheit, nichts zu lernen, wenn man es wünscht.« Eine fruchtbarere Überlegung, wenn wir uns mit den seelischen Krisen Kierkegaards und Nietzsches auseinandersetzen wollen, bestünde darin, uns zu fragen, ob ein Mensch eine Intensität des Selbst-Bewußtseins über einen bestimmten Punkt hinaus ertragen kann und ob die Kreativität (die eine Manifestation dieser Selbst-Bewußtheit ist) nicht mit seelischen Erschütterungen bezahlt wird.
12. Kaufmann: Nietzsche, a. a. O., S. 135.
13. Ebd., S. 185.
14. Ebd., S. 305.
15. Ebd., S. 228.

16. Ebd., S. 319.
17. Diese, von May nicht belegten Zitate wurden nach dem amerikanischen Wortlaut ins Deutsche zurückübertragen – Anm. d. Übers.
18. Kaufmann: Nietzsche, a. a. O., S. 188.
19. Friedrich Nietzsche: Zur Genealogie der Moral. In: Kritische Studienausgabe *(KSA)*, Band 5, DTV-de Gruyter, München-Berlin 1980, S. 322.
20. Ebd., S. 272.
21. Ebd., S. 356.
22. Ernest Jones: Das Leben und Werk Sigmund Freuds, Band 2. Hans Huber, Bern 1962, S. 407. Henri Ellenberger fügt in seinen Bemerkungen über die Affinität zwischen Nietzsche und der Psychoanalyse (in: Existence, a. a. O.) hinzu: »Tatsächlich sind die Analogien so auffallend, daß ich kaum glauben kann, Freud habe ihn nie gelesen, wie er behauptete. Entweder hat er vergessen, daß er ihn las, oder er las ihn in indirekter Form. Nietzsche wurde damals überall soviel diskutiert und in Tausenden von Büchern, Zeitungen, Zeitschriften und Alltagsgesprächen zitiert, daß es fast unmöglich ist, daß Freud sein Denken nicht in der einen oder anderen Weise rezipierte.« Was immer man in diesem Punkt annehmen mag, jedenfalls hat Freud Eduard von Hartmann gelesen (wie Kris bemerkt), der ein Buch ›Die Philosophie des Unbewußten‹ geschrieben hatte. Sowohl Hartmann als auch Nietzsche bezogen ihre Ideen über das Unbewußte von Schopenhauer, dessen Werk zum größten Teil auch dem existentiellen Denken zuzurechnen ist.
23. Jones, ebd.
24. Ebd.
25. Ebd
26. Ludwig Binswanger: The Existential Analysis School of Thought. In: Existence, a. a. O. Die Bemerkung, daß sich Freud mit dem »homo natura« befasse, machte Binswanger vor allem in der Rede, die er zu Ehren von Freuds 80. Geburtstag in Wien hielt.

6 Sein und Nichtsein

1. Jean Paul Sartre: Das Sein und das Nichts. Rowohlt, Hamburg 1962. Sartre fährt fort, auf der Suche nach der *Person* stoßen wir entweder auf eine nutzlose, widerspruchsvolle metaphysische Substanz – oder der Mensch, den wir suchen, verschwindet in einer Staubwolke von Phänomenen, die durch äußerliche Verbindungen zusammengehalten werden. Aber was sich jeder von uns in seinem Bestreben, den anderen zu verstehen, vor Augen halten sollte, ist, daß er niemals zu dieser Vorstellung einer Substanz greifen darf, die unmenschlich ist, weil sie diesseits des Menschlichen ist. Wenn wir einräumen, daß der Mensch eine Ganzheit ist, dann können wir nicht hoffen, ihn durch eine Aneinanderreihung oder ein Gefüge der diversen Tendenzen zu rekonstruieren, die wir empirisch in ihm entdeckt haben. »Jede Einstellung der Person enthält eine Spiegelung dieser Ganzheit«, meint Sartre. »Eine Eifersucht auf eine bestimmte Verabredung, in der ein Subjekt sich selbst in der Geschichte in

Beziehung zu einer bestimmten Frau setzt, symbolisiert für denjenigen, der dies zu interpretieren weiß, die Gesamtbeziehung zur Welt, durch die sich das Subjekt als Selbst konstituiert. Mit anderen Worten, diese *empirische Haltung* ist als solche Ausdruck der ›Wahl eines verständlichen Charakters‹. Da ist nichts Geheimnisvolles daran.«

2. Gabriel Marcel: The Philosophy of Existence, 1949, S. 1.
3. Ebd. Hervorhebung durch R. M. Erkenntnisse über die »krankmachende Wirkung der Verdrängung« des Daseinsgefühls finden sich in Erich Fromm ›Die Furcht vor der Freiheit‹ und David Riesman ›Die einsame Masse‹.
4. Marcel: The Philosophy of Existence, a. a. O.
5. Pascal: Gedanken, S. 61. Pascal fährt fort: »Unsere ganze Würde besteht also im Gedanken. Daraus muß unser Stolz kommen, nicht aus Raum und Zeit, die wir nicht ausfüllen könnten. Bemühen wir uns also, gut zu denken: das ist das Prinzip der Moral.« Ich sollte vielleicht daran erinnern, daß er mit »Denken« weder Intellektualismus noch technische Ratio meint, sondern Selbst-Bewußtsein, die Vernunft, die auch die Gründe des Herzens kennt.
6. Da es mir nur darum geht, ein Phänomen zu veranschaulichen – nämlich das Erleben des Daseinsgefühls –, berichte ich weder die Diagnose noch andere Details des Falles.
7. Manche Leser werden sich an das Zweite Buch Mose (3;14) erinnert fühlen, wo Moses, nachdem ihm Jahwe im brennenden Busch erschienen war und ihn beauftragt hatte, die Israeliten aus der ägyptischen Gefangenschaft zu befreien, Gott auffordert, seinen Namen zu nennen. Jahwe gibt die berühmte Antwort: »Ich bin, der ich bin.« Dieser klassische existentielle Satz (die Patientin kannte übrigens diesen Satz nicht, jedenfalls nicht bewußt) hat große symbolische Kraft, denn Gott erklärt mit dieser, aus archaischer Zeit stammenden Feststellung: *Die Quintessenz der Göttlichkeit ist die Fähigkeit zu sein.* Ich kann hier auf die zahlreichen Bedeutungsnuancen dieser Antwort nicht eingehen und möchte nur darauf hinweisen, daß der hebräische Text auch übersetzt werden kann mit: »Ich werde sein, was ich sein werde.« Das bestätigt meine obige Bemerkung, daß *Sein* im Futurum steht und untrennbar von *Werden* ist; Gott ist kreative *potentia,* die Essenz der Fähigkeit zu werden.
8. Ich lasse in diesem Zusammenhang die Frage beiseite, ob dies zu Recht als »Übertragung« oder (an diesem speziellen Punkt in diesem Fall) einfach als menschliches Vertrauen bezeichnet werden sollte. Ich leugne nicht die Gültigkeit des richtig definierten Konzepts der Übertragung, aber es ist nie sinnvoll, etwas als »bloße Übertragung« zu bezeichnen, als handle es sich um etwas, das einfach aus der Vergangenheit übernommen wird.
9. William Healy, Agusta F. Bronner und Anna Mae Bowers: The Meaning and Structure of Psychoanalysis. Knopf, New York 1930, S. 38. Ich entnehme diese Zitate einem Standardwerk über die klassische mittlere Periode der Psychoanalyse, nicht, weil ich mir der späteren Verfeinerungen der Ich-Theorie nicht bewußt bin, sondern weil ich die Essenz des Ich-Konzepts zeigen möchte, eine Essenz, die ausgebaut, aber nicht grundlegend verändert wurde.

10. Ebd., S. 41.
11. Ebd., S. 38.
12. Wenn der Einwand erhoben wird, das Konzept des »Ichs« sei wenigstens präziser und daher wissenschaftlich befriedigender als dieses »Daseinsgefühl«, kann ich nur wiederholen, was ich oben bereits gesagt habe: Auf dem Papier ist Präzision leicht zu haben; aber fraglich ist immer die Verknüpfung zwischen dem Konzept und der Realität der Person, und die wissenschaftliche Herausforderung liegt darin, einen Begriff, einen Weg des Verstehens zu finden, der der Realität nicht Gewalt antut, auch wenn er weniger präzise sein mag.
13. Dies ist eine Interpretation Heideggers, die Werner Brock in der Einführung zu ›Existence and Being‹ gibt (a.a.O., S. 77). Für diejenigen, die sich für die logischen Aspekte des Problems von Sein gegenüber Nichtsein interessieren, sei hinzugefügt, daß die Dialektik des »Ja versus Nein« in der gesamten Geschichte des Denkens in verschiedenen Formen präsent ist, wie Tillich in ›Der Mut zum Sein‹ bemerkt. Hegel vertrat die Auffassung, daß Nichtsein ein integraler Bestandteil des Seins sei, insbesondere auf der Ebene der Antithese in seiner Dialektik von »These, Antithese und Synthese«. Die Betonung des »Willens« bei Schelling, Schopenhauer, Nietzsche und anderen als ontologischer Grundkategorie soll zeigen, daß das Sein die Fähigkeit hat, »sich zu verneinen, ohne sich zu verlieren«. Tillichs eigene Schlußfolgerung daraus ist, daß die Frage des Verhältnisses von Sein und Nichtsein nur metaphorisch beantwortet werden könne: »Sein umfaßt sowohl sich selbst als auch Nichtsein.« In Alltagssprache übersetzt, schließt das Sein insofern das Nichtsein ein, als wir uns des Todes bewußt sein, ihn akzeptieren, ja ihn im Suizid sogar herbeiführen können – kurz, durch Selbst-Bewußtheit den Tod umfangen können.

7 Angst, Schuld und Freiheit

1. Die einzelnen Punkte in dieser Zusammenfassung über ontologische Angst werden in epigrammatischer Form wiedergegeben, da ich aus Platzgründen gezwungen bin, die umfangreichen empirischen Daten beiseite zu lassen, die man zu jedem Punkt anführen könnte. Eine ausführlichere Darstellung mancher Aspekte dieses Ansatzes findet sich in meinem Buch ›Antwort auf die Angst‹ (Deutsche Verlags-Anstalt, Stuttgart 1982).
2. Wir sprechen hier von Angst als dem »subjektiven« Zustand, nehmen also eine Unterscheidung zwischen subjektiv und objektiv vor, die logisch nicht ganz gerechtfertigt sein mag, aber den Standpunkt zeigt, von dem aus beobachtet wird. Die »objektive« Seite des Angsterlebnisses, die wir von außen beobachten können, zeigt sich bei schweren Fällen in ziellosem Panikverhalten (Goldstein), bei Neurotikern in Symptombildung und bei »Normalen« in gereizter Langeweile, zwanghafter Aktivität, sinnlosen Zerstreuungen und Abstumpfung des Bewußtseins.
3. Vergleiche die Erörterung dieses Phänomens in Eugen Minkowski: Findings in a Case of Schizophrenic Depression. In: Existence, a.a.O.

4. Es ist eine interessante Frage, ob unsere pragmatischen Neigungen in den englischsprachigen Ländern, Reaktionen auf Angsterlebnisse zu vermeiden – ich erinnere an den Stoizismus in Großbritannien und die Tendenz der Amerikaner, nicht zu weinen und keine Furcht zu zeigen –, mit dafür verantwortlich sind, daß wir keine Worte entwickelt haben, um diesen Erlebnissen gerecht zu werden.
5. May: The Meaning of Anxiety, a. a. O., S. 32.
6. Kurt Goldstein: Human Nature in the Light of Psychopathology. Harvard University Press, Cambridge 1940.
7. Man kann zu Recht argumentieren, daß das, was ich als »ontologische Schuld« bezeichne, »existentiell universelle Schuld« genannt werden sollte. Diese Begriffe bedeuten allerdings weitgehend dasselbe; deshalb habe ich mich entschlossen, den Begriff »ontologisch« beizubehalten.
8. Medard Boss: Psychoanalyse und Daseinsanalytik. Hans Huber, Bern und Stuttgart 1957. Ich bin Herrn Dr. Erich Heydt, einem Schüler und Kollegen von Boss, dankbar dafür, daß er Teile dieses Werkes für mich übersetzt und den Standpunkt Boss' eingehend mit mir erörtert hat.

8 In der Welt sein

1. Ludwig Binswanger, in: Existence, a. a. O., S. 197.
2. Man beachte, wie nahe diese Beschreibung, die man fast als wortwörtliche Voraussage bezeichnen kann, dem kommt, was zeitgenössische Psychoanalytiker, insbesondere Heinz Kohut und Otto Kernberg, in den siebziger Jahren als »narzißtische Persönlichkeit« bezeichneten.
3. Diese Formulierung »epistemologische Einsamkeit« wird von David Bakan gebraucht, um die Erfahrung des westlichen Menschen zu beschreiben, der sich von seiner Welt isoliert fühlt. Bakan führt diese Isolierung auf den Skeptizismus zurück, den wir von den britischen Empirikern Locke, Berkeley und Hume erbten. Deren spezieller Irrtum habe, wie er meint, darin bestanden, sich »den Denker als im wesentlichen allein vorzustellen, statt ihn als Mitglied und Teilnehmer einer denkenden Gemeinschaft zu sehen« (Clinical Psychology and Logic. In: American Psychologist, Dezember 1956, S. 656). Es ist interessant, daß Bakan den Fehler in guter psychologischer Tradition als einen sozialen interpretiert – nämlich als Loslösung von der Gemeinschaft. Aber ist dies nicht eher Symptom als Ursache? Genauer gesagt, ist nicht die Isolierung von der Gemeinschaft eine der Erscheinungsformen einer grundlegenderen und umfassenderen Isolierung?
4. Paul Tillich: The Protestant Era. Deutsch: Stürme unserer Zeit (1943). In: Gesammelte Werke, a. a. O., Band 10, S. 221 ff.
5. So benutzt Heidegger die Begriffe »sich aufhalten« und »sich befinden« statt »sein«, um die Anwesenheit an einem Ort auszudrücken. Er verwendet den Begriff »Welt« im Sinne des griechischen *Kosmos* – das heißt, des »Uni-versums«, mit dem wir agieren und reagieren. Er kritisiert Descartes, weil dieser so beschäftigt mit den »res extensae« gewesen sei, daß er alle Objekte und Dinge in der Welt analysiert habe und das

wichtigste Faktum überhaupt dabei aus den Augen verlor – nämlich die Welt als solche, das heißt, eine sinnvolle Beziehung dieser Objekte zur Person. Das moderne Denken ist in diesem Punkt fast ausschließlich Descartes gefolgt, sehr zum Schaden unseres Verständnisses der menschlichen Existenz.

6. Siehe Binswanger in: Existence, a.a.O., S. 196.
7. Der Begriff »Gesellschaft« wird im allgemeinen Sprachgebrauch dem einzelnen gegenübergestellt – etwa »der Einfluß der Gesellschaft auf den einzelnen«. Diese Verwendung ist wahrscheinlich ein unvermeidliches Resultat der Dichotomie zwischen Subjekt und Objekt, aus der die Begriffe »Individuum« und »Gesellschaft« hervorgingen. Dabei wird die sehr bedeutsame Tatsache übersehen, daß das Individuum in jedem Augenblick auch seine Gesellschaft formt.
8. Weltoffenheit sei das spezifisch menschliche Kennzeichen des zum Bewußtsein erwachten Lebens, fährt Schachtel fort. Er erörtert klar und überzeugend den Lebensraum und die Lebenszeit, welche die Welt des Menschen im Gegensatz zu der von Pflanzen und Tieren charakterisieren. »Bei den Tieren bleiben die Triebe und Affekte sehr weitgehend Bindungen an eine ererbte Instinktstruktur. Das Tier ist in diese Organisation und in die dieser Organisation entsprechende geschlossene Welt eingebettet (J. v. Uexkülls ›Werkwelt‹ und ›Wirkwelt‹). Die Beziehung des Menschen zu seiner Welt ist eine offene und wird nur zu einem sehr kleinen Teil durch instinktive Organisation gesteuert, zum größten Teil durch das Lernen und Forschen des Menschen, in dem er seine komplexen, sich verändernden und sich entwickelnden Beziehungen zu seinen Mitmenschen und zu seiner natürlichen und gesellschaftlichen Umwelt herstellt.« So eng seien die Wechselbeziehungen zwischen dem Menschen und seiner Welt, zeigt Schachtel, daß alle unsere Affekte aus räumlichen und zeitlichen »Lücken« entstehen, die sich zwischen uns und unserer Welt öffnen. – Ernest Schachtel: On Affect, Anxiety and the Pleasure Principle. In: Metamorphosis. Basic Books, New York 1959, S. 19–77.
9. Binswanger: The Existential Analysis School of Thought. In: Existence, a.a.O., S. 191. In diesem Kapitel ist interessant, welche Parallelen Binswanger zwischen seiner Konzeption von »Welt« und der Kurt Goldsteins zieht
10. Roland Kuhn, in: Existence, a.a.O., S. 365–425.

9 Umwelt, Mitwelt, Eigenwelt

1. In diesem Zusammenhang ist bemerkenswert, daß Kierkegaard und Nietzsche im Gegensatz zur großen Mehrheit der Denker des 19. Jahrhunderts imstande waren, den Körper ernst zu nehmen. Der Grund war, daß sie ihn nicht als eine Ansammlung abstrahierter Substanzen oder Triebe ansahen, *sondern als eine Erscheinungsform der Realität der Person.* Wenn Nietzsche also sagt: »Wir denken mit unseren Körpern«, meint er etwas radikal anderes als die Behavioristen.

2. Martin Buber hat Implikationen von *Mitwelt* in seiner Philosophie des *Du* entwickelt. Vergleiche seine Vorträge an der Washington School of Psychiatry, veröffentlicht in ›*Psychiatry*‹ 20, Mai 1967, insbesondere zum Thema »Distanz und Beziehung«.
3. Dieses Konzept wurde ursprünglich von William James so formuliert: »Das Selbst ist die Summe der verschiedenen Rollen, welche die Person spielt.« Obwohl diese Definition zu ihrer Zeit einen Fortschritt darstellte, da mit ihr das in einem Vakuum existierende fiktive »Selbst« überwunden wurde, möchte ich behaupten, daß sie unzulänglich und fehlerhaft war. Genaugenommen erhält man nicht nur das Bild eines *unintegrierten*, »neurotischen« Selbst, sondern stößt auf alle möglichen Schwierigkeiten bei der Addition dieser Rollen. Ich vertrete vielmehr die These, daß das Selbst nicht die Summe der Rollen ist, die man spielt, sondern die Fähigkeit *zu wissen, daß ich es bin, der/die diese Rollen spielt.* Dies ist der einzige Sinn der Integration, durch die die Rollen zu *Manifestationen* des Selbst werden.
4. Sören Kierkegaard: Furcht und Zittern. Eugen Diederichs, Düsseldorf 1971, S. 139f.

10 Über Zeit und Geschichte

1. Eugen Minkowski: Findings in a Case of Schizophrenic Depression. In: Existence, a.a.O., S. 127–139.
2. Dieses Verständnis der Zeit spiegelt sich auch in »Prozeß-Philosophien« wie der Whiteheads wider und hat offenkundige Parallelen in der modernen Physik.
3. Vergleiche Tillich: »Existenz unterscheidet sich vom Wesen durch ihren zeitlichen Charakter« (GW 4, S. 163). Und Heidegger sagt in Zusammenhang mit der Bewußtheit seiner eigenen Existenz in der Zeit: »Zeitlichkeit enthüllt sich als der Sinn der eigentlichen Sorge« (Sein und Zeit. In: Jahrb. f. Phil. u. phänomenol. Forschg. 8, Halle 1927, S. 326).
4. O. Hobart Mowrer: Time as a Determinant in Integrative Learning. In: ders.: Learning Theory and Personality Dynamics. Ronald Press, New York 1950.
5. Henri Bergson, zitiert von Tillich in ›Existential Philosophy‹, S. 56.
6. Heideggers ›Sein und Zeit‹ ist, wie der Titel sagt, einer Analyse der Zeit in der menschlichen Existenz gewidmet. Das übergreifende Thema des Werkes ist »die Rechtfertigung der Zeit für das Sein«. Heidegger bezeichnet die drei Modi der Zeit – Vergangenheit, Gegenwart und Zukunft – als die »drei Ekstasen der Zeit«, wobei er den Begriff »Ekstase« in seiner etymologischen Bedeutung des »Aus-sich-Heraustretens« verwendet. Denn ein Wesensmerkmal des Menschen sei seine Fähigkeit, einen bestimmten Modus der Zeit zu transzendieren. Heidegger meint, unsere Präokkupation von der objektiven Zeit sei im Grunde eine Flucht; die Menschen zögen es vor, sich selbst in Kategorien objektiver Zeit, der Zeit von Statistiken, der quantitativen Messung, des »Durchschnitts« und so weiter zu sehen, weil sie sich davor fürchten, ihre Exi-

stenz unmittelbar zu begreifen. Er glaubt darüber hinaus, objektive Zeit, die ihren berechtigten Platz in quantitativen Messungen habe, könne nur auf der Basis von Zeit als etwas unmittelbar Erlebbarem verstanden werden und nicht umgekehrt.

7. Nicht nur die existentiellen Psychologen und Psychiater, sondern die existentiellen Denker im allgemeinen unterscheiden sich gerade dadurch von anderen, daß sie die historisch-gesellschaftliche Situation ernst nehmen, die die psychischen und spirituellen Probleme jedes einzelnen bedingt. Aber sie betonen, daß wir, um die Geschichte zu erkennen, in ihr handeln müssen. So meint Heidegger sinngemäß: Im Grunde geht die Geschichte nicht von der »Gegenwart« oder von dem aus, was nur heute »real« ist, sondern von der Zukunft. Die »Auswahl« dessen, was zu einem Objekt der Geschichte werden soll, wird durch die faktische, »existentielle« Wahl des Historikers getroffen, in dem Geschichte entsteht. – Martin Heidegger: Existence and Being, hrsg. von Werner Brock, a.a.O., S. 110. Die Parallele zur Therapie besteht darin, daß das, was sich der Patient aus seiner Vergangenheit auswählt, davon abhängt, wie er seine Zukunft gestalten will.
8. Kierkegaard: Furcht und Zittern, a.a.O., S. 139f. Was wir von früheren Generationen lernen, sind Fakten; man kann sie durch Wiederholung lernen, wie das Einmaleins, oder sich an Fakten und Erfahrungen aufgrund ihrer »schockierenden« Wirkung erinnern. Kierkegaard leugnete das nicht. Er war sich durchaus bewußt, daß es von einer Generation zur nächsten Fortschritte auf *technischem Gebiet* gibt. Wovon er spricht, ist das »eigentlich Menschliche« – insbesondere die Liebe.

11 Das Überschreiten des Gegebenen

1. Diese ablehnende Haltung wurde mir deutlich, als ein Diskussionsteilnehmer einen Vortrag von mir las, bevor er gehalten wurde. In dem Vortrag kam ein Absatz vor, in dem ich mich mit Goldsteins Ansichten über die neurologischen Aspekte der Fähigkeit des Organismus auseinandersetzte, seine unmittelbare Situation zu transzendieren. Ich hatte keineswegs den Eindruck, etwas sehr Provozierendes zu sagen. Der Gebrauch des Wortes »transzendieren« bei der Einführung des Themas wirkte jedoch auf den Diskussionsteilnehmer offenbar wie ein rotes Tuch, denn er schrieb mit Rotstift ein großes »Nein!« mit mehreren Ausrufezeichen an den Rand, ohne überhaupt zu den Ausführungen darüber gelangt zu sein, was das Wort bedeutet. Tatsächlich scheint allein schon das Wort manche Leute auf die Barrikaden zu treiben.
2. Erwin W. Straus: Man, A Questioning Being. In: UIT Tijdschrift voor Philosophie 17, 1955.
3. Lawrence Kubie: Practical and Theoretical Aspects of Psychoanalysis. International Universities Press, New York 1950, S. 19.
4. Medard Boss: Psychoanalyse und Daseinsanalytik. Hans Huber, Bern und Stuttgart 1957.
5. Sören Kierkegaard: Die Krankheit zum Tode, a.a.O., S. 52. An der Stelle

heißt es weiter: »Die Phantasie ist die unendlichmachende Reflexion, weshalb der ältere Fichte ganz richtig annahm, selbst in bezug auf die Erkenntnis, daß die Phantasie der Ursprung der Kategorien sei. Das Selbst ist Reflexion, und die Phantasie ist Reflexion, ist Wiedergabe des Selbst, was die Möglichkeit des Selbst ist.«

6. Ludwig Binswanger: The Existential Analysis School of Thought. In: Existence, a. a. O., S. 197.
7. Ebd., S. 308.

12 Zur »Technik« des Heilens

1. Die Hauptausnahme bildet Irvin Yaloms ausgezeichnetes Buch ›Existential Psychotherapy‹ (Basic Books, New York 1980), das sich speziell mit Techniken befaßt. Aber der Leser wird dort keine strikten Anweisungen finden, was in diesem und jenem Fall zu tun ist, sondern vielmehr eine Erörterung verschiedener Dinge, die ein Therapeut in unterschiedlichen Situationen tut oder tun kann.
2. Der Begriff »analysiert« spiegelt selbst dieses Problem, und es kann sein, daß Patienten nicht bloß eine semantische Schwierigkeit vorschieben, um Widerstand zu leisten, wenn sie behaupten, die Vorstellung, »analysiert zu werden«, mache sie zu Objekten, die »bearbeitet werden«. Der Begriff ist auch in die Formulierung »Daseinsanalyse« übernommen worden, zum einen, weil er seit dem Aufkommen der Psychoanalyse zu einem festen Begriff der Tiefenpsychologie geworden ist, und zum anderen, weil das existentielle Denken (Heidegger zufolge) eine »Analyse der Wirklichkeit« ist. Dieser Begriff ist die Widerspiegelung einer Tendenz in unserer gesamten Gesellschaft, die sich im Titel eines kürzlich erschienenen Überblicks über das moderne westliche Denken, ›Das Zeitalter der Analyse‹, zeigt. Obwohl ich über den Begriff nicht glücklich bin, habe ich die Bezeichnung »existentieller Analytiker« gebraucht, weil es zu umständlich ist, von »phänomenologischen und existentiellen Psychologen und Psychiatern« zu sprechen.
3. Zitiert von Ulrich Sonnemann in: Existence and Therapy. Grune & Stratton, New York 1954, S. 343. Sonnemanns Buch, ist zu erwähnen, war das erste in Englisch, das sich unmittelbar mit existentieller Theorie und Therapie befaßte und brauchbares und relevantes Material enthält. Um so bedauerlicher ist, daß das Buch in einem wenig ansprechenden und verständlichen Stil geschrieben ist.
4. Zitiert von Sonnemann, ebd., S. 255.
5. Carl R. Rogers: Persons or Science? A Philosophical Question. In: American Psychologist 10, 1955, S. 267–278.
6. Dies ist ein Punkt, auf den die Phänomenologen ständig hinweisen – nämlich, daß es wichtiger ist, voll und ganz zu wissen, *was* wir tun, es zu fühlen und mit unserem ganzen Sein zu erleben, als zu wissen, *warum*. Denn sie glauben, wenn wir nur das *Was* vollständig erkennen, wird sich das *Warum* von selbst ergeben. Man sieht das sehr häufig in der Psychotherapie. Der Patient mag nur eine vage und intellektuelle Idee von der

»Ursache« dieses oder jenes Verhaltensmusters haben, aber wenn er die verschiedenen Aspekte und Phasen dieses Musters mehr und mehr erforscht und erfährt, kann die Ursache plötzlich real für ihn werden, nicht als eine abstrakte Formulierung, sondern als ein wahrhaftiger, integraler Aspekt seines gesamten Verständnisses dessen, was er tut. Diese Denkweise hat auch eine wichtige gesellschaftliche Bedeutung. Wird die Frage nach dem *Warum* nicht deshalb so oft in unserer Gesellschaft gestellt, um uns distanzieren zu können, um die beunruhigendere und ängstigendere Alternative zu meiden, bis zuletzt beim *Was* zu bleiben? Das heißt, die extreme Fixierung auf Kausalität und Funktion, die die moderne westliche Gesellschaft kennzeichnet, könnte durchaus in weit größerem Maß, als uns bewußt ist, dem Bedürfnis dienen, uns der Realität der jeweiligen Erfahrung zu entziehen. Nach dem *Warum* zu fragen, dient im allgemeinen dem Wunsch, die Macht *über* das Phänomen zu erlangen – entsprechend der Maxime Bacons: »Wissen ist Macht«, und insbesondere: Wissen über die Natur ist Macht über die Natur. Die Frage nach dem *Was* zu stellen, ist dagegen eine Form der *Teilhabe* an einem Phänomen.

7. Man könnte dies als »existentielle Zeit« definieren – *die Zeit, die etwas braucht, um real zu werden.* Das kann augenblicklich geschehen, oder es kann ein stundenlanges Gespräch oder eine Zeit des Schweigens erfordern. Wie dem auch sei, das Gespür für den richtigen Zeitpunkt, von dem sich der Therapeut bei seinen Deutungen leiten läßt, basiert nicht nur auf einem negativen Kriterium – wieviel kann der Patient ertragen? Zu ihm gehört ein positives Kriterium – ist diese Erfahrung für den Patienten schon real geworden? Wie im obigen Fallbeispiel: Hat die Klientin das, was sie gegenwärtig mit dem Therapeuten macht, intensiv genug erlebt, damit eine Erforschung der Vergangenheit dynamische Realität besitzt und ihr so die Kraft zur Veränderung gibt?
8. Ich spreche hier nicht von der praktischen Frage, was zu tun ist, wenn Patienten tatsächlich mit Selbstmord drohen. Damit kommen viele andere Elemente ins Spiel, das ist eine andere Frage. Die Bewußtheit, von der ich spreche, unterscheidet sich von der überwältigenden und hartnäckigen Depression, deren selbstzerstörerischer Impuls ja ungebrochen durch jene Selbst-Bewußtheit ist, mit der wir es bei wirklichem Freitod offenbar zu tun haben.

Register

Klassische Autoren in dtv-Gesamtausgaben

Georg Büchner:
Werke und Briefe
Neuausgabe
Hrsg. und kommentiert von Karl Pörnbacher, Gerhard Schaub, Hans-Joachim Simm und Edda Ziegler
dtv 2202

Johann Wolfgang von Goethe:
Werke
Hamburger Ausgabe in 14 Bänden
Herausgegeben von Erich Trunz
dtv 5986

Goethes Briefe und Briefe an Goethe
Hamburger Ausgabe in 6 Bänden
Herausgegeben von Karl Robert Mandelkow unter Mitarbeit von Bodo Morawe
dtv 5917

Ferdinand Gregorovius:
Geschichte der Stadt Rom im Mittelalter
Vom V. bis XVI. Jahrhundert
Vollständige Ausgabe in 7 Bänden
Herausgegeben von Waldemar Kampf
Mit 234 Abbildungen
dtv 5960

Sören Kierkegaard:
Entweder – Oder
Deutsche Übersetzung von Heinrich Fauteck
Unter Mitwirkung von Nils Thulstrup und der Kopenhagener Kierkegaard-Gesellschaft herausgegeben von Hermann Diem und Walter Rest
Zwei Bände
dtv 2194

Heinrich von Kleist:
Sämtliche Werke und Briefe in zwei Bänden
Herausgegeben von Helmuth Sembdner
dtv 5925

Theodor Mommsen:
Römische Geschichte
Vollständige Ausgabe
8 Bände in Kassette
dtv 5955

Friedrich Nietzsche:
Sämtliche Werke
Kritische Studienausgabe in 15 Bänden
Hrsg. v. Giorgio Colli und Mazzino Montinari
dtv/de Gruyter 5977

Sämtliche Briefe
Kritische Studienausgabe in 8 Bänden
Hrsg. v. Giorgio Colli und Mazzino Montinari
dtv/de Gruyter 5922

Antoine de Saint-Exupéry:
Gesammelte Schriften
Dünndruck-Ausgabe
3 Bände in Kassette
dtv 5959

Georg Trakl:
Das dichterische Werk
Hrsg. von Walther Killy und Hans Szklenar
dtv 2163

dialog
und praxis

Psychologie
Analyse
Therapie

Kathrin Asper:
Verlassenheit und Selbstentfremdung
Neue Zugänge zum therapeutischen Verständnis
dtv 15079

Michael Balint:
Die Urformen der Liebe und die Technik der Psychoanalyse
dtv/Klett-Cotta 15040

Bruno Bettelheim:
Der Weg aus dem Labyrinth
dtv 15051

Erich Fromm:
Psychanalyse und Ethik
dtv 15003

Psychoanalyse und Religion
dtv 15006

Über den Ungehorsam
dtv 15011

Sigmund Freuds Psychoanalyse – Größe und Grenzen
dtv 15017

Die Revolution der Hoffnung
Für eine Humanisierung der Technik
dtv/Klett-Cotta 15035

Die Seele des Menschen
Ihre Fähigkeit zum Guten und zum Bösen
dtv 15039

Über die Liebe zum Leben
Hrsg. von H. J. Schultz
dtv 15018

Das Christusdogma und andere Essays
dtv 15076

Arno Gruen:
Der Verrat am Selbst
Die Angst vor Autonomie bei Mann und Frau
dtv 15016

Der Wahnsinn der Normalität
Realismus als Krankheit: eine grundlegende Theorie zur menschlichen Destruktivität
dtv 15057

Verena Kast:
Märchen als Therapie
dtv 15055

Der schöpferische Sprung
Vom therapeutischen Umgang mit Krisen
dtv 15058

Ronald D. Laing:
Das geteilte Selbst
Eine existentielle Studie über geistige Gesundheit und Wahnsinn
dtv 15029

Das Selbst und die Anderen
dtv 15054

Die Stimme der Erfahrung
Erfahrung, Wissenschaft und Psychiatrie
dtv 15060

Die Tatsachen des Lebens
dtv 15081 (Aug. 1990)

dialog und praxis

Psychologie Analyse Therapie

Arnold Lazarus/ Allen Fay:
Ich kann, wenn ich will
Anleitung zur psychologischen Selbsthilfe
dtv/Klett-Cotta 15002

Rollo May:
Sich selbst entdecken
Seinserfahrungen in den Grenzen der Welt
dtv 15080 (Juli 1990)

Margarete Mitscherlich:
Müssen wir hassen?
Über den Konflikt zwischen innerer und äußerer Realität
dtv 15048

Leo Navratil:
Schizophrenie und Dichtkunst
dtv 15020

Christiane Olivier:
Jokastes Kinder
Die Psyche der Frau im Schatten der Mutter
dtv 15053

Frederick S. Perls:
Das Ich, der Hunger und die Aggression
dtv/Klett-Cotta 15050

Peter Schellenbaum:
Das Nein in der Liebe
Abgrenzung und Hingabe in der erotischen Beziehung
dtv 15023

Gottesbilder
Religion, Psychoanalyse, Tiefenpsychologie
dtv 15059

Abschied von der Selbstzerstörung
Befreiung der Lebensenergie
dtv 15078

Manès Sperber:
Individuum und Gemeinschaft
Versuch einer sozialen Charakterologie
dtv/Klett-Cotta 15030

René A. Spitz:
Vom Dialog
Studien über den Ursprung der menschlichen Kommunikation und ihrer Rolle in der Persönlichkeitsbildung
dtv/Klett-Cotta 15047

Walter Volpert:
Zauberlehrlinge
Die gefährliche Liebe zum Computer
dtv 15045

Herbert Will:
Georg Groddeck
Die Geburt der Psychosomatik
dtv 15034